KARL KOLB

WEHRKIRCHEN UND KIRCHENBURGEN IN FRANKEN

ECHTER

© 1977 Edition Kolb
im Echter Verlag Würzburg
Gesamtherstellung:
Fränkische Gesellschaftsdruckerei Würzburg
ISBN 3921 056 160

INHALT

Wehrkirchen und Kirchenburgen in Franken ... 7

Die Jahrhunderte der Wehrkirchenkultur ... 8
   Wehrbauten formten die Landschaft ... 8
   Das lebendige Ganze ... 9

Das Christentum setzte sich zur Wehr ... 10

Die Lage in Franken ... 11

Papst und Bischöfe und die Wehrkirchen ... 12

Befestigte Kirchen in aller Welt ... 13
   Deutschland, Österreich, Mähren, Siebenbürgen, Ungarn, Polen, Litauen, Niederlande, England, Schweden, Schweiz, Dänemark, Spanien, Frankreich.

Der »Heilige Bezirk« ... 18
   Einheit der Lebenden und der Toten ... 19
   Lebendig werden im Licht ... 19

Bei Gott zu Hause ... 20

Die Zitadelle des Dorfes ... 21

Wehrkirche – Kirchenburg – Wehrfriedhof ... 22
   Kirchenburg oder Wehrkirche ... 26
   Wehrkirchen auf Burgresten ... 28

Stein – Holz – Lehm ... 28

Der Chorturm ... 32
   Der Kampanile ... 32
   Die Turmkirche ... 32
   Der Wachturm ... 36
   Verteidigungseinrichtungen ... 38
   Chorturm – Bergfried – Donjon – Keeptower ... 40
   Gewölbe unter Kirchtürmen ... 42
   Glockenturm und Glocken ... 44
   Symbole der weltlich-kirchlichen Einheit ... 44

Das verteidigungsfähige Langhaus ... 46
   Brunnen ... 50

Der befestigte Kirchhof bestimmte die Landschaft ... 52
   Zweckbedingte Architektur ... 52
   Die Mauern sind gefallen ... 52
   Befestigungsarten ... 52
   Mauern mit Schießscharten ... 54
   Schießscharten ... 54
   Wehrgänge ... 54
   Wall und Graben ... 54
   Torhäuser – Tortürme ... 56
   Bastionen ... 56
   Ecktürme ... 56
   Zwinger ... 56
   Befestigte Gaden ... 58
   Besondere Formen ... 58

Kirchenburgen in Franken ... 58
   Rundling oder Ringburg ... 58
   Kirchenburg ... 58
   Kirchenburg mit Gaden ... 60
   Gadenburg ... 60
   Wehrkirche mit Gaden ... 60
   Torhäuser ... 60
   Kampanile ... 62
   Rechteckige Anlage mit Torhaus ... 62
   Höhenkirchenburgen ... 62

Die Kirchgaden ... 62
   Bedeutung der Gaden ... 66
   Fluchtburgen für Großvieh ... 66

Erdställe ... 68
   Unterirdische Gänge ... 68
   Höhlenwohnung oder Erdstall ... 68
   Das Tal von Göreme ... 68
   Die künstlichen Höhlen von Apulien ... 70
   Erdställe in Europa ... 70

Erdställe in Franken ... 72
   Erdställe – Fluchtwege – Verstecke ... 74

Der Karner – das Beinhaus ... 76

Pfarrhaus – Küsterwohnung – Schule 78	*Zu den fränkischen Wehrkirchen und*
Kreuzweg – Friedhofskreuz – Außenkanzeln 78	*Kirchenburgen* 105
	Wehrkirchen im Raum Fulda 106
Das Leben auf dem Kirchhof 80	Wehrkirchen im Raum Neustadt/Saale 108
Totengedenken 80	Wehrkirchen im Raum Hammelburg 116
Hochzeit 80	Wehrkirche im Raum Königshofen 118
Geistliche Spiele 80	Wehrkirche im Raum Aschaffenburg 120
Der Totentanz 80	Wehrkirchen im Raum Miltenberg-Wertheim 122
Kirchhofsgemälde 82	Wehrkirchen im Tauberkreis 126
Profanierung des Kirchhofs 82	Wehrkirchen im Raum Würzburg 128
	Wehrkirchen im Raum Schweinfurt 132
Asylrecht – Freyung – Gericht 84	Wehrkirchen im Raum Kitzingen-Scheinfeld 134
Gerichtsstätten vor dem Kirchhoftore 84	Wehrkirchen im Raum Rothenburg 140
	Wehrkirchen im Raum Ansbach 142
Der militärische Wert der Kirchenburgen 86	Wehrkirchen im Raum Eichstätt 144
	Wehrkirchen im Raum Nürnberg-Fürth 146
	Wehrkirchen im Raum Erlangen-Lauf 148
	Wehrkirchen im Raum Forchheim-
Chortürme 88	Neustadt/Aisch 150
Die Verteidigungseinrichtungen der Chortürme . 90	Wehrkirchen im Raum Bamberg 154
Tortürme 92	Wehrkirchen im Raum Coburg-Lichtenfels .. 156
Torhäuser 94	Wehrkirchen im Raum Kronach 158
Wehrtürme 96	Wehrkirchen im Raum Kulmbach 160
Kirchgaden 98	Wehrkirchen im Raum Naila-Hof-Wunsiedel 162
Wehrfriedhöfe 100	*Literatur* 164
Verteidigungseinrichtungen 102	
Worterklärung 104	*Ortsregister* 171

Wehrkirchen und Kirchenburgen in Franken

Die befestigte Kirche ist eine gesamteuropäische Erscheinung. Da aber bisher nur aus einzelnen Gebieten Untersuchungen vorliegen, wird das nicht ohne weiteres deutlich. In der vorliegenden Arbeit wird in einer Zusammenschau, die von Skandinavien bis Italien und von Frankreich bis Siebenbürgen reicht, versucht, den Platz Frankens innerhalb dieser Gemeinschaft festzulegen. Dabei wurde Franken innerhalb seiner geschichtlichen Grenzen verstanden: die alten Bistümer Bamberg, Eichstätt, Fulda und Würzburg. Um aber sowohl die Stellung Frankens als auch dessen Besonderheit deutlich werden zu lassen, war es notwendig, die bis heute bekannte Situation in den anderen Ländern zu skizzieren. Mit Ausnahme von Frankreich, wo die größten Wehrkirchen in großen Städten stehen, wurden die befestigten Kirchen von Städten und Klöstern nicht berücksichtigt, weil dort verteidigungsmäßig andere Voraussetzungen gegeben waren (Stadtmauer – Klosterburgen). Das zwingt aber, sich von den gewohnten Vorstellungen frei zu machen, denn ein Dom wurde unter anderen Voraussetzungen gebaut als eine Landkirche, die Krypta unter einer Klosterkirche hatte andere Aufgaben als unterirdische Räume unter einem ländlichen Chorturm. Dieser Hinweis soll lediglich davor warnen, mit dem Wissen um die große Kunst der Zeit in der Dorfkirche Parallelen suchen zu wollen.

Es wurde auch bewußt darauf verzichtet, über die mehr oder weniger dichte Streuung dieser Wehrkirchen Thesen aufzustellen, wenn auch da und dort Möglichkeiten aufgezeigt werden. In Siebenbürgen, in Kärnten, mancherorts in Frankreich ist die Notwendigkeit dieser Bauten leicht ersichtlich. Solange aber die Dichte oder der Mangel an befestigten Kirchen nur mit dem heute Vorhandenen belegt werden kann und die Berichte über Kämpfe, an der eine Kirchenburg beteiligt war, so spärlich sind, wären eigene Theorien, wie man sie da und dort findet, allzu kühn. Natürlich mögen Durchgangsstraßen eine Rolle gespielt haben, wie der Reichtum eines Landstrichs oder seine wiederholte Gefährdung. Es gibt die Theorie von den Flußläufen und die von der Besiedelung (alle frühen Siedlungen hätten auch befestigte Kirchen gehabt). Auch kann in einem reichen Gebiet der Bischof die Kirchenbefestigung verboten und in einem armen Dorf der Gebietsherr sie erzwungen haben. All diese Fragen zu klären, erfordert eine eigene Arbeit, sie setzt aber eine Bestandsaufnahme voraus, die noch nicht vorhanden ist.

Wenn wir heute von einem Gebiet meinen, daß es viele befestigte Kirchen besitzt, so ist damit lediglich der heutige Bestand festgestellt, es wird aber nichts über das ausgesagt, was in den einzelnen Jahrhunderten gleichzeitig vorhanden war, was im Laufe der Zeit zusammenkam, was verlorenging oder was verändert wurde. Bei einem Gebiet mit wenigen oder gar keinen befestigten Kirchen ist unsere Lage noch schwieriger, denn von dem, was verlorenging, besitzen wir meist keine oder nur nichtssagende Berichte. Wenn sich da oder dort dennoch ein Schluß aufdrängt, ergibt sich fast immer auch ein Einwand dagegen. Je mehr man sich mit dieser Materie beschäftigt, um so deutlicher wird deren bisherige Vernachlässigung. Zugleich aber wird man von voreiligen Schlüssen abgehalten.

Das bringt es mit sich, daß dieses Thema viele Streitfragen in sich birgt. Sie vermehren sich zudem durch die verschiedenen Gesichtspunkte, unter denen man befestigte Kirchen betrachten kann: historisch, volkskundlich, kunstgeschichtlich, religiös oder auch soziologisch, wie es z. Z. in Thüringen geschieht, wo man von der Dorfgemeinschaft ausgeht und so dieses Thema in den Griff zu bekommen sucht. Manche Fragen allerdings werden allzusehr aus unserer heutigen Sicht gestellt, dann können sie keine Antwort finden.

Die Jahrhunderte der Wehrkirchen-Kultur

Wenn wir an das Mittelalter denken, dann erstehen vor unserem geistigen Auge romanische Basiliken und gotische Kathedralen, wir sehen Städte, wie Merian sie gezeichnet hat, ja wir kennen sogar phantastische Ansichten aus aller Welt, wie sie die Schedelsche Weltchronik überliefert. Vom breiten Land aber ist unsere Vorstellung verschwommen. Wie ein Dorf aussah, können wir uns kaum so bestimmt und umrissen vorstellen wie etwa eine französische Kathedrale. Die großartigen architektonischen Leistungen haben unser Interesse gefesselt und uns darüber das Umland vergessen lassen.

War aber für die Stadt die Kirche Mittelpunkt und geistiges Zentrum, galt dies in gleicher Weise für das Dorf, wenn auch wegen anderer Mittel und Bedürfnisse in veränderter Form. Diese Kirche im Dorf war notwendigerweise ein Wehrbau, der das Allerheiligste beschützte und zugleich den Gläubigen Schutz bot. Wenn man das heute wohl ohne Einschränkung für ganz Europa behaupten darf, so ist dies das Verdienst vieler Forscher, die liebevoll Detail um Detail zusammengetragen haben, so daß ein lebendiges Bild der dörflichen Welt vom 12./13. Jahrhundert bis ins 18. Jahrhundert entstand.

Heinrich Bergner bedauerte noch 1901 in seinem Aufsatz über befestigte Kirchen, daß diese Architekturform bisher »stiefmütterlich« behandelt worden sei. Sie sei in den Handbüchern für Kunst und Baukunst nicht einmal erwähnt, nur in einem Handbuch für Kunstarchäologie sei diesem Thema eine knappe Seite gewidmet.

Daran hat sich nur allmählich etwas geändert. Die Inventare haben das eine oder andere aufgenommen, aber manche alte Inventare wissen über jeden einzelnen Bildstock mehr zu sagen als über die Reste ehemaliger Kirchhofsbefestigungen.

1916 schreibt schon der von mir hochgeschätzte Karlinger in seiner »Bayerischen Kunstgeschichte«: »Einst wird die Mehrzahl unserer Dorfkirchen wehrhaft ummauert gewesen sein – wie alte Abbildungen zeigen, war doch die Kirche in rauhen Zeiten gleichzeitig der Gemeinde Burg und Schutz –, die Toten selbst läßt die Volkssage an der Verteidigung teilnehmen.«

Aber das bleibt dann alles, was man in dieser dreibändigen Bayerischen Kunstgeschichte über Wehrkirchen und Kirchenburgen erfahren kann. In weiteren fünf Zeilen werden noch sechs Kirchenburgen genannt (Deintingen, Rieden, Seebarn, Pittriching, Kößlarn und Marktoffingen).

In allgemeinen Kunstgeschichten wird man darüber auch heute noch wenig finden. Dieses Thema blieb der Volks- und Heimatkunde überlassen.

Wehrbauten formten die Landschaft

Heute fehlt es keineswegs an Literatur über das Dorf und seine Kirche. In vielen heimatkundlichen Zeitschriften findet man schon seit den sechziger Jahren des letzten Jahrhunderts oft recht aufschlußreiche Aufsätze. In den zwanziger Jahren unseres Jahrhunderts sind dann die ersten Bücher über Wehrkirchen erschienen. So wurden Württemberg, die Oberpfalz, Gotland usw. behandelt. Allein schon diese Aufzählung läßt vermuten, daß es sich um eine europäische Entwicklung handelt, die nicht auf bestimmte Räume beschränkt blieb. Die Publizistik hat aber nur die Siebenbürger Kirchenburgen zur Kenntnis genommen und so den Eindruck vermittelt, es handele sich um ein auf eine Landschaft beschränktes Phänomen. Wer selbst in einem deutschen Kunstlexikon unter dem Stichwort »Wehrkirchen« aufschlägt, wird ein paar Zeilen über Siebenbürgen und über Ordensburgen lesen und den Hinweis erhalten, daß Dissertationen verfaßt wurden.

Mehr findet sich in Burgenbüchern, etwa in dem großen Werk von Ebhardt, obwohl auch hier in keinem Verhältnis zum Gesamtwerk. Das erscheint um so erstaunlicher, als man seit langem von sehr früh be-

festigten Kirchen in Italien und selbst im Orient weiß.
So war die Apostelkirche San Sebastiano an der Via Appia vor den Mauern von Rom befestigt. Paul Styger verfaßte den Bericht über den Grabungsfund dieser aus dem 4. Jahrhundert stammenden ältesten christlichen Basilika Roms für die Zeitschrift »architectura«. Es heißt dort: »Der ganze Komplex der Kirche mit seinem Kranz von Mausoleen ist von einer festungsartigen Mauer umgeben. Wahrscheinlich stammt diese Form von der klassischen ›Maceria‹ her.«
Auch von Armenien sind befestigte Kirchen aus dem 4. Jahrhundert bekannt, die Gregor, der Apostel der Armenier, errichten ließ. Unter Kaiser Justinian wurden Kirchen ebenfalls befestigt (Kirche auf dem Berg Garizim, Angela, Serviopolis usw.). Die Blachernen-Kirche in Byzanz (nach dem Stadtteil Blachernen benannt) war als Bollwerk der Stadt ausgebaut. Das frühe Christentum bedurfte des Schutzes, um selbst wieder Schutz gewähren zu können.
Obwohl Wolfram von Erffa die Anfänge in groben Zügen aufzeigt, beginnt er noch 1956 sein Buch über die Wehrkirchen Oberfrankens mit der Feststellung, daß die Wehrkirchen eine Sonderstellung einnehmen und er deshalb diesen »interessanten Erscheinungen in der Entwicklung des Kirchenbaus nachgehe«.
Wenn, wie es auch Martin Weber ausführt, anzunehmen ist, daß jede Kirche befestigt war oder wenigstens verteidigungsfähigen Schutz bot, dann kann man bei Wehrkirchen, Wehrfriedhöfen usw. nicht mehr von »Sonderformen« sprechen.
Man muß aber gerecht bleiben, letztlich haben die meisten Autoren erkannt, daß die Wehrkirche und der Wehrfriedhof eine Selbstverständlichkeit war. Zum Beweis dafür hat nahezu jeder das Gedicht von Hans Sachs zitiert (»Er ließ bald läuten die Sturmglocken, / die Bauern liefen all erschrocken / zum Kirchhof hin, zitternd und frostig / mit ihrer Wehr und Harnisch rostig« ... »Zum Kirchhof hin mit seiner Wehr«.) Ja, Weber geht noch weiter. Er hält es nicht für ausgeschlossen, daß Luthers Lied »Eine feste Burg ist unser Gott« eine bildliche Vorlage in thüringischen Kirchenburgen gehabt habe.
Wir müssen uns mit dieser Zwiespältigkeit abfinden. Man versucht damit vielleicht, die allmähliche Erkenntnis einer kulturellen Erscheinung, die Jahrhunderte geprägt hat, interessant zu machen.

Das lebendige Ganze

Aus dem bisherigen Wissen ergibt sich die Folgerung, das Leben auf dem Lande rund um die Kirchenburg so selbstverständlich zu betrachten wie das gleichzeitige Leben in der befestigten Stadt. Es entwickelten sich keine »Sonderformen«, alles fügte sich zu einem lebendigen Ganzen. Auch die Frage, ob der Kirchturm der Kirche wegen oder für die Verteidigung gebaut wurde, beantwortet sich dann von selbst. Zwar hat schon Friedrich Scheven in seiner Dissertation den Satz von Weingärtner (System des christlichen Turmbaus) »Ich bezweifle, daß auch nur ein einziger Kirchturm auf Gottes Erdboden zugleich mit der Absicht, im Notfall Festungsturm zu sein, errichtet worden ist« in Frage gestellt, aber nicht darauf hingewiesen, daß er durch Hunderte von Beispielen längst widerlegt ist.
Man wird Weingärtner zugute halten müssen, daß er sich 1860 noch auf zuwenig Material stützen konnte, um seine vorgefaßte Meinung zu ändern.
Inzwischen hat Cohausen festgestellt, daß selbst viele Kathedralen und Münster unter verteidigungspolitischen Gesichtspunkten gebaut wurden, und ein Blick auf die französischen sakralen Wehrbauten bestätigt es fraglos.
Cohausen vertritt die Ansicht, daß die Mauergänge und Galerien über den Fenstern der großen Dome Verteidigungseinrichtungen waren. Deren erhöhte und unzugängliche Lage ermöglichte den bereits in den Kirchenraum eingedrungenen Feind wirksam zu bekämpfen. Da die Zugänge zu den Galerien mehr als eng sind, war es für die Eindringlinge schwer, an diese Verteidiger heranzukommen. Das gilt für die Dome von Regensburg, Limburg, die Liebfrauenkirche in Trier, auch Mainz, Speyer, Bacharach, Cambert und St. Gereon in Köln, St. Castri in Koblenz, Bonn, Andernach, Sinzig, Comrich usw. Er nennt auch eine Reihe von Zwerggalerien, die zu Verteidigungszwecken die großen Kirchen außen umlaufen, wie an der Gotthardskapelle in Mainz, der Kirche von Schwarz-Rheindorf, dem Dom zu Speyer. Er untermauert seine Verteidigungstheorie durch viele Details. (Das hat aber weder Dehio noch Bezold daran gehindert, an der Weingärtnerschen Theorie festzuhalten.)

Das Christentum setzte sich zur Wehr

Wenn wir von den frühchristlichen, befestigten Kirchen absehen, so waren zunächst die Ordensburgen die markantesten Beispiele christlicher Verteidigungs- und Sicherungsbemühungen. Sie waren dazu in Osteuropa, Spanien, Italien (Montefiascone) und im Heiligen Land notwendig. Sicher bedurften aber schon die Christianisierungen, sei es durch Bonifatius, Otto oder andere, eines sicheren Schutzes. So treffen wir im Gebiet des gesamten Christentums befestigte Kirchen an. Die Kirchenburgen im Süden, sowohl die der Ordensritter wie die der Bauern, wurden in Siebenbürgen gegen die Türken und Tataren errichtet, genauso wie die Tabors und Kirchenburgen in der Steiermark und Kärnten.

In Dänemark waren sie auf der Insel Bornholm zugleich Schutz und Repräsentation des Christentums und in späterer Zeit willkommene Festungen gegen unwillkommene Seeräuber.

In Spanien wurde zunächst die Verteidigung des Kirchenbaus gegen die Sarazenen notwendig. Später, als die arianischen Westgoten zum katholischen Christentum übertraten, ergaben sich daraus wieder Kämpfe. 711 wurde Spanien von den Sarazenen erobert und war seit 755 Emirat und ab 929 Kalifat. Im Norden wurde inzwischen Santiago de Compostela nach der berühmten Schlacht christliche Hochburg.

Die Kämpfe gingen bis ins 13. Jahrhundert weiter. Die Araber hatten wie überall ihre Kultur mitgebracht, und so haben die christlichen Ritter in ihrem Burgenbau viele Formen von den Muselmanen übernommen. Selbst der Süden Frankreichs wurde davon beeinflußt.

Frankreich mußte seine Kirchen gegen die verschiedensten Feinde befestigen. Äußere Feinde waren alle Nachbarn von der See her, wozu nicht nur die Engländer und Normannen, sondern bis ins 16. Jahrhundert auch die Sarazenen zählten, und im Innern waren sie bei Glaubenskämpfen unerläßlich.

Unter den Büchern über wehrhafte Kirchen ragt das französische über die Wehrkirchen des »Midi« heraus. Raimond Rey machte nachdrücklich darauf aufmerksam, daß sich das Christentum viele Jahrhunderte lang verteidigen mußte. So blieb die gesamte Mittelmeerküste bis weit ins Mittelalter von den Sarazenen bedroht. Jakobswallfahrten waren durch die Muselmanen ein risikoreiches Unternehmen. Noch 1575 wurde Cervantes vor Les-Saintes-Maries-de-la-Mer in algerische Gefangenschaft verschleppt, und Vinzenz von Paul soll 1604 vor Marseille ein ähnliches Schicksal ereilt haben. 1692 standen die Türken vor Wien. Die Wikinger- und Normanneneinfälle galten sehr wohl auch den Kirchen. Der 100-jährige englisch-französische Krieg (1340–1435) machte ebenfalls vor den Kirchentüren nicht halt. Mont Saint-Michel im Norden, gegen Wikinger und Engländer gebaut, ist das grandioseste Beispiel eines durch vier Jahrhunderte immer stärker befestigten Klosters, wie sie an Frankreichs Küsten rundum zu finden waren: im Süden Saint-Victor in Marseille, zugleich geistiges Zentrum des ganzen Mittelmeergebietes bis nach Syrien, daneben Saint-Honorat auf der Insel Lèrins bei Cannes; im Westen an der Atlantikküste die Ruinen des alten Klosters Maillezais (Vendée).

Der Krieg gegen die Albigenser und Katharer in Frankreich, der bis zum völligen Erlöschen fast 200 Jahre tobte, hat die Kirche immer sehr massiv betroffen, dazu dauerte der Kreuzzug gegen die Waldenser in Südfrankreich auch 20 Jahre (1209–1229), was Wunder, daß man dort 360 befestigte Kirchen zählt.

Doch waren nicht immer allein Kämpfe ausschlaggebend, sondern auch andere Gründe; denn nicht nur der Menschen wegen wurden Kirchen zur Verteidigung ausgebaut.

Rey berichtet, daß Kirchen, die kostbare Reliquien bargen, im Laufe der Zeit schwer befestigt wurden, wie die Kirche in Venèrque (Haute Garonne), die wie ein Fremdkörper in der bäuerlichen Landschaft wirke. Bei Prozessionen wurde der Reliquienschrein von Füsilieren eskortiert. Das hatte gute Gründe. Kirchenneugründungen waren nur möglich, wenn Reliquien vorhanden waren. Außerdem bedeuteten kostbare Reliquien Macht und sogar Reichtum (wie ihn Wallfahrten mit sich brachten). Für das Turiner Grabtuch, von dem kurz zuvor eine päpstliche Bulle festgestellt hatte, daß es lediglich eine »Darstellung« sei, wurden zwei Schlösser in Zahlung gegeben, und die Savoyer erreichten durch dessen Besitz letztlich sogar die italienische Königswürde.

Rey nennt ferner befestigte Kirchen, die feindnachbarlicher Konkurrenzkampf entstehen ließ. Wenn die Herren in der Charente Dörfer und Kirchen befestigten, taten die Gascogner und die von Landes desgleichen. Wenn man bedenkt, daß Aquitanien zudem jahrhundertelang englisch war, kann man die Rivalitäten verstehen.

Die Lage in Franken

Für über 100jährige Feldzüge, zu deren Durchführung Kirchenburgen nötig waren, gibt es in Franken keine Parallelen. Auch befestigte Klöster, die in Frankreich eine bedeutende Rolle spielten, sind in Franken eine Seltenheit. Als echte Klosterkirchenburgen wird man nur die Comburg bei Schwäbisch Hall oder Rasdorf ansprechen können.

Dagegen hatten die Dörfer unter Herrschaftsstreitigkeiten, zeitweilig durch Hussiteneinfälle, die Kriege des Alcibiades usw. zu leiden. So wurden aufgrund der mittelalterlichen Kampfweise die fränkischen Kirchenburgen zu Zufluchtsstätten bei Lokalstreitigkeiten. Sie boten Schutz gegen umherziehendes städtisches oder ritterliches Gesindel, aber sie bewährten sich auch in den Stadtkriegen zwischen Ansbach und Nürnberg (vor allem unter Alcibiades). Selbst den 30jährigen Krieg haben die meisten leidlich überstanden.

Oft mag allein die Tatsache, daß die Befestigung einer Kirche bekannt war, davon abgehalten haben, den Ort zu überfallen; denn für rasche Raubzüge waren unbefestigte lohnender und gefahrloser.

Umgekehrt stellte eine Kirchenburg eine große Macht dar, eine Macht meist in der Hand der Bauern. Der Landesherr pflegte sich davor zu schützen, indem er ein »Öffnungsrecht« beanspruchte, das heißt, die »Burg« durfte vor ihm nicht verschlossen werden.

Hinzu kam, daß sich Landesherr und Bischof ins Gehege kommen konnten. Franken (Bamberg, Eichstätt, Fulda und Würzburg) war zwar vorwiegend geistliches Gebiet, das heißt, der Bischof war zugleich Landesherr, das bewahrte das Dorf aber nicht davor, in Streitigkeiten der Lehensherrn miteinbezogen zu werden.

Wenn man sich solche politischen Gegebenheiten vor Augen hält, wird man Weikermann nicht folgen können, der die politische staatliche Entwicklung des Landes für das mehr oder weniger häufige Auftreten von Dorfbefestigungen verantwortlich macht. Danach gibt es in Gegenden wie in Altbayern, wo es verhältnismäßig früh zu einem »einheitlichen Flächenstaat« kam, naturgemäß weniger Dorfbefestigungen (zu denen immer die befestigte Kirche gehört), weil der allgemeine staatliche Schutz so groß war, daß sie kein Bedürfnis waren. Im Gegensatz dazu sei es im Rhein-Main-Gebiet nahezu eine Notwendigkeit gewesen, wenn das Dorf im Streit der Herrschaften erhalten bleiben wollte.

Wenn hier vornehmlich fränkische befestigte Kirchen behandelt werden, so keineswegs, um ein neues »Phänomen« aufzuzeigen, sondern als eines unter vielen möglichen Beispielen. Gewiß eignet sich Franken dazu besser als etwa das Bergische Land. Dort hat die Entwicklung zu einer Industrielandschaft vieles zerstört, was in Franken teilweise bis heute erhalten blieb.

Gerade das Bergische Land ist ein gutes Beispiel dafür. Erst als Schell 1907 daranging, in den Archiven zu forschen, mußte mit der Meinung aufgeräumt werden, dort hätte es nie befestigte Kirchen gegeben. Noch bedeutender scheinen aber die von Westfalen gewesen zu sein, wo man ebenfalls keine solchen Befestigungen vermutete.

Aber auch in Franken wissen wir nicht, wieviel vom ehemaligen Bestand erhalten ist. Es ist also kaum möglich, aus dem Erhaltenen gültige Schlüsse zu ziehen, am allerwenigsten über regionale Häufigkeiten.

Man kann vielleicht, wie Weikermann es getan hat, aus der historischen Notwendigkeit auf gewisse erforderliche Massierungen schließen. Aber auch solche Thesen stützen sich nur auf Vermutungen und haben nur dort Berechtigung, wo das Christentum selbst bedroht war. Unter diesen Voraussetzungen erscheint es vermessen, aufgrund der Vielzahl der befestigten Kirchen etwa in der Rhön und der wenigen in anderen Teilen Frankens irgendwelche Theorien aufzustellen.

Am einleuchtendsten erscheint mir die Erklärung, die Erffa gibt, der glaubt, daß Wehrkirchen gleichzeitig mit der Besiedelung entstanden sind. Er hat eine Karte für Württemberg entwickelt, die das deutlich machen soll. Damit ist überdies die bevorzugte Lage an Flußläufen und an Durchgangsstraßen erklärt. Zugleich ergibt sich daraus auch die größere Gefährdung. Ich glaube, man kann ohne weiteres einen Schritt weitergehen und feststellen: Jedes Dorf, das sich eine Kirche baute, baute zweifelsohne eine Wehrkirche. Damit ist zugleich das Alter festgelegt, und wenn wir alten Urkunden folgen, finden wir nichts, was dem widersprechen würde. Mit dem Dorf entwickelten sich die Kirchen, viele Bauperioden haben sie oft geformt, neue Gefahren haben sie verändert. Jedenfalls hat der Wehrcharakter viel stärker die äußere Form bestimmt als christliches Formengut. Damit ist zusammenfassend die oft gestellte

Frage nach dem Wo, Wann und Wie beantwortet: Überall, wo Menschen siedelten, begannen sie auch an ihrem Schutz zu arbeiten. Eines der ersten Vorhaben war die Kirche, und ihr Aussehen war weitgehend von wehrtechnischen Notwendigkeiten bestimmt, die man dem Burgenbau abschaute. In vielen der weiteren Kapitel wird das immer wieder deutlich werden.

Papst und Bischöfe und die Wehrkirchen

Die Stellung der Bischöfe und Patronatsherren zu den Kirchen- und Kirchhofbefestigungen war wohl nicht zu allen Zeiten einheitlich. Überall dort, wo sie zur Verteidigung des Christentums gebraucht wurden, waren sie selbstverständlich. Als aber Kirchenburgen zugleich profane Machtmittel darstellten, ergaben sich Konflikte. Es waren die gleichen Konflikte, die mit Burgen und Städten entstanden.

Wenn sich verschiedene Konzile, der Papst und viele Bischöfe mit befestigten Kirchen beschäftigen mußten, unterstreicht das die Bedeutung und deren nicht nur auf wenige Landschaften beschränkte Ausbreitung.

Anlaß solcher oberhirtlicher Stellungnahmen waren zunächst nicht etwa die Siebenbürger Schwierigkeiten, die sich erst viel später und dann zwischen den Bauern und den Ordensrittern ergaben, sondern die Lage in Frankreich im 100jährigen Krieg und während der Kämpfe gegen die Albigenser und Katharer.

1059 wurde auf dem Römischen Konzil ein Beschluß gefaßt, den Papst Nikolaus II., als er Frieden mit den Normannen schloß, in einer Bulle an die Bischöfe von Gallien, Aquitanien und der Gascogne festhielt. Danach gelten Friedhöfe um Kirchen und Kapellen als religiöses Asyl, und alle, die mit Gewalt in deren Umgrenzung eindringen, werden exkommuniziert. Das Konzil von Lillebonne in der Normandie erlaubte dann 1080 den Einwohnern, in Kriegszeiten im Kirchhof Zuflucht zu suchen. In Friedenszeiten müssen ihn aber alle die wieder verlassen, die nicht dort wohnen.

Ähnliche Beschlüsse werden von den Bischöfen von Magelone und Agde auf den Regionalkonzilien von Toulouse, Saint-Gilles und Narbonne gefaßt. Damit wurde im wesentlichen nur die bisherige Gewohnheit bestätigt. Die befestigten Kirchhöfe müssen, bedingt durch ununterbrochene Kriege, ständig mit Kriegern belegt gewesen und vom Adel als Faustpfand und Bürgersatz besetzt gehalten worden sein.

Das I. Lateranische Konzil 1123 befaßte sich in seinem 14. Statut erneut mit diesen Mißständen. Im Anschluß daran verboten die Bischöfe allen Laien den Aufenthalt auf dem Kirchhof. Ausgenommen blieben nur jene, die dort im Auftrag der Kirche beschäftigt waren. Ferner waren alle Befestigungen abzureißen oder dem Bischof zu übergeben, die nur dem gegenseitigen Krieg dienten, ausgenommen die, die zum Schutz der Pfarre notwendig waren. Im Grunde bedeutete dies, daß der örtliche Adel, der von den Kirchen Besitz ergriffen hatte und sie für seine Zwecke benutzte, sie zurückgeben mußte, widrigenfalls sie geschleift werden sollten.

Das unterstreichen die folgenden Auseinandersetzungen deutlich. Zugleich erwies sich der gegen die Zuwiderhandelnden ausgesprochene Bann als wenig wirksam, waren doch all die befestigten Kirchen ausgenommen, die im Kampf gegen die Irrlehren gebraucht wurden, wie im ganzen Süden Frankreichs, der ständig von den Sarazenen bedroht war. Zu den bekämpften Irrlehren rechneten aber natürlich auch die Albigenser und Katharer, die durch die Verbindung mit dem provenzalischen Adel die Kirchen besetzt hielten und sich um den Kirchenbann wenig scherten. Wenn man bedenkt, daß dieser Kampf 1150 begonnen hatte und 1330 immer noch gegen Reste der Katharer ausgetragen wurde, kann man dessen Auswirkung erahnen.

Schon auf der Synode von Avignon 1209 wird Klage darüber erhoben, daß befestigte Kirchen sich zu »Räuberhöhlen« verwandelten. Einerseits will man den Gemeindemitgliedern Schutz gewähren, andererseits die Kirche weder durch die Bewaffneten noch durch die Gefahr einer Belagerung, die sie letztlich vernichten konnte, gefährden. Auch die Lagerung von Lebensmitteln und das Einstellen von Vieh wird nur im Notfall gestattet, denn auch das konnte sowohl Schutz wie auch durch die Aussicht auf reiche Beute Gefahr bedeuten.

So äußerten auch die Bischöfe manchmal Bedenken; denn der befestigte Friedhof barg selbstverständlich Gefahren. Einerseits wurde ohne Verteidigung das Dorf vernichtet, die Bauern niedergemetzelt oder verschleppt, andererseits blieb die Kirche von Kämpfen verschont. Aus solchen Überlegungen heraus hat das

Nationalkonzil zu Würzburg im Jahre 1287 beschlossen, jeden zu exkommunizieren, der ohne bischöfliche Erlaubnis »Kirche oder Kirchturm« befestigte.

In Bergen in Norwegen hatte 1280 die Synode beanstandet, daß Segel und getrocknete Fische in der Kirche gelagert waren. Auf allen Konzilien in ganz Europa (Ofen 1279, Köln 1279, St. Pölten 1284, Würzburg 1287, Mainz 1310, Ravenna 1311, Valladolid 1322, Prag 1349) wurde immer wieder darauf hingewiesen, daß nur mit ausdrücklicher oberhirtlicher Erlaubnis Kirchhöfe befestigt und nur in Notzeiten dort Menschen, Vieh und Vorräte untergebracht werden durften. Zuwiderhandelnden drohte aber wie immer Exkommunikation, die in Glaubenskämpfen aber eine stumpfe Waffe war.

Für Franken dürfen wir im allgemeinen eine wesentlich friedlichere Entwicklung annehmen. Allerdings wird von vielen Orten berichtet, daß zur Abwehr der Hussiteneinfälle die Kirche befestigt wurde. Später spielte die Kirchenburg oft bei den Fehden unter den Herrschaften eine Rolle. Zweifellos wurden bei Aufständen Kirchenfestungen selbst durch Bischöfe erstürmt und geschleift.

Nicht selten konnten sie sich aber gegen massive militärische Angriffe halten, obwohl man im allgemeinen annimmt, daß sie wohl gegen Gesindel, kleine Raubzüge und kurze Überfälle genügend Schutz boten, aber für eine harte Auseinandersetzung nicht genügten.

Ob eine Kirche befestigt werden durfte oder nicht, blieb bis ins 16. Jahrhundert von der Zustimmung des Bischofs abhängig. Sie stellte einerseits ein Privileg dar, wurde aber manchmal auch vom Bischof oder z. B. von der Stadt Nürnberg gefordert, weil man darin ein Bollwerk sah, das dem Bischof oder der Stadt Zeit ließ, sich zu rüsten.

Befestigte Kirchen in aller Welt

Schon ein Blick in die Bibliographie zeigt, daß es nahezu überall in Europa befestigte Kirchen gegeben hat, wenn auch Schwerpunkte deutlich werden. Diese Schwerpunkte sind aber künstlich entstanden durch – die Forscher. Überall dort, so kann man es kühn formulieren, wo sich jemand dafür interessiert hat, wurden Kirchenbefestigungen gefunden. Die bekannte Verbreitung ist das Ergebnis einer ständigen Kleinarbeit seit über 100 Jahren.

Bergner weist darauf hin, daß die Miniaturisten, Kleinplastiker und Kunstschmiede Motive aus dem Befestigungsbau der Kirchenburgen verwendeten (Radleuchter = himmlisches Jerusalem, Weihrauchfässer). Daraus leitet er mit Recht deren Selbstverständlichkeit und weite Verbreitung ab.

Die befestigten Kirchen Deutschlands sind nicht nur in vielen Aufsätzen behandelt, sondern wie die von Oberfranken, Österreich, Thüringen und Württemberg auch in Büchern und Dissertationen.

In *Württemberg* beschäftigt man sich besonders mit den befestigten Kirchen von Seißen, Merklingen, Waiblingen und Großsachsenheim.

Thüringen scheint eines der gut durchforschten Gebiete zu sein; die zahlreichen Beispiele beweisen es: Arnstadt (Zinnenturm), Belrieth, Bettenhausen, Dienstädt (bei Kranichfeld), Engerla, Ettenhausen, Gertewitz (bei Pößneck), Gleichamberg, Gumperda, Hausen bei Arnstadt, Heiligen, Hildburghausen, Kaltensundheim, Keßlar, Kirchhasel (bei Rudolstadt – Kirche wurde an profanen Verteidigungsturm angebaut), Leutersdorf, Lichtenhaun (bei Jena), Milda, Möbisburg (bei Gera), Neckerode, Neunhofen, Obernaßfeld, Pfersdorf, Queienfels, Reinstädt (bei Jena – mit befestigtem Kirchenschiff), das oft zitierte Rohr (bei Meiningen, Gaden abgebrochen), Schaala (bei Rudolstadt), Streufdorf, Vachdorf, Walldorf an der Werra.

Für *Bayern*, soweit es nicht zu Franken zählt, hat Karlinger einige genannt, darüber hinaus sind bekannt: Großinzemoos (Dachau), Pittriching, Günzburg (Klosterkirche), Kastl (Oberpfalz), Regensburg (Obermünster wurde an einen vorhandenen Verteidigungsturm angebaut), Stefling am Regen usw. In einem Vertrag von 1343 zwischen dem Bischof von Würzburg und dem Fuldaer Abt werden folgende befestigte Kirchhöfe genannt: Nordheim, Sondheim, Urspringen, Alprechtis (Melpers), Heymfurte, Hausen, Oberfladungen. Urkundlich werden auch die befestigten Kirchhöfe Obirn Lurungen, Swarte (bei Suhl), Theymar (Themar mit Bergfried im Kirchhof), Herpf, Stepfershausen, Helmershausen genannt.

Im *Kreis Hünfeld* gibt oder gab es Reste von Kirchhofbefestigungen oder urkundliche Berichte darüber: Bodes, Buchenau, Burhaun, Dannersbach, Eiterfeld, Erdmannrode, Fischbach, Gotthards, Großenbach, Großentaft, Haselstein, Hofaschenbach (runde Anlage), Hünfeld (heute katholische Pfarrkirche von

1518), Hünhan, Kammerzell bei Fulda, Kirchhasel, Langenschwarz, Leimbach, Liebhards, Michelsrombach, Molzbach, Neukirchen, Obernüst, Odensachsen, Rasdorf (gehörte Fulda), Rhina, Roßbach, Rückers, Salzschlirf (»Gadenberg«), Schlotzau, Schwarzbach, Soisdorf (ein Eckturm), Steinbach, Wehrda, Weisenborn bei Mackenzell, Wölf usw.

Für das *Rhein-Gebiet* beschreibt Cohausen die großen von Zinnenmauern umgebenen Kirchenburgen Nierstein (St. Martin) und Ober-Ingelheim (Burgkirche) und zählt zu den »Verteidigungskirchen« die Johanniskirche in Niederlahnstein, die Kirche in Panrod bei Hünfelden und die Berger Kirche, außerdem zählt er dazu auch das alte Templerhaus in Hemsbach (Bergstraße).

Der alte *Regierungsbezirk Wiesbaden,* der etwa 100 Quadratmeilen groß war, soll 145 Burgen besessen haben und 64 befestigte Dörfer. Ohne zunächst auf Webers Theorie eingehen zu wollen, wonach jede Kirche mehr oder weniger befestigt war, dürfte sicher sein, daß jedes befestigte Dorf eine befestigte Kirche besaß, aber befestigte Kirchen auch in unbefestigten Dörfern standen.

Bacharach hat heute noch einen Zinnenturm. In Münstermaifeld (über Koblenz) sind zwei runde Treppentürmchen am Turm vorhanden, die zu einer gezinnten Plattform führen, auch Gundersheim bei Worms war eine Kirchenburg.

Schell nennt folgende befestigte Kirchhöfe im *Bergischen Land:* Elberfeld (am Platz des heutigen Neumarktes), Erkrath, Flittard, Gräfrath, Herkenrath (bei Bensberg), Homberg (bei Ratingen), Lindlar, Monheim, Mülheim, Müllenbach, Nieder- und Oberzünddorf, Odental, Paffrath, Refrath, Remlingrade, Rheindorf, Schöller, Sonnborn, Wittlaer.

Im *Frankfurter Raum* besaßen zunächst die Westtürme des Doms in Frankfurt selbst Zinnen und einen Wehrgang, Bruchköbel und Marköbel (bei Hanau) hatten massive Pyramidentürme, ebenso wie Großkrotzenburg, dessen Pyramide zerstört ist. Der Kirchturm in Wächtersbach (Kreis Gelnhausen) besaß Pfefferbüchsen. Weiter sind aus Hessen folgende Wehrkirchen bekannt: Dörnigheim, Hausen, Hestrem, Hochstadt, Hoheneiche, Kirchberg, Schwarzenberg, Zennern usw.

Aber auch im übrigen Deutschland entdeckt man immer mehr Zeugen ehemaliger Wehrkirchen, wie in Brandenburg (Demerthin bei Kyritz, Hohenauen bei Rathenow, Huhsdorf über Pritzwalk, Schweinrich bei Wittstock und Zernitz bei Neustadt) in Ostfriesland (Marienhave), im Raum Bersenbruck (Ankum), im Kreis Brieg (Giersdorf), in Mecklenburg-Schwerin (Teutenwinkel), in der Oberlausitz (Horka). Aus Bruensen bei Braunschweig und Oldenrode bei Moringen wird berichtet, daß die Obergeschosse der Kirchenschiffe Schießluken besitzen.

Von *Sachsen* sind Dörnthal, Ebersdorf bei Flöha, Geithayn, Großrückerswalde, Heiligen, Lauterbach, Lugau, Mackenrode (ehemalige Grafschaft Hohenstein), Mittelsaida, Thierbach im Vogtland usw. bekannt.

In *Schleswig-Holstein* weiß man von St. Michael in Schleswig und St. Georg in Schlamersdorf.

Für *Österreich* hat Karl Kafka viele Kirchenburgen und befestigte Kirchen nachgewiesen. Der Süden,

---

Die Baustufen einer Siebenbürger Kirchenburg am Beispiel der Kirchenburg Schönberg:

Rundling mit Torhaus, ein-, dann zweitürmige Wehrkirche, Kirchenburg mit Wehrgang und Gadenkirchenburg.

(Die Veränderungen wurden jeweils nach Zerstörungen vorgenommen.)

Nach Zeichnungen von Hermann Phleps (angefertigt für Heinrich Zillich, der eine solche Entwicklung der Geschichte dieser Burg entnehmen zu können glaubt).

Links oben:
Turmlose Basilika in runder Umzäunung mit zweistöckigem Torhaus.
Mitte:
Ein mächtiger Wachturm ist dazu gekommen.

Links unten:
Ein Chorturm tritt anstelle des bisherigen Chors (mit Apsis).
Rechts oben:
Kirchenschiff und Wachturm werden erhöht. Statt der Umzäunung schützt ein Wehrgang mit vier Ecktürmen.
Rechts unten:
Die Kirche wurde weiter ausgebaut. Die Wachtürme durch mit zahlreichen Gießerkern versehenen Gaden ersetzt. Eine Lagerhalle kam hinzu.
Solche Entwicklungen sind auch in Franken denkbar, aber nicht nachzuweisen.

Kärnten und Steiermark (Krain und Ungarn der ehemaligen Donaumonarchie) mußte wie Siebenbürgen nichtchristliche Feinde abwehren, denen Kirchen, Reliquien und Sakramente keineswegs heilig waren. Dort werden die Kirchenkastelle oft »Tabor« genannt. Die den einzelnen Familien gehörenden Versorgungsbauten innerhalb dieser Kirchenburgen, die Gaden, werden ebenfalls »Tabor« genannt, so daß »Tabor« das gleiche bedeutet wie in Franken die »Gadenburg«. Der Name soll von den Hussiten stammen. Karl Kafka bestreitet das mit der Feststellung, das Wort komme schon 1311 in Krain vor. Der Tabor zu Feldbach in der Steiermark wird in dem Bericht der Central-Kommission 1868 detailliert beschrieben. Bekannt sind in der Steiermark noch Tamsberg und in Kärnten: Karnberg und St. Michael am Zollfeld, Maria Saal, Kraig, Althofen, Metnitz, St. Wolfgang über Grades, Weitensfeld, Grafenbach, Griffen usw. Türkische Horden zogen auf ihren kleinen Pferden offensichtlich bis hoch in die Berge. So besitzt Obervellach in den Tauern eine heute noch bewehrte Kirchenburg. Die kleine Ortschaft Flatnitz liegt bereits über 1400 Meter hoch und Diex (mit der doppeltürmigen Kirche) auf der Saualpe fast 1200 Meter. Diex gilt als älteste Burg, von der zudem noch das wuchtige Torhaus und der Wehrgang erhalten sind.

Aber auch *Niederösterreich* besaß viele Kirchenburgen, St. Michael und Weißkirchen dürften die bekanntesten sein.

Die *Schweiz* hatte vielleicht weniger Anlaß, Kirchenburgen zu bauen. Man kennt z. B. die Arbogast-Kirche in Muttenz bei Basel, Valeria über Sitten und Tarasp.

Auch von *Mähren* sind Wehrkirchen bekannt, vor allem die Kirchenwasserburg Koci bei Chrudim.

Polen und *Litauen* besaßen ebenfalls Wehrkirchen. *Skandinavische Wehrkirchen*, wie in *Aa* und *Ibsker* haben so starke Türme wie unsere alten Chortürme. Sie sollten gegen die Wikinger Schutz bieten.

Für *Dänemark* genügt es auf die berühmten Rundkirchen von Bornholm hinzuweisen, die schon Bergner behandelt hat.

In *England* sind einige Kirchenburgen zugleich Seefestungen.

Rey berichtet in seinem Buch über die französischen Wehrkirchen, daß auch die *Niederlande* viele befestigte Kirchen besaßen und in den Ardennen befestigte Einzelhöfe und Kirchen standen.

Die etwas anders gearteten Kirchenburgen *Spaniens* hat Ebhardt in seinem großen Burgenbuch dargestellt. Sie sind wie die in Italien am besten mit den ostdeutschen Ordensburgen zu vergleichen, wenn auch die Betonung stärker auf der Kirche und nicht auf der Burg liegt. Jedenfalls scheint man im Sinne der Ritterorden seit dem 12. Jahrhundert den Burgenbau weiterbetrieben zu haben. Die bekanntesten spanischen Kirchenburgen sind in *Aragonien* und *Katalonien* anzutreffen, wie die romanischen von Loarre, Cardona, Solsona, Ulldecona, Calafell und die vielfach erneuerte Altafulla. Loarre, schon 975 inschriftlich nachzuweisen, scheint überhaupt nur der Kirche wegen gebaut. Ähnliches gilt für Cardona und die schon 1070 erwähnte Burg Alquézar bei Huesca; ferner die befestigte Bischofsburg Requesens in der Provinz Gerona bei La Junquera. Selbst in der Burg Manzanares el Real überwiegt der Kirchenbau bei weitem, ebenso bei der bedeutenden romanischen Burg Alcaniz, der Hauptburg der Calatravaritter. Besonders hervorgehoben werden muß die gewaltige, aus dem 13. Jahrhundert stammende Burg Turegano bei Se-

---

Jedes Land, sogar jede Landschaft hat ihre eigene Form der Wehrkirche – der Kirchenburg gefunden. Kirchenburgen sind in Frankreich selten, die Wehrkirche wird zur Burg – wie auf Bornholm.
Oben links:
Les-Saintes-Maries-de-la-Mer (in der Rhône-Mündung), eine für Frankreich typische Wehrkirche.
Unten links:
Sentein (Ariège) am Fuße der Pyrenäen. Ein Unikum in Frankreich – eine Kirchenburg, die auch in Franken stehen könnte (die oberen Turmgeschosse sind jün-

geren Datums). Das Anlehnen der Kirche an die Befestigungsmauer ergab sich – wie in Preith – durch die Kirchenvergrößerung.
Oben rechts:
St-Thégonnec (Finistère) in der Bretagne. Das imposante Torbauwerk schützt nur noch symbolisch den »Heiligen Bezirk«.
Unten rechts:
Österlarskirche auf Bornholm (Dänemark). Eine um 1200 gebaute, kaum veränderte Wehrkirche. Diese massiven Rundkirchen sind für Bornholm typisch.

St-Thégonnec

govia, von der Ebhardt sagt, sie scheine »aus einer befestigten Kirche mit Außenwerken« zu bestehen. »In einer hohen rundturmverstärkten Zwingermauer steht die dreischiffige Kirche rund 36 m lang und 20 m breit mit über 3 m starken Mauern. An den Chorecken ist dieselbe mit zwei ungleich starken Vierecktürmen, an der gegenüberliegenden, durch drei schlanke gezinnte Rundtürme verstärkt, mit flachem Dach und Zinnenkranz, innen sechsjochig mit drei Absiden. Das Kirchentor zwischen zwei Türmen ist stark verteidigt. Der stärkste Chorecktürm ist bewohnbar.«

»Auch die hochragende Komturei, die Burg des Ordens von Calatrava über der Stadt Alcaniz in Aragonien ist ein prachtvoller, romanischer Quaderbau mit bedeutender, romanisch tonnengewölbter Burgkirche, freilich durch Umbauten vom 14. bis 18. Jahrhundert viel geändert, schon 1411 Sitz des aragonischen Parlaments.«

Waren es in Siebenbürgen, Steiermark und Kärnten die Tataren und Türken, gegen die die Bauernburgen entstanden, so sind es in Spanien die Sarazenen, die zum Bau der Ritterkirchenburgen zwangen.

Wenn es ein Land gibt, das durch die Zahl und Größe seiner Kirchenburgen und befestigten Kirchen besonders herausgestellt zu werden verdient, dann ist es nicht Siebenbürgen, sondern *Frankreich*. Rey, der sich zum Teil auf Arbeiten von Viollet-le-Duc stützen konnte, hat nur die großartigen des *Südens* behandelt. Es wäre ungerecht, einige von den 360 Kirchen besonders herauszustellen. 1976 erschien ein weiteres Buch über die befestigten Kirchen der *Thièrache*, einem kleinen Landstrich im Nordosten Frankreichs. Darin behandelt Meuret 65 Wehrkirchen. Um diese Zahl richtig würdigen zu können, muß man berücksichtigen, daß »La Thièrache« knapp 70 km in der Länge und keine 30 km in der Breite umfaßt.

Über die befestigten Kirchen des *Elsaß* gibt es ebensowenig eine umfassende Arbeit wie über die Lothringens. Man findet sie da und dort in Büchern über deutsche Burgen und in den »Kunstdenkmälern«.

Für das *Elsaß* nennt Cohausen schon 1898 folgende befestigte Kirchen: Schleithal (zwischen Lauterburg und Weißenburg). Domfessel, Domgolsheim, Rixheim (bei Mülhausen-Richisheim, vernichtet), Uffheim (zwischen Mülhausen und Basel), Dirlingsdorf, Gebersweier (bei Schlettstadt) und Hunawihr.

Avolsheim (Dompeter), Failly (St. Trond), Hartmannsweiler, Lesay, Truttenhausen, Ruine eines gezinnten Turms (Modell von Chr. Foltz im Museum zu Colmar).

Und für *Lothringen:*

Zetting (ungeschlachter, fünfmal abgesetzter Turm), Mutterbach (ähnlich Zetting und Rest einer befestigten Kirche des 12. Jahrhunderts), Ancy an der Mosel, Heckenranspach (Rundturm zwischen Schiff und Apsis mit Pechnase), Vaux (am Langhaus ein richtiger Bergfried mit hölzernem Wehrgang). Norroy-le-Veneur und Arry weisen starke Türme des 13. Jahrhunderts auf. Chazelles (befestigtes Kirchenschiff, 12. Jahrhundert), Lorry-Mardigny (Pechnase), Mey St. Petri (Pechnasen).

August Migette hat viele Zeichnungen der befestigten Kirchen Lothringens angefertigt, die im Museum zu Metz hängen.

Der »Heilige Bezirk«

Um sich die eingangs erwähnte Einheit des Lebens früherer Jahrhunderte leichter vorstellen zu können, hilft ein Blick in Frankreichs westlichste Halbinsel. Wer »Bretagne« sagt, denkt sofort an die Calvaires (Kalvarienberge), die dieser Landschaft mit das Gepräge geben. Die Calvaires aber sind der auffälligste Teil des »Heiligen Bezirks«, zu dem das Beinhaus und der Friedhof gehören und dessen Mittelpunkt die Kirche bildet. Für die Bretonen bildet er das Reich Gottes auf Erden, ein fest umschlossener Bezirk, der die »böse Welt« aussperrt. Eine Mauer umschließt und beschützt dieses Reich, ein mächtiges Tor – oft überdimensional – behütet es, und dieses Tor bewachen Heilige und Engel, in Stein gehauene Wächter. Hier finden die Toten ihre Ruhe und die Lebenden Hilfe bei Gott; in diesem seinem Reich auf Erden. Das Leben jedes einzelnen Dorfbewohners spielt sich heute noch hier ab. Von der Taufe über Erstkommunion, Firmung und Trauung findet er schließlich im »Heiligen Bezirk« seine letzte Ruhe.

In der Bretagne waren aber in der Renaissance, in der die meisten der heute bekannten Anlagen entstanden, die Kämpfe vorbei. (Saint-Brieuc ist eine der wenigen befestigten Kirchen der Bretagne. Zwei feste Türme schützen die Fassade, die eher an eine Burg als an eine Kirche denken läßt.) Der alte Abwehrgedanke war geblieben, er hatte sich vom notwendig Praktischen in das rein Geistige verschoben.

Der Feind war nicht mehr der mit Waffengewalt anstürmende Krieger, sondern der Ungeist der Welt oder das Symbol dafür: die bösen Dämonen. So bot jetzt wie früher dieses »Reich Gottes« nicht nur Schutz, es mußte auch geschützt werden, um wieder Schutz bieten zu können, ein zwingender Kreis.
Der gewaltige Torbau z. B. des Kirchhofs von St-Thégonec (Bretagne) ist trotz der beiden kanonenähnlichen Regentraufen militärisch wertlos und zudem überflüssig, weil jedermann gleich daneben über das niedrige Mäuerchen steigen könnte. Der Wegfall des Zwanges, solche Anlagen gegen einen potenten Gegner verteidigen zu müssen, hat erst die geistige Konzeption solcher religiösen Bezirke deutlich werden lassen.
Die meist nur noch teilweise erhaltene Wehrfähigkeit blieb dennoch oft so dominierend, daß die Vorstellung vom »Heiligen Bezirk« nicht ohne weiteres erkennbar wird.

Einheit der Lebenden und der Toten

Kirche, Friedhof und Beinhaus wird man dann als Einheit verstehen, wenn man sich der Kernvorstellung des christlichen Glaubens erinnert: des Weiterlebens im Jenseits und der ewigen Wiedervereinigung aller nach dem Letzten Gericht.
So ist der Friedhof der »umfriedete« Platz, dessen Mitte die Kirche bildet. Im Gottesacker, im heiligen Feld (campo santo) rundum ruhen die in der Erde, die schon bei Gott sind oder auf dem Wege dorthin. Die notwendige Ergänzung dazu ist das Beinhaus.
Zweifellos waren alle drei viele Jahrhunderte lang eine untrennbare Einheit. Erst spät wurden Friedhöfe getrennt von der Kirche außerhalb des Ortes angelegt, dann erhielten sie eine eigene Friedhofskapelle, die so groß wie eine Kirche sein konnte (wie die Gottesackerkirche in Creglingen) oder auch zweistöckig mit Beinhaus. Immer blieb es ein geweihter Platz, dessen zentrale Mitte weiterhin die Kirche bildete.
Schon 1277 wird erwähnt, daß es Aufgabe der Kirchhofbefestigung sei, die friedliche Stille des Gotteshauses und die Ruhe und das Andenken der Toten zu schützen.
Das Begraben galt schon bei den ersten Christen als Liebesdienst. Man betete danach für das Seelenheil des Verstorbenen und erhoffte umgekehrt von ihm Hilfe, wenn er, wie man glaubte, in den Himmel gekommen war. Das ging so weit, daß sich im Volksglauben die Meinung entwickelte, bei Kämpfen um den Friedhof würden sich die Toten auf der Seite der Verteidiger erfolgreich beteiligen. Herbert Derwein nennt den mittelalterlichen Kirchhof »ein großartiges Abbild der das Diesseits und Jenseits umfassenden Gemeinschaft« aller Christen. »Wenn die lebenden Gläubigen in der Kirche versammelt sind, wußten sie sich den Gräbern ihrer Toten nah. Die Toten nehmen gleichsam teil an den Opfern, Messen, Gebeten. Die Gräber mahnten, riefen die Lebenden auf, inständig

Friedhofsleuchte in Straubing

zu helfen, damit die Makel der Verstorbenen getilgt werden.« So war es für den mittelalterlichen Menschen furchtbarste Strafe, nicht in der geweihten Erde des Friedhofs begraben zu werden wie Mörder, Selbstmörder, Ehebrecher, Räuber und Nichtchristen und damit aus dieser Gemeinschaft ausgeschlossen zu werden.

Lebendig werden im Licht

Zum Friedhof gehörten natürlich das Friedhofskreuz, das Beinhaus und auch das Lichterhäuschen oder die Lichternische, die »zu Ehren der hier ruhenden Gläubigen alle Nächte den geweihten Ort mit ihrem Schimmer beleuchte«.

Schon in den Katakomben deuten alle Symbole, die wir an den Wänden finden, auf die Auferstehung hin. Sterben war nichts anderes als »lebendig werden im Licht«.

Eines der wichtigsten Symbole der Frühchristen, das »Licht«, das bei der Totenehrung in die Katakomben getragen wurde, versinnbildlicht den Auferstehungsgedanken. Im Lichte der Öllampen, die mit christlichen Bildzeichen verziert waren, lebten die Rufnamen der Verstorbenen auf. Die brennende Kerze, das Licht als Symbol Gottes, der Schöpfung und Erlösung, hat seine symbolische Bedeutung bis heute behalten.

Totenleuchten waren in Franken – mit wenigen Ausnahmen (Grünsfeld von 1496) – nicht gebräuchlich. Lichterhäuschen und Lichternischen sind heute noch anzutreffen (Aschaffenburg, Dettwang, Kälberau, Kinding, Ortenberg, Sondheim usw.). Diese Lichter setzten die Tradition der Öllampen aus den Katakomben fort, und zugleich betonten sie die Gemeinschaft zwischen den Lebenden und ihren Toten. Mitten zwischen beiden wohnte Gott im Gotteshaus.

Die »Laterne« über der Vierungskuppel oder das Obergeschoß einiger Rundkirchen wurden nächtlich erleuchtet und dienten so als andere Form des Lichterhäuschens, als Totenleuchten des Friedhofs. Ja, es gibt Theorien, die sich diese Kirchenform aus dem Lichtsymbol entstanden denken.

Dazu würde dann die runde Taufkapelle passen, für die das Lichtsymbol die gleiche Bedeutung hat. Sosehr solche Gedanken bestechen und sicher mitgespielt haben, kann man bestimmt keine Entwicklungsreihe davon ableiten, ohne zeitliche Diskrepanzen negieren zu müssen. Aber es kann sicher vieles nebeneinander bestehen, und ein und derselbe Grundgedanke kann durchaus recht unterschiedlichen künstlerischen Ausdruck gefunden haben.

Bei Gott zu Hause

Der »Heilige Bezirk«, in dem sich die wichtigen Ereignisse im Leben jedes einzelnen Dorfbewohners abspielten, muß für den weltlichen Raum des Lebens erweitert werden. Es war nämlich unmöglich, in einen weltlichen und einen geistlichen Bereich zu trennen. Unsere heutige Dreiteilung: Arbeitswelt, privater Bereich und Kirche mit einem Umschalten zu bestimmten Tageszeiten und Tagen war jahrhundertelang unbekannt. Um aber die damalige Welt verstehen zu können, darf man nicht mit dieser Triplizität an diese Fragen herangehen, es würde Probleme schaffen, die unsere Vorfahren nicht kannten, denn jahrhundertelang war nicht nur in Franken der christliche Glaube, die religiöse Übung, die persönliche Arbeit und das private Leben eine untrennbare Einheit.

Es gab keine Diskrepanz. Das Leben des Dorfes spielte sich im Kirchhof ab, und es bestand nie ein Zweifel daran, daß seine Mitte die Kirche war. Die Einheit war so selbstverständlich, daß der Gedanke an eine Trennung in die oben genannten Bereiche nur uns Heutigen kommen kann.

Wer als Deutscher das erste Mal eine römische Kirche betritt und dort Frauen mit Kinderwagen umherfahren sieht oder gar ein Kind nähren, der ist meist schockiert. Es bedarf einiger Überwindung anzuerkennen, daß diese Menschen eine ganz selbstverständliche und natürliche Beziehung zu ihrem Herrgott und damit auch zum Haus Gottes haben. Sie stehen mit Gott (und vor allem Maria) auf »Du«, und keine Barriere steht zwischen ihnen.

Wir müssen versuchen, uns eine solche selbstverständliche Beziehung und die Einheit des täglichen Lebens vorzustellen, nur dann wird es uns gelingen, den befestigten Friedhof, die befestigte Kirche und Kirchenburg zu verstehen. Wir werden dann nicht mehr fragen, ob dieses oder jenes Detail möglich ist, ob der Turm für die Kirche, für die Glocken oder die Verteidigung da war. Wir werden uns abgewöhnen, einen Vorrang des einen vor dem anderen zu konstruieren.

Bis ins späte 18. Jahrhundert war das tägliche Leben in die Religion eingebettet. Daran hatte die Reformation nichts geändert. Im Gegenteil, sie gab beiden Seiten neue Impulse. Bis zur Aufklärung waren die Menschen bei Gott zu Hause.

Die ganze Bedeutung eines solchen Satzes zu erfassen ist für uns schwer, die wir zwar bereit sind, in Funk, Presse und Fernsehen Kommunismus, Marxismus, Islam und verschiedene andere Ideologien in voller Breite zu diskutieren, die aber dann, wenn wir das Wort »Gott« in den Mund nehmen, uns sofort entschuldigen und vom »höchsten Wesen«, »Allmacht«, »das, was dahintersteht« sprechen, nur um nicht in den Verdacht zu kommen, wir meinten Gott.

Wenn einleitend so stark auf diese geschlossene religiöse Welt eingegangen wird, so geschieht das aus der festen Überzeugung, daß man ohne Umdenken in eine andere Vorstellungswelt als der unseren bei den Kirchenburgen eine Menge Fragen haben muß, die eigentlich gar keine Fragen sind; denn unsere Vorfahren lebten in der Kirche, und das nicht nur rein geistig, sondern ganz real. Es gab keine Schranken und keine Distanz, die verhindert hätten, das in Notzeiten ganz praktisch zu tun: am Kirchenboden zu schlafen, dort zu kochen, das Vieh zu versorgen; mit einem Wort: sie waren in der Kirche zu Hause.

Auch unsere Vorstellung von den armen kleinen Hütten der Bauern und der reichen großen Kirche in deren Mittelpunkt sollten wir vergessen. Sie ist ein Produkt der letzten hundert Jahre.

Gewiß waren die meisten Häuser der Bauern zunächst aus Holz wie auch sicher die Kirche. Später war das Gotteshaus der erste Steinbau. Man braucht nicht unbedingt nach Kraig (in Kärnten) zu fahren, um sich darüber klarzuwerden, wie diese steinerne »Kirche« ausgesehen hat. Sie war ein gutausgebauter Verteidigungsturm, der zumindest so sehr dem Zweck der Bauern diente wie dem Gottes. An ihm »hing« ein winzig kleiner Raum für die »Gemeinde«. Wenn wir an ein reiches großes Gotteshaus denken, dann spielt uns unsere an der Kunstgeschichte orientierte Phantasie einen Streich. Die großartigen Gotteshäuser waren die Kathedralen, und sie standen in den Städten, in denen sich das Rathaus und die Bürgerhäuser durch Prunk dokumentierten Reichtum durchaus neben der Kathedrale sehen lassen konnten. Der Pfarrer auf dem Land war so arm oder reich wie seine Gemeinde (oder deren Dorfherr als Patronatsherr), und die Kirche entsprach immer ebenso deren Armut oder Reichtum.

Die Zitadelle des Dorfes

Ein anschauliches Bild des mittelalterlichen Dorfes hat schon im letzten Jahrhundert Cohausen in seiner Beschreibung der Dörfer des Rhein-Nahe-Gebietes gegeben, das sicher auch grundsätzlich für Franken gilt. Abweichungen sind meist geländebedingt. Er schreibt: »Der Ort ist mit einem tiefen Graben umgeben, der mehr oder weniger geradlinig eine rechtwinkelige Hauptform innezuhalten sucht und selten einspringende Winkel bildet. Meist liegt gegen die ansteigende Seite hin eine Ecke und wird dann stets von der Kirche eingenommen, welche, durch einen massiven Turm verstärkt, inmitten des ummauerten Friedhofs steht, dessen Eingangstor ein Turm flankiert. So bildet die ganze Anlage eine Zitadelle als letzten Zufluchtsort, und der Turm mit der Kirche ist dessen Bergfried.

An den inneren Rand des tiefen Hauptgrabens stoßen die Hintergebäude und Hofmauern des Dorfes und bilden eine geschlossene Umfassung, die nur durch wenige Einfahrten unterbrochen wird. Über diesen erhebt sich ein viereckiger Torturm mit massiven Torflügeln; meist als Wohnung eines Pfründners, Schusters oder Schneiders, der Wege und Tore überwacht. Der Hauptgraben hat je nach der Lage verschiedene Tiefen und Breiten. Auf der tiefer gelegenen Dorfseite, wo der Boden auch zur Erhöhung des äußeren Ufers dient, sind beide größer als an der Höhen- und Angriffsseite. Man findet Breiten von 12, 14 und mehr Metern bei Tiefen von 5 bis 7 Metern. Vor dem tiefen Graben erhebt sich ein Wall gleichfalls von 12 bis 14 Metern Breite und 2 bis 3 Metern Höhe, und vor diesem liegt ein seichter Vorgraben oder Rundgang ... Außerdem, daß man in tiefen Lagen Wasser in den Hauptgraben lassen kann, besteht ein wesentlicher Teil der Dorfbefestigung in dem dichten Bestand von Bäumen und Sträuchern, namentlich von Rüstern, in den Gräben und auf den Wällen. Dieser schöne, an Kraft und Dauer der Eiche am nächsten stehende Baum umgibt parkartig und oft in prächtigen, dichtgedrängten Stämmen die Dörfer (Die Rüstern heißen hier Effen. Es gibt die ›Effengräben‹) ... Die Bäume sollen vor manchen Dörfern so dicht gestanden haben, daß man keinen Pfeil ins Dorf schießen, ja selbst zur laublosen Winterzeit kein Haus sehen konnte. Sie gaben das Material zu weiteren Befestigungen, zur Schließung von Lücken und zu Verhauen und wohl auch zu Gemeindebauten.«

Mit Vergnügen liest man dann auch einen Bericht, der an die Kapitolinischen Gänse erinnert.

In Camberg haben die Vögel in den Gebückbäumen (eine Art Unterholz) die Bedrohten alarmiert. Über die Rettung durch »Atzeln« schreibt ein Ungenannter in der Geschichte von Stadt und Abtei Camberg (in Nassau) folgendes: »1357 geschah auch auf Abend von Dreikönigen der berühmte Angriff der Walsdorfer auf Camberg. Bei dieser Zeit und Frist, als Camberg noch nit so woll mit Mauern versehen und die von Walsdorff Feind uff König Abend in dieser Nacht das Gebuck und Wall zu ersteigen gesinnt, aber die Wechter von Weine drunken eingeschlaffen, haben die Atzelen, wie vor Zeiten die Gans zu Rom im Capitolio, in Wall undt Gebucke ein Gschnadder gemachet, daß die Camberger die Oberhandt behalten und die Feindt in die Flucht geschlagen.«

Bei der Beschreibung des großen Dorfes Dalsheim (das zwischen Alzey und Worms liegt) stellt Cohausen dann fest, daß es in seiner »Befestigung ganz einer Stadt gleicht«.

Franken ist ein verhältnismäßig gutes Beispiel für Kirchenburgen und befestigte Friedhöfe, weil es nicht so starken Veränderungen unterworfen war wie Industrielandschaften, wo man meist nur aus der Literatur, aus alten Straßennamen und Stichen nachweisen kann, daß es sich wohl kaum von den Anlagen in Franken unterschieden haben dürfte, ausgenommen die befestigten Einzelhöfe, die in Franken nicht bekannt sind.

Es gab sowohl einfache Befestigungen wie große Kirchenburgen. Letztere dienten den umliegenden benachbarten Orten, die dafür bestimmte Türme dieser Fluchtburgen selbst unterhalten mußten.

Wenn wir heute von Kirch-»burgen« sprechen, so folgen wir einem im Mittelalter geläufigen Wort für den befestigten Friedhof. Der Friedhof war in der Form einer »Burg« befestigt: »cimiterium est munitum in modum castri«, »cimiterium est munitum fortilitiis in modum castri«, »munus cimiterii est quasi castrum« (nach Wörner). Wenn dagegen ein Ort eine eigene Burg besaß, machte sie nicht die Kirchhofbefestigung überflüssig. Im Gegenteil, in manchen Orten bestand durch Wall, Graben oder unterirdischen Gang eine verteidigungsmäßige Verbindung zwischen beiden. Auch Schell und Wörner berichten von solchen geschützten Wegen. In Franken wird bei der Beschreibung der einzelnen Orte auf solche meist unterirdische Gänge zwischen Kirchenbefestigung und Burg des Ortsadels hingewiesen, wenn sie auch bei abgegangenen Burgen nicht immer nachgewiesen werden können. Andererseits wurden in Franken auch aufgelassene Burgen zu befestigten Kirchhöfen (siehe: Heustreu). Da die Dorfherren, meist der niedrige Adel, Amtsträger und Verteidiger des Dorfes waren, lag ihr befestigter Hof (Schloß, Dorfburg) am Dorfrand und notwendigerweise in unmittelbarer Nähe des befestigten Friedhofs. Illgner sagt: »Die Kirchhoffeste und die Burg scheinen sich zuweilen voneinander lediglich dadurch unterschieden zu haben, daß erstere die Kirche, letztere das Ritter-Wohnhaus umfaßte.«

Wehrkirche – Kirchenburg – Wehrfriedhof

Wenn im Titel dieses Buches zwei zusammengehörende Bauformen nebeneinander genannt werden, so bezieht sich das lediglich auf die erhaltenen Erscheinungsformen.

Als dritter Begriff muß der Wehrfriedhof hinzugefügt werden, wobei diese Dreiheit als Einheit gesehen werden muß, soweit es sich um Franken handelt und Entwicklungen beiseite gelassen werden, wie sie Frankreich hervorbrachte. Solche Drei-Einheiten haben sich voneinander nur in dem Maße wie große und kleine Burgen oder große und kleine Städte unterschieden. Historisch gesehen gab es sicher keinen Wehrfriedhof ohne Wehrkirche und, soweit man bei fränkischen Gegebenheiten bleibt, wohl keine Wehrkirche ohne Wehrfriedhof.

Es gilt zu entdecken, wieweit sich Franken in das übrige Europa einfügt und inwieweit eigene Formen entstanden sind. Über den Urzustand der meisten Kirchen und Friedhöfe wissen wir, selbst wenn Urkunden zur Verfügung stehen, sehr wenig. Zweifellos waren gewisse Formen nebeneinander anzutreffen, formal beeinflußt von benachbarten Städten oder Burgen. Außerdem haben dabei sicher örtliche Voraussetzungen mitgesprochen: die Größe der Gemeinde, ihr Reichtum oder ihre Armut, der Landesherr, der Pfarrer, vielleicht ein Kloster, vorhandenes Material und nicht zuletzt die Bodenbeschaffenheit. Aus den vorhandenen Formen eine Entwicklung ableiten zu wollen, wäre kühn. Selbst die Vermutung, daß – um es extrem zu sagen – für den einen Ort ein wehrhafter Turm genügt hätte, während für den anderen eine große Kirchenburg notwendig war, ist ebenfalls

LÜTTER

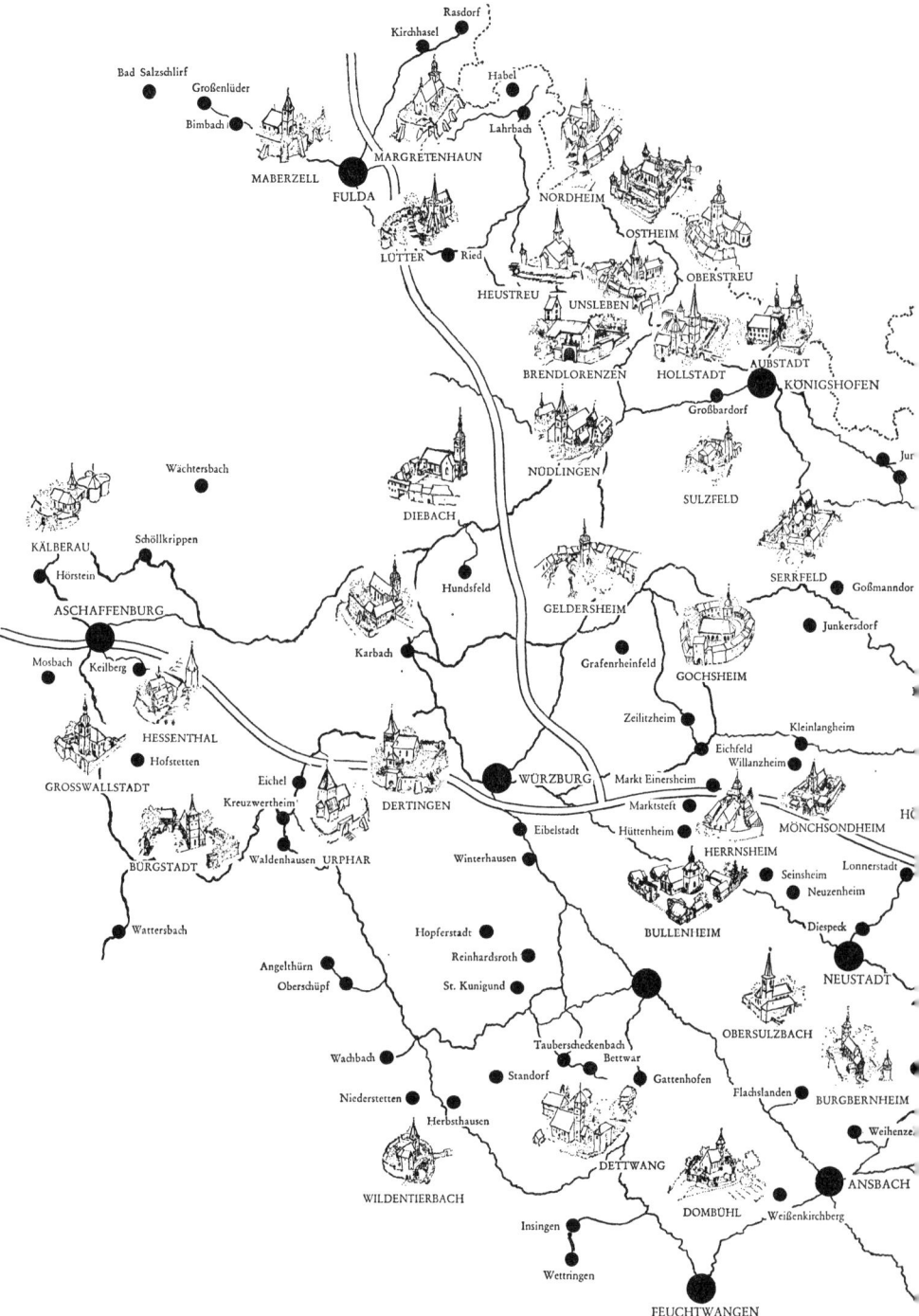

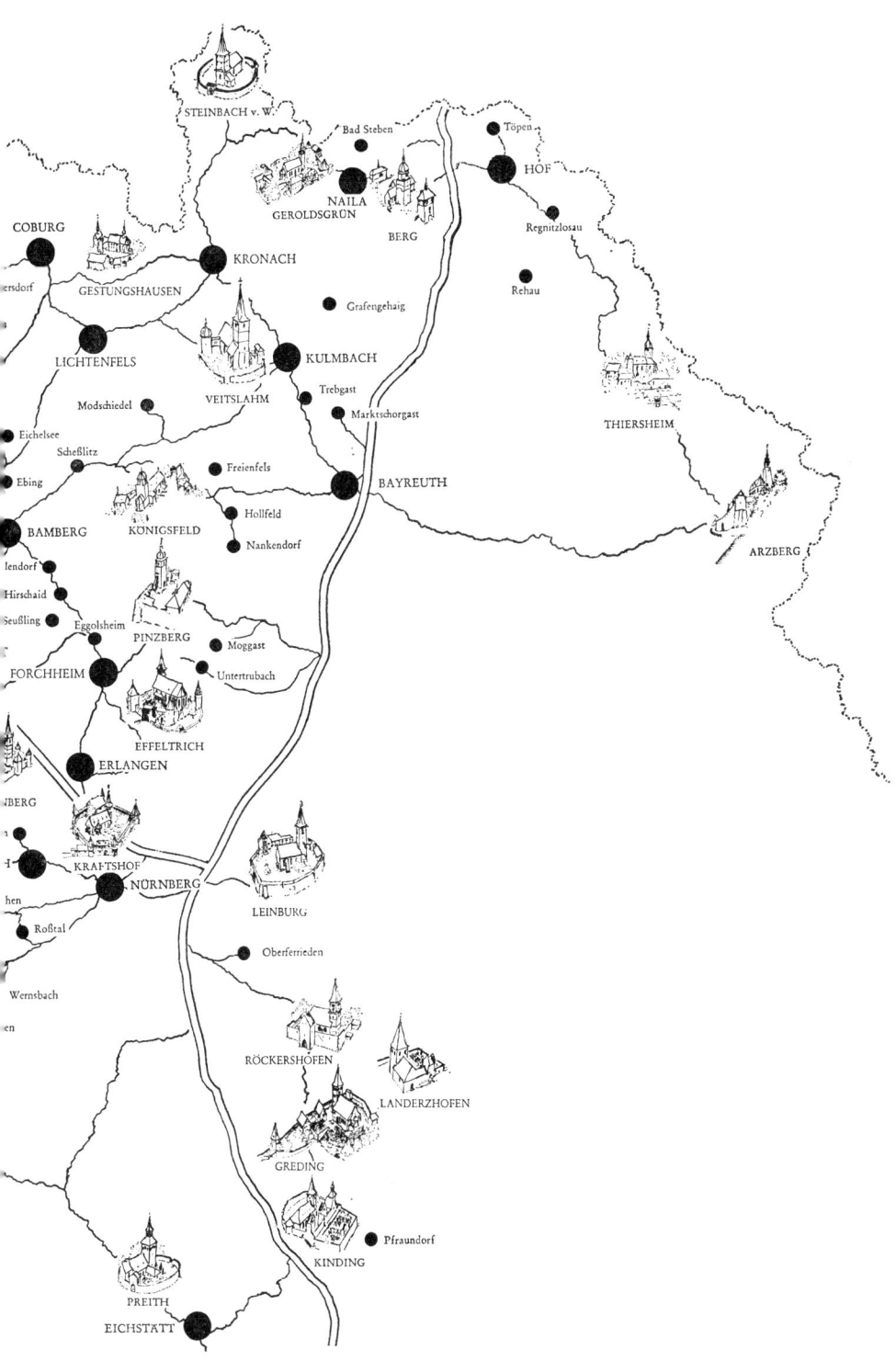

abwegig. Zudem sollte die jetzige Größe eines Dorfes nicht zu falschen Vorstellungen verleiten. Die meisten Dörfer waren nach unseren heutigen Begriffen winzig. Die Hauptschwierigkeit liegt in den zahlreichen Veränderungen, die solche Anlagen im Laufe der Jahrhunderte erfahren haben. Kirchenburgen wurden selten, wie in Kraftshof, aus einem Guß gebaut. Wir wissen, daß nach jeder Feindberührung an den Befestigungen verbessert und erweitert wurde, ja nach weitgehenden Zerstörungen war manchmal sogar ein Neubau erforderlich, bei dem man lediglich Grundmauern wiederverwenden konnte. Nur für die Gadenkirchenburg kennen wir ein Beispiel, das uns unverändert aus dem 13. Jahrhundert (wenn nicht noch früher) überliefert ist: Mauerschedel bei Filke (vor der Rhön). Diese Anlage war schon um 1400 eine Ruine im heutigen Zustand.

Daß jede Form immer die Kirche schützen sollte, steht außer Zweifel, und das seit der Zeit des frühen Christentums bis ins späte 17. Jahrhundert. Die Art des Schutzes aber war landschafts- und umweltbedingt. Wie man einerseits die Höhenlage oder eine Flußinsel nutzte, so bedingte die Verteidigung gegen einfallende Sarazenen, mit denen die Kirchen an der Südküste Frankreichs immer rechnen mußten, etwas anderes als kurzfristige Überfälle verfeindeter Ritter oder umherziehender Horden in Franken. Es war auch zu unterscheiden, ob der Kirchenbezirk nur den umwohnenden wenigen Bauernfamilien Schutz bieten sollte oder etwa eine Straße schützen oder sperren mußte.

Kirchenburg oder Wehrkirche

Wir haben uns angewöhnt, beide Begriffe in einen Topf zu werfen. Wir sprechen von Siebenbürger Kirchenburgen ebenso wie von Siebenbürger Wehrkirchen. Eine solche mangelhafte Differenzierung kann für Franken hingenommen werden, aber für manche andere Landschaft genügt sie nicht.

Echte Wehrkirchen besitzt eigentlich nur Frankreich, zumindest können wir das aus dem schließen, was auf uns überkommen ist. Die Kathedrale von Albi, die Kirche von Les-Saintes-Maries-de-la-Mer, die Kirche von Venèrque (am Nordhang der Pyrenäen), das sind wirkliche Wehrkirchen mit Zinnen und Befestigungswerken, die jeder Burg Ehre gemacht hätten. Eine Burganlage kam manchmal, früher vielleicht immer, dazu. Sie ist aber im Vergleich zur *Wehr*-Kirche von untergeordneter Bedeutung.

Anders in Franken. Gewiß sind die Türme wehrhaft, gewiß hatten die Langhäuser sicher auch Schießscharten und Zinnen, aber verglichen mit den genannten Bauten Frankreichs denkt man nahezu an einen Behelf. Dagegen gibt es meines Wissens in ganz Frankreich keine Gadenburg etwa im Sinne von Gochsheim (bei Schweinfurt) oder Mönchsondheim (Iphofen). Sentein (am Nordhang der Pyrenäen) mag eine Ausnahme sein. Außerdem scheinen alle großen franzö-

Kirchenburg und Schloß lagen oft nebeneinander

sischen Wehrkirchen zu einer Stadt zu gehören, wobei natürlich wie in Franken die heutige Größe kein Maßstab für die Bezeichnung Stadt sein kann. Grund für die andere Form mögen die andersgearteten Gefahren sein, denen die Länder ausgesetzt waren. Wir wissen, daß im 100jährigen Krieg manche kleineren Orte aufgegeben wurden, weil sie nicht zu halten waren. In Franken waren aber äußere Gefahren nur während der Hussiteneinfälle und im 30jährigen Krieg zu befürchten, wobei in beiden Fällen einzelne Horden das Übliche waren und nicht die großen Kriegsheere. Es liegt also auf der Hand, daß die Art der Kriegführung nicht unwesentlich die Entwicklung beeinflußte. So entstanden diese Befestigungen auch in verschiedenen Jahrhunderten. Während die in Franken sich allmählich entwickelten und sich den jeweiligen Bedürfnissen anpaßten, war die Zeit des 100jährigen Krieges die Zeit des großen Wehrkirchenbaus in Frankreich.

MABERZELL

Wehrkirchen auf Burgresten

Wehrkirchen hat man gern am Rand des Dorfes möglichst in erhöhter Lage gebaut. Die Höhenlage war oft dort gegeben, wo eine aufgelassene Burg mitverwendet wurde, deren Kapelle dann Pfarrkirche werden konnte, wie in Burk. Solche verlassenen Anlagen wurden den Dorfbewohnern manchmal geschenkt. Diese Geschenke lagen ebenso im Interesse der bisherigen Burgherren wie der Bau von Kirchenburgen. Schließlich ging es bei vielen mittelalterlichen Kämpfen nicht um offene Feldschlachten, sondern um die wirtschaftliche Schädigung des Gegners. Der Schutz des Hab und Gutes der Bauern aber war schon des Zehnten wegen im Interesse der Landesherren.

Die Höhenlage allein war nicht entscheidend. Als die »Edlen von Heustreu« ausstarben, übernahm der Ort das Wasserschloß und entwickelte daraus die heute noch bestehende Kirchenburg. Gerade dort wäre es aber denkbar gewesen, daß man die Kirche auf dem ebenfalls befestigten Michaelsberg gewählt hätte, die zudem inmitten des Kirchhofs liegt.

Erst in späterer Zeit kam es verschiedentlich zum Verbot des Ausbaus einer Kirchenbefestigung durch den Landesherrn, und zwar immer dann, wenn er Angst hatte, seine Fronbauern könnten diese Festungen auch gegen ihn benutzen.

Aus dem befestigten Dorf konnte sich der Markt resp. die Stadt entwickeln; auch scheinen gewisse Freiheiten (Gerichtsbarkeit) Voraussetzung für die Erlaubnis, sich zu befestigen, gewesen zu sein. So erlangte 1424 das Dorf Mattmann die Freiheit von gewissen Abgaben und mußte sich dafür verpflichten, die Befestigung instandzuhalten, wenn es seiner Vorrechte nicht wieder verlustiggehen wollte.

Clasen sieht in seiner 1922 verfaßten Dissertation die Wehrkirchen eingefügt in eine gegenseitige Beeinflussung von Wehrkirche und Burg. Er geht aber von einem turmlosen befestigten Kirchenschiff aus, das von einem Verteidigungswall geschützt war. Er beruft sich dabei auf Frankreich, Ostfriesland und Schleswig-Holstein. Die weitere Entwicklungsstufe sieht er in der Gadenbefestigung. Auch dabei, glaubt er, kam der Turm erst später hinzu. – Für Bergner dagegen begann die Befestigung mit dem Turm.

Wenn man auch die Bornholmer Rundkirchen nicht als Vorstufe zu einem Bau wie der Karlskapelle in Aachen sehen kann, so dürfte doch grundsätzlich die Vorstellung vom Turm, der unten den Altarraum und darüber die Wehrräume hat, nach allem, was wir wissen, der tatsächlichen Entwicklung entsprechen. Abgesehen von den großartigen Wehrkirchen Frankreichs, die in ihrer Mehrzahl keinen Turm kennen oder wo er erst später hinzukam, dürfte diese Annahme für Deutschland und viele andere Gebiete, besonders aber für Franken feststehen. Bei der Betrachtung der einzelnen Bauten einer Kirchenburg müssen wir deshalb mit dem Turm beginnen.

Stein – Holz – Lehm

Bevor wir uns eingehend mit den Türmen beschäftigen, ist ein Blick auf das beim Kirchenbau verwendete Material notwendig. Zwar hat man zu Verteidigungszwecken den Stein bevorzugt, schon der geringeren Brandgefahr wegen, aber dabei das Holz keineswegs vernachlässigt. Cohausen schreibt wörtlich: »Wir brauchen kaum zu wiederholen, daß auch bei den seither besprochenen Anlagen das Holz eine große Rolle spielte, wie wir ja aus Viollet ersehen, daß selbst bei den luxuriösen Festungsbauten der großen Herren in Frankreich die gezimmerten Ausbauten und Gänge ganz besonders angewendet werden. Bis weit in die Zeit der Feuerwaffen hinein half man sich bei Bedürfnis mit Holzanlagen. 1634 wurde an dem Bessunger Vorthor zu Darmstadt ein Gebälk gelegt und mit Brettern belegt, davon kann die Strass wie auch der Stadtgrab beschossen werden (Akten des Darmstädter Staats-Archivs). Will jemand einen malerischen Eindruck von all diesen Details in ihrer alten Ursprünglichkeit und namentlich auch dem äußeren Ansehen der hölzernen Details gewinnen, so wollen wir hier u. a. auf die Stiche und Schnitte von Albrecht Dürer verweisen. In der großen Passion (man sehe z. B. den Turm mit den Erkern und dem Glöckchen auf dem Dach), in der Apokalypse, im Marienleben, überall sehen wir die Darstellungen solcher mittelalterlicher Anlagen, allerdings nicht als Kopien nach der Wirklichkeit und nicht ohne Beihilfe der Phantasie entstanden, aber der eminente Maler, vor dessen geistigem Auge die turmreichen Umwallungen der vaterländischen Städte standen, als er jene Werke schuf, war doch zugleich einer unserer bedeutenden Festungsbaukünstler.«

MARGRETENHAUN

Wir brauchen uns nicht mit Dürer begnügen. Es gibt genügend Belege dafür, daß nicht nur Wehrgänge, sondern auch die oberen Stockwerke der Kirchtürme aus Fachwerk bestanden. Alte Abbildungen von Kirchen, z. B. der Lüneburger, zeigen, daß die Kirchenschiffe nicht anders als Häuser und Scheunen aus Fachwerk bestanden (siehe Wächtersbach, Wettringen usw.).

Reine Lehmbauten aber, wie die Tapia in Spanien, gab es bei uns sicher witterungsbedingt nicht. Das Tapia-System setzte enorm dicke Mauern voraus, die in der südlichen Sonne hart wurden. Man sagt, die Bezeichnung Tapia käme mit dieser Technik von den Mauren. Andererseits kennt das Französische das Wort »Tape« für ausgedörrt.

Dennoch wurde in Deutschland Lehm, viel Lehm verwendet. Die Riegelwände zwischen dem Fachwerk waren immer aus Lehm, und nur selten steckten Ziegel dazwischen. Außerdem hat sich das Weidengeflecht innerhalb der Riegel, verbunden mit Lehm, als »Kugelfang« gut bewährt, für Pfeile ebenso wie für Speere. Da die Balken, die das Gerippe bildeten, aus Eiche waren, boten sie auch genügend Widerstand; jedenfalls war es nicht so ohne weiteres möglich, sie zu entzünden. Wir wissen, daß Wehrgänge um das Kirchenschiff oft aus drei aufeinanderliegenden Balken bestanden, zwischen denen man Schießscharten ausgespart hatte. Nicht anders dürfte der Wehrgang am Turm ausgesehen haben. Holz hatte zudem den Vorteil, daß es zum Füllen von Verteidigungslücken sehr schnell zur Hand war.

Auch als »Gebück« und Baumreihen hatte das Holz seine nicht zu unterschätzende Bedeutung. Wie lange es noch hölzerne Kirchtürme gab, wird nicht mehr zu ermitteln sein, jedenfalls wurden sie spätestens im 13. Jahrhundert überall von massiven Steintürmen verdrängt. Ob Holz, Stein oder Lehm verwendet wurde, war nicht zuletzt vom örtlichen Vorkommen abhängig. Wie rar der Stein oft war, zeigt allein die Tatsache, daß wir viele alte Befestigungen nur deshalb verloren haben, weil sie als Steinbruch für Neubauten dienten. Nicht überall entschied aber örtliches Vorkommen allein über die Bauweise, so wie man es für Franken allgemein annehmen kann. Dort, wo von weither zugezogene Baumeister wirkten, wurde auch dies für viele Formen entscheidend.

Lombardische Baumeister z. B. haben (urkundlich) schon im 8. Jahrhundert in Spanien und Südfrankreich (im Bereich der Pyrenäen) gebaut. Gleichzeitig waren auch die maurischen Baumeister am Werk. Lombarden und Mauren bezogen ihr Formengut zum Teil aus dem Orient, waren jedenfalls irano-syrisch beeinflußt. Auch sollen die Minaretts der großen Moscheen von Damaskus den Turmbau beeinflußt haben. Hinzu kommen personale Bindungen der Aquitanier diesseits und jenseits der Pyrenäen. So gilt für den eigenartigen Bau der Kathedrale von Agde Antiochia als genaues Vorbild.

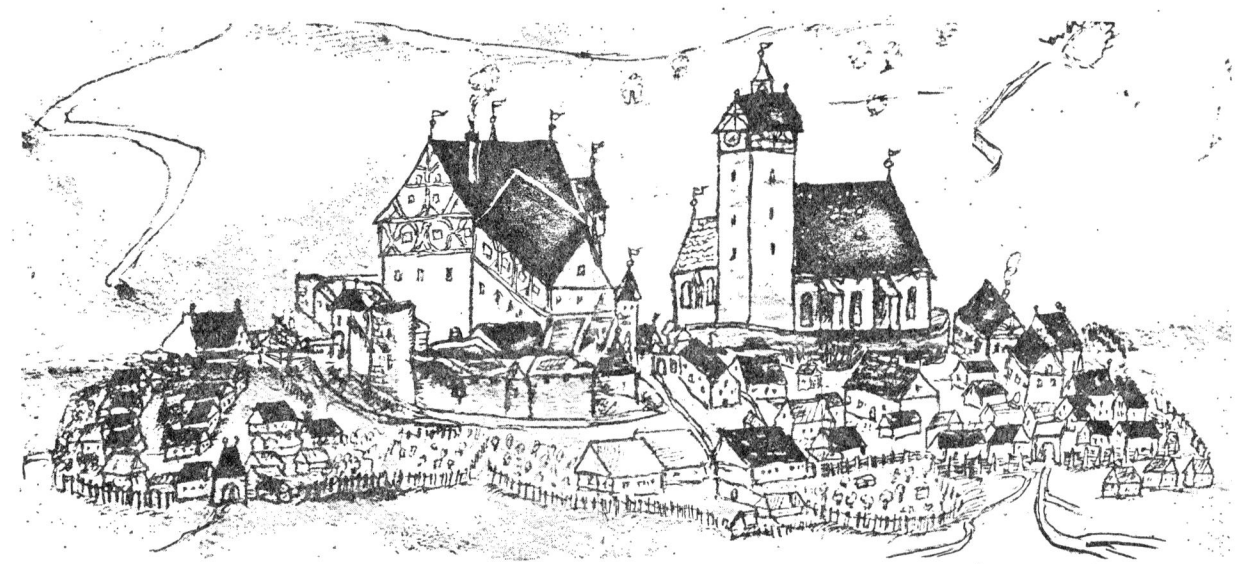

Befestigte Kirche und Burg – nebeneinanderliegend – besitzen in ihren oberen Stockwerken Fachwerk. Handzeichnung von Bibra, 1617.

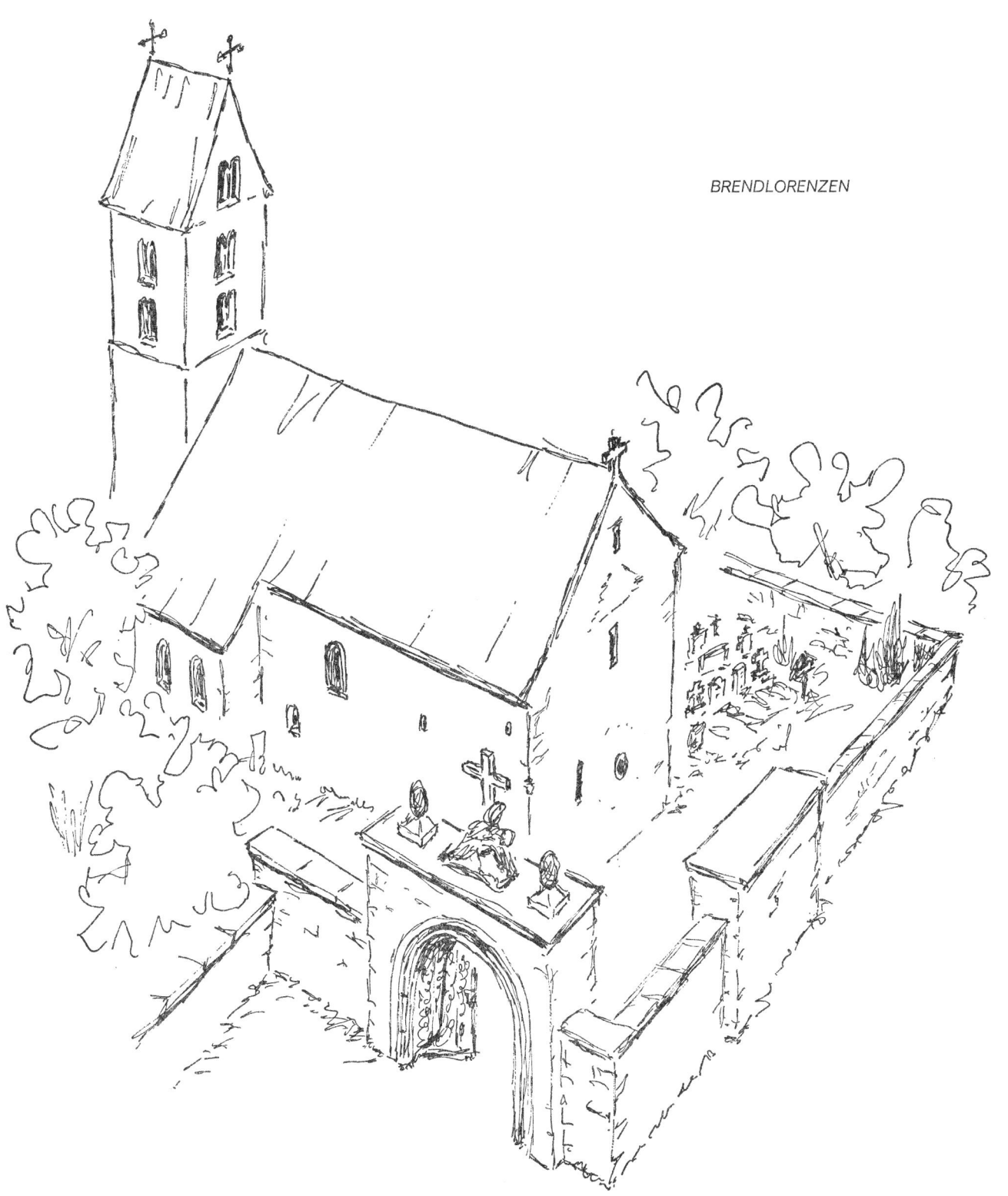

BRENDLORENZEN

Der Chorturm

Cohausen nannte die Chorturmkirche treffend eine Kirche »mit Zentralturm über dem Altarhaus«. Zugleich hat er darin den Beginn einer Entwicklung gesehen. Nun ist damit aber nicht bewiesen, daß der Kirchenbau nicht auch beim Langhaus beginnen konnte, denn Basiliken benötigten zunächst keinen Turm. (Zur Zeit der Entstehung vieler Wehrbauten waren allerdings längst andere Tendenzen vorherrschend.) Dennoch ist es nicht notwendig, stets ein Nacheinander anzunehmen, wenn auch ein Nebeneinander denkbar ist.

Eine Bornholmer Rundkirche ist zweifellos von Anfang an ein Turm, der nie ein Langhaus erhalten hat, während die Wehrkirche in Saintes-Maries-de-la-Mer nie einen Turm bekam. Diese beiden Beispiele zeigen zwei Richtungen an, die zu einer Kombination beider führen kann, aber nicht muß.

Es ist also sicher kühn zu behaupten, die Wehrkirche hätte sich aus dem Turm entwickelt, wie es ebenso kühn ist zu sagen: am Anfang stand das turmlose Langhaus. Für Franken läßt sich aber sagen, daß aller Wahrscheinlichkeit nach die überwiegende Mehrzahl der Wehrkirchen mit einem Turm begonnen wurden. Serrfeld, Großenlüder oder Krailshausen könnten vermuten lassen, daß sie aus einem Langhausbau entstanden sind und der »Turm« lediglich eine Erhöhung des Chors darstellt, obwohl man bei diesen Kirchen selbst heute noch die Worte »Langhaus« oder »Kirchenschiff« als entschieden zu aufwendig empfindet. Jedenfalls sind sie die Ausnahme, bei allen anderen wird das, was uns geblieben ist, auch unter Berücksichtigung vieler Umbauten, zu der Feststellung veranlassen, daß der Kern der Anlagen der Chorturm war.

Die wenigen kaum veränderten Kirchen in Franken lassen erkennen, daß der Gemeinderaum – von Langhaus kann man auch dabei nicht sprechen – nichts anderes als ein kleines Anhängsel am Chorturm war. Er enthielt alles für die Kirche Wesentliche und reichte für die wenigen Gläubigen aus. Beispiele dafür könnten Dietersdorf, Eichel, Eichelsee, Großenlüder, Krailshausen, Oberschüpf, Urphar, Waldenhausen, ja selbst Gerach sein. Das beste Beispiel dieser Art dürfte aber Kraig bleiben. Dort hängt an dem mächtigen Turm eine winzige Kapelle. Sie blieb uns erhalten, weil man darauf verzichtete, sie zu erweitern und statt dessen die große turmlose Kirche, die räumlich keine Verbindung mit dem Turm besitzt, Jahrhunderte später daneben baute.

Der Kampanile

Kraig läßt an die andere in Franken ebenfalls anzutreffende Form denken: die Kirchen mit dem Kampanile. Zwar wurde in Kraig nach dem Bau des großen Langhauses neben der alten Turmkirche diese zum Kampanile. Jedenfalls empfindet es der heutige Beschauer so; denn Kirche und Turm stehen deutlich voneinander getrennt. Anders die fränkischen Beispiele. Der Turm wird hier zugleich Torhaus der Anlage. Zweifellos hat diese Art den Nachteil, daß der Altarraum nicht durch feste Gewölbe geschützt war, aber den Vorteil, bei Kämpfen um den Turm nicht unmittelbar einbezogen zu sein.

Euerhausen, Gestungshausen, Niederstetten, Pinzberg und Sulzfeld besitzen heute noch solche Torturmkampanile. Serrfeld könnte man auch dazu rechnen; denn der Torturm beherbergt Uhr und Glocke. Serrfeld leitet zu Kirchenformen über wie die in Krailshausen und Großenlüder (eventuell auch Thiersheim), die lediglich aus einem zu einem niedrigen Turm erhöhten Chor bestehen, an den der kleine Raum für die Gläubigen angebaut wurde.

Die Turmkirche

Damit nähern wir uns einem weiteren möglichen Bautyp: einer Turmkirche, die im Gegensatz zu den

HEUSTREU PFARRKIRCHE

eingangs beschriebenen nur für den Gottesdienst Platz bot und bei der das Volk außen im Kirchhof – hier in ursprünglichstem Sinne gebraucht – stehen mußte, um an der Messe teilzunehmen. Allerdings gibt es für diese Annahme keine Begründung, es sei denn, man hält den Platz innerhalb des Chorraumes für zu klein. Weber kann jedoch eine solche Turmkirche für Thüringen nachweisen. Großenlüder, Krailshausen und Serrfeld könnte man sich auch so entstanden denken.

Die Rundkirchen auf Bornholm sind derartige Turmkirchen, ja Laske vergleicht sie mit den französischen Donjons, wie sie ihm damals (1902) in der Beschreibung von Viollet geläufig waren. Er hat die These, sie seien auf byzantinische Grab- oder Taufkirchen zurückzuführen, abgelehnt. (Er sah aber die Annahme, sie hätten sich aus den Stonehenges entwickelt, im Bereich des Möglichen.) Es ist jedoch nicht einzusehen, warum solche Kirchen aus Wachttürmen entstanden sein sollen, wie es Weber darstellt. Er begründet es mit dem freistehenden »Sorbenturm« in Niederpöllnitz, der genauso gebaut ist wie ein Kirchturm.

Mit der freistehenden »Chorturmkirche« dürfte diese Frage hinreichend beantwortet sein. Wenn man außerdem im übrigen Bereich die Beeinflussung durch den Burgbau gelten läßt, muß sie auch hier gelten. Weber versucht mit seiner Darstellung der Kirchen in ehemaligen Burgen die ganze Entwicklung in diese Richtung zu steuern. Vereinfacht gesagt: alle frühen Wehrkirchen wären ehemalige Burgen. Dem widersprechen die schönen Beispiele eindeutiger Turm-

Der Holzschnitt von 1523 zeigt die Befestigung einer einfachen Burg mit Graben, Palisadenzaun, dahinter ein Wassergraben. Es besteht kein Zweifel, daß vor jeder Kirchenburg ähnliche Schutzmaßnahmen getroffen waren, bevor der Feind bis an die Wehrmauer kam. Auch der Brückensteg, der hier von der Burg Truppach (bei Hollfeld) in den Turm führt, war in Hetzles, Veitslahm, Burgbernheim usw. vorhanden. Ob Ritter- oder Kirchenburg, die größte Gefahr drohte durch »Ausräuchern«. Brandfackeln, die auf die Dächer geworfen wurden, waren deshalb gefürchteter als jede andere Art von Geschossen.

HEUSTREU ST. MICHAEL

kirchen in Dänemark. Auf Bornholm stehen prächtige alte Kirchen dieser Art, die trotz der im Laufe der Zeit hinzugekommenen Anbauten allein schon durch den Grundriß deutlich die ursprüngliche Anlage erkennen lassen.

Wie dem auch sei, jedenfalls war in Franken der Chorturm die Zelle der Anlage, gleichgültig, ob das Schiff sofort mitgebaut wurde oder später angebaut oder erweitert wurde. Diese Turmzelle hat meist immens dicke Mauern, die im unteren Gewölbe den Chor mit der Altarmensa und dem Sakramentshäuschen umschlossen. Diese Zelle barg ferner Dokumentennischen und besaß eine Art Unterkellerung, die möglicherweise Gebeine beherbergen konnte. Über dem Chor befanden sich mit Schießscharten versehene Verteidigungsräume, in denen sicher ständig Waffen und Feuerlöschgeräte aufbewahrt wurden. Eine Vorstellung von den Mauerstärken bietet – heute noch ohne besondere Messung deutlich erkennbar – der Chor der Kirche in Gerach. Sie wird auch klar, wenn Treppen zur Krypta oder zu den Obergeschossen innerhalb dieser Mauern angelegt waren (siehe Zeichnung).

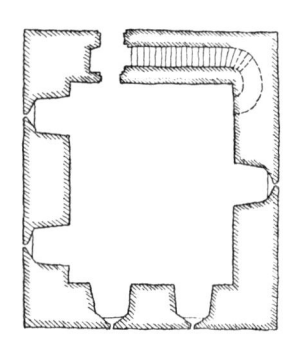

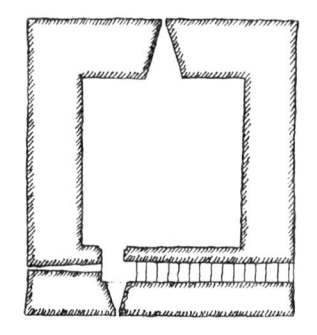

Der Wachturm

Wir haben ferner davon auszugehen, daß diese Türme Wachtürme waren, auf deren Höhe und ständige Besetzung die Herren des Landes Wert legten (wie wir aus Urkunden wissen). Das heißt, in ihrem obersten Stockwerk dienten sie der Beobachtung, und die Landesherren verlangten in Zeiten der Gefahr ihre Besetzung mit einem Wachposten, um so schon frühzeitig vom Anrücken eines Feindes unterrichtet zu werden. Das bedeutet zugleich, daß die Obergeschosse und Dächer in den meisten Fällen anders ausgesehen haben, als sie sich uns jetzt präsentieren, falls überhaupt Dächer in unserem heutigen Sinn vorhanden waren.

Die Beobachtung konnte z. B. wie in Hörstein oder Hitzkirchen von einer durch ein Zinnenkreuz bewehrten Turmplatte aus erfolgen. Kleine zusätzliche Eckürmchen – meist an den vier Ecken, selten an zweien – dienten ebenfalls als Auslug. Ein Holzumgang, der auf Eckauslegern (wie in Schöllkrippen) ruhte, dürfte zum Wehrgang ausgestaltet worden sein. Selbstverständlich boten diese verschiedenen Möglichkeiten nicht nur Gelegenheit zur Beobachtung, sondern konnten genausogut zur Verteidigung genutzt werden.

Friedrich Schlegel hat noch 1804 (auf seiner Rheinreise) viele Kirchtürme »mit Burgzinnen« gesehen.

Man nimmt an (Bergner), daß Eckürmchen zunächst »Pfefferbüchsen« (sie besaßen im Boden Auswurfluken zum Hinunterschütten von Unrat, sicher nicht Pfeffer, der viel zu teuer war, oder Pech, was den Feind behindern konnte) waren und erst später der Beobachtung dienten, aber nichts spricht dagegen zu vermuten, daß sie für beide Zwecke verwendbar waren. Wenn hin und wieder bemerkt wird, daß diese Türmchen so klein sind, daß sich dort nur ein Kind aufhalten konnte, vergißt man, daß die Menschen früherer Jahrhunderte wesentlich kleiner waren als heute. Wir wundern uns auch immer über alte Ritterrüstungen, die nur Menschen bis zu einer Größe von 160 cm passen. Noch kleiner sind meist Steinsarkophage (z. B. Merowingergräber) die »auf Figur« gearbeitet waren.

Steinerne Turmhelme, mit Wehrgang und Brustwehr davor, sind eine nur noch in wenigen Exemplaren erhaltene alte Form der Turmbedeckung. Dieser steinerne Helm war zugleich Rückenschutz der Verteidiger. Die Zinnenmauern – Wächtersbach, Hitzkirchen und Hörstein vermitteln noch eine Vorstellung davon – waren allerdings in Franken oder überhaupt in Deutschland nie so weit vorgezogen wie bei französischen und italienischen Burgen. Dort stehen sie auf Friesbögen, die so breit ausladen, daß hinter ihnen für Öffnungen Platz blieb, durch die man auf den Mauerfuß sehen und zugleich Pech und Schwefel hinuntergießen konnte. Diese Einrichtung, Maschikuli genannt, kommt in Deutschland selbst an Burgen nur selten vor (Burg Boppard – Lahnstein). (Die Bezeichnung »Maschikuli« dürfte von der italienischen Bezeichnung des Bergfrieds stammen, der Ballifrede oder »Maschic« genannt wird.)

Selbst diese Friesbögen, die man auch zur Tarnung und Einrichtung der Gießlöcher brauchte, sind selten (Kreuzwertheim und Reinhardshausen – nur noch de-

HOLLSTADT

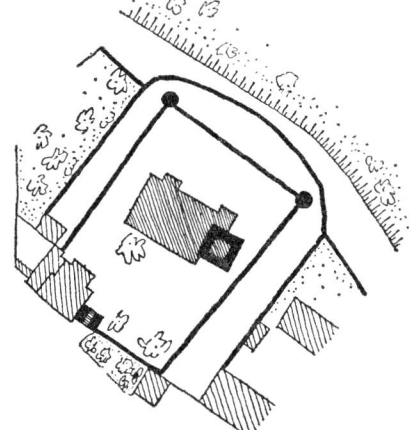

korativ, Rottenmünster). Plattformen dürften aber, sowenig von ihnen heute übrig ist, allgemein üblich gewesen sein. Bei genauer Untersuchung alter Kirchtürme, die ein neues Dach erhalten haben, entdeckt man Kragsteine oder besondere Formen von Wasserabzügen, die deutlich als Reste solcher Wehrplattformen zu erkennen sind.

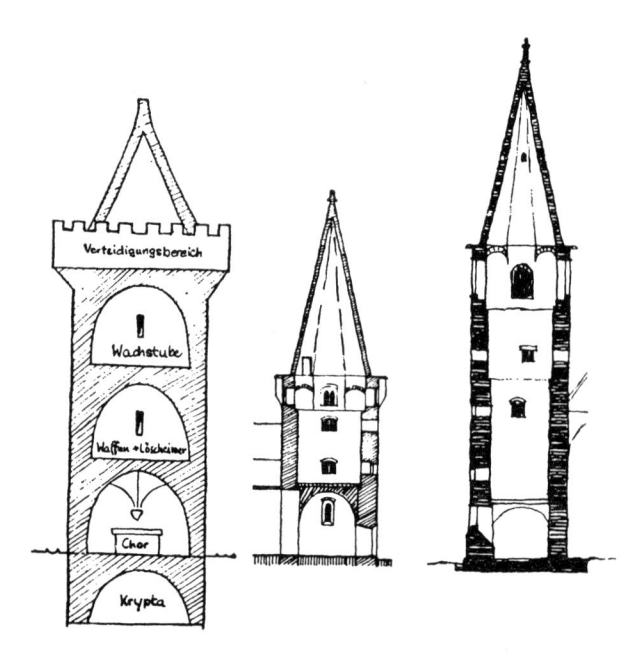

Türme und Turmdächer

Die Beschreibung vieler alter Wehrkirchen beginnt mit dem Satz: »Erhalten blieb allerdings nur der Turm, dessen obere Stockwerke aber erst später hinzukamen.« Am stärksten fällt diese Veränderung am Dach ins Auge, das dann, als der Zwang wegfiel, von hier aus beobachten und kämpfen zu müssen, im Stil der Zeit umgeformt wurde. (Von links nach rechts:) Schematische Darstellung einer ursprünglichen Turmgliederung, wobei das Gewölbe als sicherster Schutz gegen Feuer und Steinbewurf galt. Die steinerne Turmspitze hinter der Zinnenwehr war Rückendeckung.

Schöllkrippen. Der steinerne Turmhelm hat sich erhalten, die Holzwehr, die früher auf den Erkern auflag, ist abgetragen.

Hörstein, Pfarrkirche. Um den steinernen Turmhelm führt noch ein schmaler Wehrgang, dessen heutige Form mehr Dekoration als Verteidigungscharakter hat.

Verteidigungseinrichtungen

Diese oberste Turmplatte konnte man nur durch ein Steigloch erreichen, das oft kaum 50 cm im Geviert bildete, also ebenfalls »auf Figur« gearbeitet war und nur Ungepanzerten den Einstieg gestattete. Zudem wurde es mit einem großen Keilstein geschlossen, der zugleich vor dem Ausräuchern schützte.

Letzteres fürchtete man besonders. Rey berichtet, daß überall dort, wo ganze Orte mitsamt der Bevölkerung untergingen, wie 1087 Mantes, immer Feuer die Ursache war, das, von einem Sturm unterstützt, zu den großen Katastrophen führte. So fürchtete man die Möglichkeit, durch Feuer zur Kapitulation gezwungen oder gar vernichtet zu werden, so sehr, daß man viele Baukonstruktionen von daher verstehen muß. So wird das Verteidigungsgeschoß (es können auch mehrere sein) wenn möglich durch Steingewölbe gesichert. (Die Zeichnung zeigt eine Idealkonstruktion.) Schon der Chor-Altarraum ist überwölbt, darüber liegt die Waffenkammer, ihr folgt das Verteidigungsgeschoß, ebenfalls eingewölbt, so daß Schutzräume entstehen, die das Ausräuchern von unten her verhindern und auch nach oben geworfene Brandfackeln oder Bedrohung durch schweren Beschuß (z. B. durch Steine, die aufs Dach fallen) unwirksam machen. Über solchen Schutzräumen kann auch ein Holz- bzw. Fachwerkgeschoß liegen, das Beobachtungsluken trägt wie in Bad Steben (oder an manchen Siebenbürger Türmen) heute noch.

Der Einstieg in die Türme erfolgte im ersten Obergeschoß über eine Leiter, die eingezogen wurde, oder durch eine Treppe in der Mauer, die wieder so eng war, daß nur ein Mann sie benützen konnte und dabei nicht in der Lage war, seine Waffen zu gebrauchen. Später trat an die Stelle der Leiter ein Treppenturm, der noch da und dort erhalten ist. Seine Enge und Wendel erlaubten einem Angreifer ebenfalls keinerlei Entfaltungsmöglichkeit.

Riegellöcher für Sperrbalken findet man zudem nicht nur hinter den Kirchtüren, sondern hinter allen, auch den oberen Turmtüren.

Während in anderen Gegenden Rund- bzw. Halbrundtürme vorkommen, bleibt der Chorturm in Franken im allgemeinen ein Quadrat, auch der Fünfeckturm kommt bei Burgen nur in Frankreich häufiger vor. Der Burgenbau kennt den Dreiecksturm oder stellt das Quadrat über Eck, weil die Schräge die Geschosse abprallen läßt. Wenn inzwischen fast überall das Obergeschoß oder wenigstens das Dach verändert

NORDHEIM

wurde, dann sind dafür nicht nur stilistische Gründe wie das Aufsetzen der Zwiebeldächer auf romanische Türme im Barock maßgebend, sondern auch technische oder der Wunsch, den Glocken einen besseren Schallraum zu schaffen. So hat sich das Gesicht fast aller Kirchtürme zumindest seit dem Barock verändert, so daß wir nur in wenigen seltenen Ausnahmefällen uns ein Bild von ihrer früheren Gestalt machen können. In der Dachzone waren oftmals vorkragende hölzerne Wehrgänge, die im Lauf der Zeit verwitterten und abgetragen werden mußten; ebenso erging es den Ecktürmchen am Kirchturm, den »Pfefferbüchsen« oder »Scharwachtürmchen«. Sie wurden abgetragen, um dem Herabfallen zuvorzukommen. Ursprünglich standen diese Türmchen – um ihre Funktion als »Pfefferbüchsen« erfüllen zu können – weit über die Turmmauer vor. Soweit sie erhalten blieben, sind sie heute meist eine dekorative Form, die oft mit der Mauer bündig ist. Es läßt sich nicht mehr feststellen, ob steinerne Kirchturmdächer wie in Schöllkrippen oder Hörstein allgemein üblich waren.

Es sind nur wenige erhalten. Sie sind uns aber auch aus anderen Ländern bekannt (Brancion in Burgund).

Chorturm – Bergfried – Donjon – Keeptower

Der Chorturm wird architektonisch oft mit dem Bergfried der Burgen verglichen, mit dem Unterschied, daß er in seinem Erdgeschoß den Altarraum enthält.
Der Vergleich mit dem französischen Donjon liegt aber nach dem, was wir über seine Einrichtung gesagt haben, näher. Im Kirchturm wohnte man zwar nicht, aber er war Wachraum und Waffenkammer und bot den Verteidigern einigermaßen Platz in Notzeiten.
Vereinfachend ließe sich sagen, daß der Bergfried der Burgen den »beffroi« der Franzosen entspricht, der »donjon« aber den wehrhaften Kirchtürmen. Auch Frankreich kennt diese mehrstöckigen Wehrkirchtürme vor allem in der Gegend von Toulouse.
Der echte Donjon stellt aber eine kleine, ständig bewohnte Burg in Turmform dar. Auch diese Form gibt es in Deutschland, aber sehr selten (auf dem Rittergut

---

Dachgeschosse alter Kirchtürme

Es ist nicht immer einfach, das heutige Erscheinungsbild der Kirchen und deren Befestigung mit alten Stichen in Einklang zu bringen, weil die Zeichner nur allzuoft sich von ihrer Phantasie leiten ließen. Dennoch ergaben sich da und dort überraschende Aufschlüsse.

Oben (von links nach rechts):
8501 Veitsbronn. Die Darstellung aus dem Jahre 1750 zeigt den Kirchturm mit seinen vier Scharwachtürmchen und die Ummauerung des Kirchhofs sehr genau.
8501 Allersberg. Die Ansicht des Ortes von 1600 gibt einen Einblick auf die Befestigung des Kirchhofs wie auch die von St. Sebastian, einer außerhalb liegenden Friedhofskapelle.
8771 Karbach. 1517 hatte der Kirchturm von Karbach ein anderes Dach und auch ein anderes Obergeschoß. Letzteres wurde wohl zu der Zeit verändert, als der Turm das barocke Zwiebeldach mit der Laterne erhielt.
Mitte:
8531 Birkenfeld. 1547 trug der Kirchturm noch weit ausladende Scharwach-(Pfeffer-)türmchen.
8500 Nürnberg. Der heute noch stehende »Nassauer

Hof« ist ein Stadtschloß in der Form eines französischen Donjon aus dem 12./13. Jh., mit einem Obergeschoß von 1425, hier in seinem Aussehen um das Jahr 1930. Der Bau brannte während des letzten Krieges z. T. aus, wurde aber (weitgehend) in der alten Form wiederhergestellt.
8490 Cham. Die reizende Darstellung der kleinen Stadt aus der Zeit um 1600 zeigt einen recht phantastischen Kirchturm, zu dessen Aussehen der Zeichner seinen Teil beigetragen haben mag.
Unten:
8752 Hörstein. Mit etwas gutem Willen und Phantasie könnte man sagen, Hörstein hat sich seinen Kirchturm seit 1592 nahezu unverändert erhalten (siehe: Verteidigungseinrichtungen der Chortürme).
8541 Meckenhausen. Die Zeichnung aus der Zeit um 1600 zeigt eine turmbewehrte Rundburg, in deren Mitte eine Kirche mit einem zweiten Wehrturm steht.
8702 Remlingen. 1547 besaß der Kirchturm von Remlingen weit ausladende Scharwachtürmchen, die durch einen Wehrgang untereinander verbunden waren.

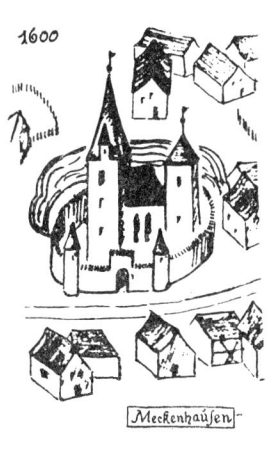

Veitsbrunn 1750	St. Sebastian 1600 / Allersberg	1517 Carbach
Birkenfeld 1547	Nürnberg / Nassauer Hof 1930	Pharm die Stadt 1603
1592 Horsten	1600 Meckenhausen	1547 Remlingen

Niederbarkhausen bei Lippe oder als Patrizierhaus Nassauer Hof in Nürnberg). Der Nassauer Hof erinnert zugleich an die Geschlechtertürme des italienischen Stadtadels. Dieser Donjon entspricht dem schottischen Keeptower, der unter Umständen zugleich Burg war.

In Frankreich besitzt z. B. Rudelle einen »église-donjon«, einen Turm, ausgestaltet wie ein Donjon, dessen Erdgeschoß eine Kapelle enthält, die als Pfarrkirche diente. Jeder Bürger hatte im Turm einmal im Monat Tag- und einmal Nachtwache.

Nun läßt sich selbstverständlich nicht immer eindeutig zwischen Donjon und Bergfried oder Chorturm unterscheiden. In Les-Saintes-Maries-de-la-Mer z. B. lebten die Wachmannschaften ständig im erhöhten Chor (von »Turm« zu sprechen, würde falsche Vorstellungen erwecken).

Im Gegensatz dazu war der Chorturm fränkischer Prägung die letzte Verteidigungsbastion, die nur in Notfällen besetzt war. Ohne Zweifel wurde er aber – das zeigt seine ganze Konstruktion – von vornherein auf die Verteidigung eingerichtet. Im Gegensatz dazu schrieb der schon eingangs zitierte Weingartner 1860 (»System des christlichen Turmbaues«): »Ich bezweifle, daß auch nur ein einziger Kirchthurm auf Gottes Erdboden zugleich mit der Absicht, im Notfalle Festungsthurm zu sein, errichtet wurde.« Aus heutiger Sicht kann man behaupten, daß jede erhaltene oder ursprüngliche Chorturmkirche eine Verteidigungskirche war, gleichgültig, ob wir heute noch Reste oder Urkunden über Befestigungseinrichtungen besitzen; denn zweifellos war der Schutz das ursprüngliche Motiv, der Schutz des Allerheiligsten, bei dem man gleichzeitig selbst Schutz suchte.

Clasen weist das schon für die ersten Kirchen der Christenheit nach. Sie waren Schutz gegen das Heidentum in Syrien und Ägypten, in Armenien, im byzantinischen Reich, in Italien, in Frankreich. Oft waren es, wie Montecassino oder Mont-Saint-Michel, befestigte Klöster.

Gewölbe unter Kirchtürmen

Bei einem Gewölbe unter dem Kirchturm dieser Landkirchen denkt man im allgemeinen an eine Krypta oder, wie manchmal festgestellt wurde, an ein ehemaliges Beinhaus. Wenn aber – wie in Winterhausen –, aus dem unterirdischen Raum ein Gängesystem führt, dann waren es Fluchtwege oder Verstecke für kostbares Gut (siehe: Erdställe). Sie sind von den Krypten leicht zu unterscheiden, weil sie komplizierte, meist versteckte Eingänge besaßen und auch deren Nebengelasse schwierig zu erreichen waren.

Daraus ergibt sich aber, daß man nicht jeden Raum unter dem Chor als Krypta betrachten kann (das mag für die großen Kirchen der Städte gelten), wie es Weingärtner will, dem die Krypta für seine Entwicklungstheorie aus Doppelkapellen, Tauf- und Grabeskirchen unbedingt notwendig erscheint. Zu seiner Zeit war über Erdställe noch zu wenig bekannt. Wenn sie überhaupt mit Kirchen in Zusammenhang gebracht wurden, dann führte das damals vermutete Alter – »aus vorchristlicher Zeit« – zu Fehlinterpretationen. Zweifelsohne gab es unter dem Chor vor allem in romanischer Zeit auch Krypten und in unserem Fall auch unter dem Chorturm.

Im Tauberkreis waren die Kirchen in Dertingen, Eichel, Oberschüpf, Urphar und Waldenhausen sicher mit einem zinnenbewehrten Kirchturm ausgerüstet, das erzählen nicht nur alte Berichte, sondern man erkennt es noch am heutigen Aussehen der Türme.

Da alle Langhäuser inzwischen erhöht und verändert wurden, erscheinen die Türme zu klein. (Die Fachwerkobergeschosse in Dertingen und Oberschüpf sind erst später errichtet worden.)

Auf den Zeichnungen wurden lediglich die Dächer der Türme weggelassen, sonst sind die Bauten unverändert. In Urphar fällt auf, daß am Langhaus außen Kragsteine hervorragen, die offensichtlich früher *einen Wehrgang getragen haben, zu dem eine Tür führte. Die Wand zeigt außerdem deutlich, daß sie mehrfach verändert wurde.*

In Dertingen und Urphar sind die Torhäuser noch zum Teil erhalten. Das in Urphar wurde auf der Zeichnung zu einem Gebäude ergänzt, das dem ursprünglichen Zustand sicher nahe kommt (es gibt einige ähnliche Bauten). Von Dertingen kann man eine entsprechende Form vermuten. Die seitliche Öffnung zeigt, daß es von hier aus in den Wehrgang ging.

Dertingen, Eichel, Urphar und Waldenhausen sind heute Gemeindeteile der Stadt Wertheim.

Eichel

Dertingen

Urphar

Waldenhausen

Oberschüpf

43

Glockenturm und Glocken

Die Vermutung, daß Türme für die Glocken notwendig waren, trifft erst für späte Zeiten zu; denn frühere Jahrhunderte kannten andere Formen, um die Gemeinde zusammenzurufen.

Wir wissen ferner, nicht erst seit es moderne, leichte Türme gibt, die Glocken beherbergen, daß man um ihretwillen bestimmt keine Türme mit 250 cm Mauerstärke und mehr benötigt hätte. Außerdem gab es schon Türme, ehe Glocken allgemein üblich wurden. Weingärtner hat zwar eine überholte Theorie von der Entstehung der Türme entwickelt, aber zugleich dargelegt, daß man sie nicht für die Glocken benötigte. Glocken kamen erst im 9. Jahrhundert auf. Sie wurden aus Blech geschmiedet und hatten leicht in einem Dachreiter Platz. Selbst die ob ihrer Größe im 11. Jahrhundert berühmte Glocke von Orléans war, aus späterer Sicht betrachtet, klein. Als Riesenglocken galten auch noch im 12. Jahrhundert solche, die 1000 kg wogen. Gewiß wurden schon im 8. Jahrhundert in den Klöstern (schmiedeeiserne) Glocken hergestellt, aber allgemein verbreitet dürften sie erst im 15. Jahrhundert gewesen sein. Jedenfalls wurden die meisten Türme erst später für die Aufnahme von Glocken umgebaut.

Symbole der weltlich-kirchlichen Einheit

Im Lauf der Jahrhunderte wurden die Glocken und ihr Geläut zu Lieblingskindern der Gemeinde, für die man bis heute große Opfer bringt. Im gleichen Maße aber, in dem die Glocken mehr und größer wurden, ging die Wehrfähigkeit der Türme zurück.

Das allgemeine Interesse an den Glocken wuchs in dem Maße, als aus den geschmiedeten gegossene Glocken wurden.

Der Guß selbst war ein Dorffest. Geld wurde in die Gußmasse geworfen. Alle Anwesenden haben während des Gusses gebetet, Gebete und Prozessionen für ein gutes Gelingen waren vorausgegangen. Man befürchtete nicht ohne Grund Zwischenfälle.

Die fertigen Glocken wurden geweiht. Ihnen gebührte daher Ehrerbietung. Sie dienten vielfältigen Zwecken und wurden ein typisches Beispiel für die weltlich-kirchliche Einheit früherer Jahrhunderte. Sie begleiteten das religiöse Leben ebenso wie den Arbeitstag, der durch das Gebetläuten unterbrochen wurde. Sie waren im Volksglauben auch eng mit dem Friedhof verbunden, ja sie beschützten ihn.

Lagen die Toten in geweihter Erde, damit sie nach dem Volksglauben vor dem Zugriff böser Geister geschützt waren, so galten die Glocken zugleich als Geisterscheuchen; denn Lärm aller Art soll Geister, Teufel, Riesen, Zwerge, Zauberer und Hexen vertreiben. Als geweihten Gegenständen sagt man den Glocken wie anderem Geweihten Kräfte nach, daß sie Glück und Gedeihen fördern können, sei es der Gesundheit oder der Fruchtbarkeit (auch der Feldfrüchte). Das Frühjahrspflügen wurde deshalb mit Glockengeläut als Symbol des Segens begonnen. Das tägliche Gebetsläuten – ab dem 13. Jahrhundert erklang es dreimal täglich – erinnerte auch während einer Arbeit, die weitab vom Kirchhof verrichtet wurde, an Gott. Das Sonntagsläuten holte die Gläubigen zur Kirche.

Das war aber, wie eingangs schon erwähnt, nicht immer so. Zunächst wurden Gottesdienste von Mund zu Mund angekündigt. Später, als dies öffentlich möglich war, mit Posaunen; deshalb werden dann die Glocken auch die Trompeten Gottes genannt. Wo Glocken fehlten, genügten Schlagbretter (in Klöstern) oder Ausschreier.

Die Glocken hatten im Lauf der Zeit ihre eigene Sprache, die von der ganzen Gemeinde verstanden wurde. Sie drückte sich im Rhythmus und im Zusammenklang des Läutens aus. Dazu gehörte das Festgeläute ebenso wie eine Art Glockenliturgie, man denke z. B. an Ostern. Sie zeigten der Gemeinde auch den Tod eines ihrer Mitglieder an. Gerade die Totenglocke hatte eine eigene Sprache, deren Bedeutung den Dorfbewohnern oft heute noch geläufig ist. Glocken waren am weltlichen wie am geistlichen Leben des Dorfes gleichermaßen beteiligt. Die alte Bonifatiuskirche in Tauberbischofsheim aus dem 14. Jahrhundert trägt die dafür bezeichnende Inschrift: »Erhebt euch, lasset ertönen fromme Lieder, mit denen das Leben in Einklang steht.«

Hirschaid erhielt 1843 eine neue Veitsglocke. Ihre Inschrift verkündet lateinisch: »Ich rufe das Volk, versammle den Klerus, betraure die Toten, verjage den Sturm und verherrliche die Feste.« Lotter in Bamberg hat die über zehn Zentner schwere A-Glocke gegossen.

Es gab die Wetterglocke, die während eines Gewitters geläutet wurde (in Tirol wohl heute noch) und weniger Warnung als Schutz bedeuten sollte. Die Marienglocke der vorhin erwähnten Bonifatiuskirche trägt die Inschrift: »1448 am Tag vor dem des Hl. Kilian wurde dieses Werk vollendet unter den Bürger-

OBERSTREU

meistern Conrad Stoll, Endres Putner, Petrus Gedemer und den Gotteshausmeister Conrad Heimburg – Maria heiß ich – Sturmwetter store ich – Jakob Stempfel goß mich – ananizapta – alpha et o«. Das eigenartige Wort »ananizapta« ist eine Pestabwehrformel. Dem Alpha und Omega als Symbol Gottes wurde ebenfalls eine Schutzfunktion zugesprochen. Solche Vorstellungen über die Kraft der Glocken lassen es verständlich erscheinen, daß nahezu jeder Ort seine Glockensagen kennt.

Die Sturm- und Feuerglocke erscheint in Berichten und poetischen Darstellungen so vielfältig, daß deren Erwähnung genügt. Die Bedeutung, die sich die Glocke erringen konnte, wurde durch Schiller deutlich herausgestellt. Erst in unseren Tagen hat die Glocke ihre Warnfunktion an die Sirenen abtreten müssen.

Selbstverständlich haben sich die Glocken alle Funktionen erst allmählich erobert. Sie blieben dabei eine untrennbare Einheit für das geistliche und weltliche Leben, das erst mit dem Bau von Rathäusern in zwei Bereiche zerfiel.

Für die besondere Stellung, die der Turm und die Glocken innerhalb des Ortes auch dann noch behielten, sprechen Rechtsbestimmungen, die sich bis in unsere Tage erhalten haben. Danach hat selbst in Städten oft die politische Gemeinde wegen der Glocken die Baulast für den Turm einer alten Kirche, während für den Kirchenbau selbst die Pfarrgemeinde zuständig ist.

Das verteidigungsfähige Langhaus

Ein kleiner Ort braucht kein großes Langhaus. Es gab Kirchenburgen, die nur für 20 Familien gedacht waren. Es wird also Kirchen gegeben haben, die noch weniger Menschen dienten. Wer alte, wenig veränderte Kirchen betritt, wie z. B. die in Großenlüder, Gräfenbuch oder auch Steinbach, der wird entweder an eine Kapelle denken oder dieses »Kirchenschiff« lediglich als kleinen Anhänger an den Turm empfinden, der zudem das Wesentliche der Anlage enthält.

Fast alle der heute stehenden Kirchen besitzen ein den neuen Anforderungen entsprechend größeres Langhaus aus viel späterer Zeit.

Das kleine Langhaus konnte vom Turm aus mit verteidigt werden. Wenn aber das Langhaus vergrößert wurde, mußte es auch zu verteidigen sein. Für den Turm bedeutet es zunächst eine Verschlechterung der Verteidigung, weil es einen toten Winkel schuf, der nicht mehr eingesehen werden konnte.

In Siebenbürgen sah man sich z. B. gezwungen, einen zweiten Turm dem ersten gegenüberzustellen. So ergaben sich die Ost- und West-Türme. Sie waren, weil aufwendig, in Franken kaum anzutreffen, wohl aber finden wir heute noch Langhäuser mit Verteidigungseinrichtungen. So besitzt z. B. die Kirche in Margretenhaun (im Fuldaer Land) auf der Giebelseite des Langhauses Schießscharten. Innen lassen sich Auflager für eine Art Wehrgang feststellen. Auch Buttenheim besitzt Scharten am Langhaus.

Die Kirchentüren wurden mit Balken verrammelt. Die Riegellöcher hierfür findet man noch vielerorts. Sie gleichen den Verschlüssen der Turmtüren und Turmeinstiege.

In seinem Aufsatz über die »wehrhaften Dachböden von Kirchen in Österreich« weist Kafka nach, daß die Kirche im mittelfränkischen Heiligenstadt zwei Reihen Schießscharten am Westgiebel besaß.

Wettringen im Raum Rothenburg hat noch einen unterteilten profanen Dachboden, dessen oberer Teil ohne Zweifel der Getreidelagerung diente (vielleicht dem Zehnten) und dessen darunter liegender Hauptteil mit vielen Fensterluken in Kammern aufgeteilt gewesen sein dürfte. Diesen Dachboden kann man sich so eingeteilt vorstellen wie den der Kirche in Arzell (Kreis Hünfeld), von dem berichtet wird, daß er durch »schön gearbeitete« Holzwände in 21 Zellen aufgeteilt war, die in Kriegszeiten 21 Familien aufnehmen konnten. Jede Familie hatte einen ledernen Feuereimer zu stellen. Diese 21 Eimer sind noch vorhanden.

In der Staufenbacher Chronik von 1640 ist zu lesen, daß man »aus Furcht vor Räubern uff der Kirchen habe schlafen müssen«. Nicht überall waren natürlich die Dachböden der Kirche als Schlafstellen eingerichtet oder wenigstens nicht in allen Jahrhunderten. Es gibt Berichte, nach denen sie als Schüttboden für das Zehntgetreide benützt wurden.

Von den Wettringen benachbarten Kirchen in Insingen und Burgbernheim wissen wir, daß sie einen Speicher mit einem Aufzug für Getreidesäcke be-

OSTHEIM

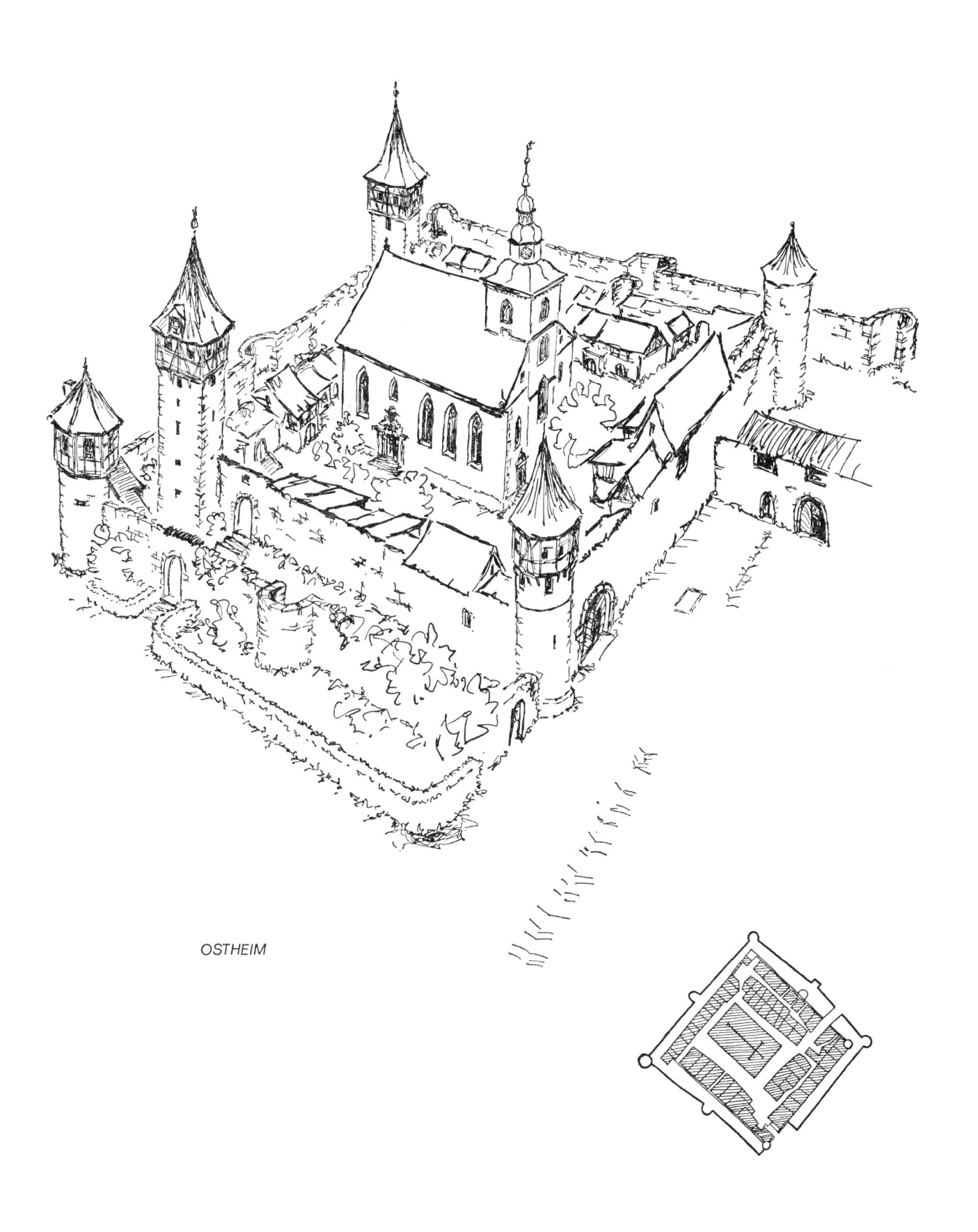

saßen. Auch Altheim hatte ein profanes Dachgeschoß, das später, als man eine Empore in die Kirche einbaute, z. T. aufgegeben werden mußte.

In Volsbach blieb der alte Dachstuhl aus dem 16. Jahrhundert erhalten. Wer diese um 1776 verstärkte Konstruktion besichtigt, wird sich unschwer seine Unterteilung in die oben geschilderten Dachkammern vorstellen können.

Allerdings trifft man Befestigungen des Langhauses in Franken nur noch selten an. Das will nicht besagen, daß es diese Einrichtungen nicht gegeben hat. Die wenigen kaum unveränderten Langhäuser erlauben uns aber nicht, aus dem heutigen Zustand allgemein gültige Schlüsse zu ziehen.

Wohl gibt uns die Dachkonstruktion Hinweise auf frühere Verteidigungsmöglichkeiten. Wir finden Langhausoberböden, die mit dem Turm eine Einheit bilden und auf andere Weise nicht zugänglich sind, ferner Böden, die früher Außenbefestigungen mit Zinnen getragen haben, zugemauerte Schießscharten und manche andere Aufschlüsse über die alte Verteidigungsbereitschaft.

Es gibt Kirchen mit einem Wehrgang rings um das Schiff direkt unter dem Dachstuhl mit nunmehr zugemauerten Zinnen (wie in Reinstädt) oder einer Schildwand (wie in Moosburg), die aus drei Holzbalken besteht, in denen die Schießscharten ausgespart sind. Kafka vermutet eine Konstruktion dieser letzteren Art auch für die Kirche in Veitsbronn (bei Fürth). Solch äußere Wehrgänge um das Kirchenschiff waren oft auch nach innen verwendbar.

Im 17. Jahrhundert wurde der Kirchhof von Kirch-

Verteidigungsfähige Langhäuser

Langhäuser der Wehrkirchen waren in die Verteidigung miteinbezogen. Ihre Obergeschosse dienten zugleich der Versorgung und Unterkunft der Gemeindeangehörigen. Das erste Obergeschoß war zum Kämpfen und Wohnen eingerichtet, das zweite wurde meist als Schüttboden für Getreide genutzt.

Links oben:
8675 Bad Steben. Pfarrkirche St. Walburg. Die Kirche besteht nur aus einem Chor mit drei Obergeschossen. Das erste war Verteidigungsbereich, darüber liegen bis in den Dachreiter Beobachtungsluken. (Der Grundriß vermittelt eine Vorstellung von den Mauerstärken.)

Rechts daneben:
6411 Margretenhaun, Pfarrkirche St. Margarethe. Die Fassade des Langhauses besitzt verschiedene Formen von Schießscharten (Einstein-, Schlüsselscharten usw.), die heute innen verglast sind. Ein Absatz im Mauerwerk des Kircheninnern hatte früher einen Wehrgang zu tragen, der die Schießscharten zugänglich machte.

Mitte links:
8531 Altheim, Pfarrkirche. Um 1500 besaß die Kirche ein profanes Obergeschoß (linker Querschnitt) mit darüberliegendem Schüttboden. Bei der Barockisierung wurde das erste Obergeschoß z. T. zur Empore umgebaut (mittlerer Schnitt). Fachwerk mit Obergeschoßfenstern sowie die Gaube des Schüttbodens blieben erhalten (rechte Zeichnung).

Mitte rechts:
8801 Wettringen. Pfarrkirche Peter und Paul mit gedrehtem Turmdach und den beiden Langhausobergeschossen. Über dem Kirchenschiff liegt das erste vielfenstrige Obergeschoß, das sicher früher für die einzelnen Familien abgeteilt war; denn um den Mittelgang ergeben sich zu beiden Seiten gut abteilbare Räume. Darüber liegen zwei weitere Schüttböden (links Querschnitt, rechts heutige Außenansicht des Obergeschosses), die man zur Getreideaufbewahrung nutzte.

Unten links:
6480 Wächtersbach. Pfarrkirche mit frei angebautem Wehrturm. Die Kirche wurde 1702 profan erweitert. Die Emporen beherbergten bis in unser Jahrhundert eine Lateinschule. Das eigenartige Fachwerkquerschiff mit ebensolchem Chor war von vornherein für die Aufnahme dieser Schule bestimmt.

Unten rechts:
6901 Reinstädt (am nördlichen Ausläufer des Frankenwaldes in Thüringen). Hier blieb eine Langhausbefestigung erhalten, die schon Bergner um die Jahrhundertwende ausführlich beschrieben hat. Obwohl die stufenförmigen Zinnen heute durch Mauerwerk geschlossen sind, blieben sie deutlich erkennbar. Auch hat sich die dahinterliegende Konstruktion (siehe Zeichnung) erhalten. Die Giebelseite besaß außerdem über dem Kirchenportal einen Gießerker.

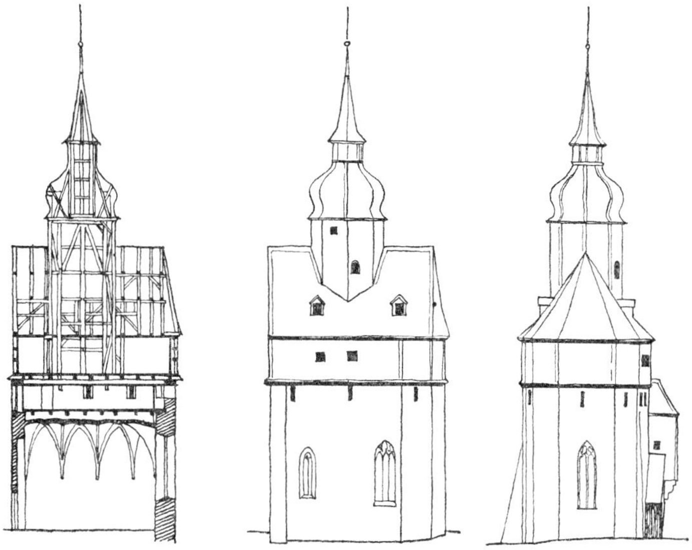
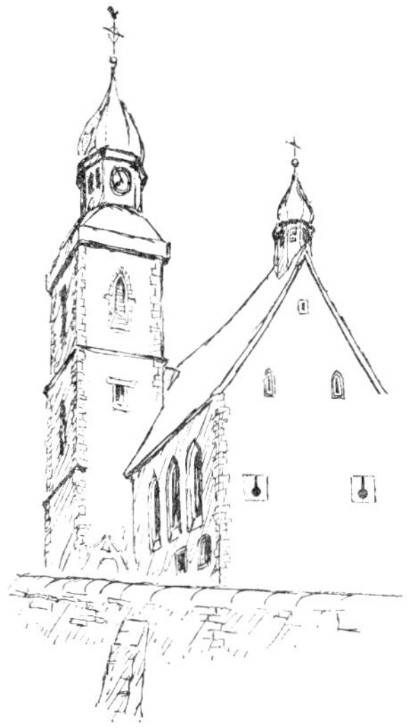
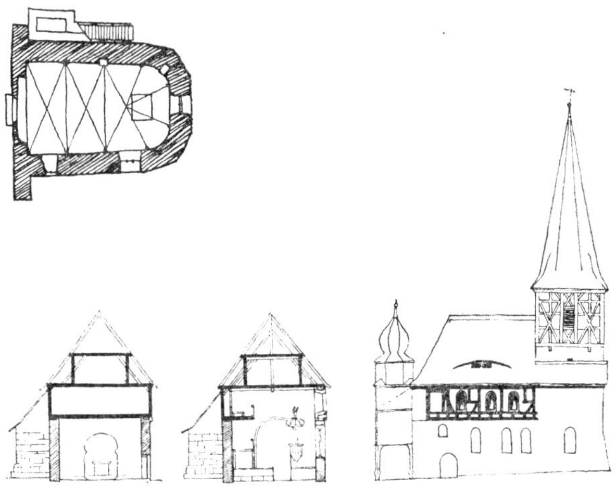
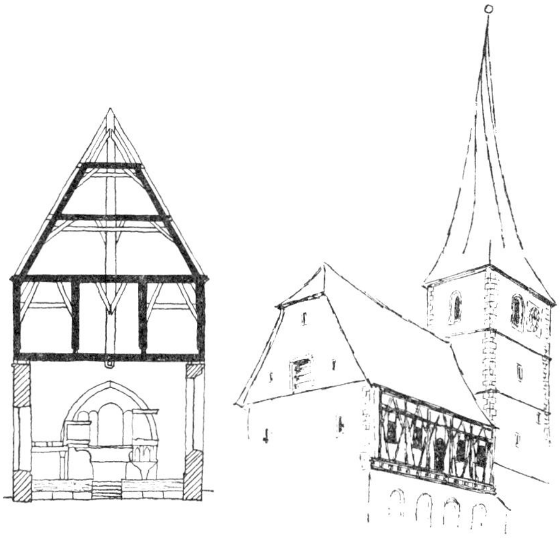
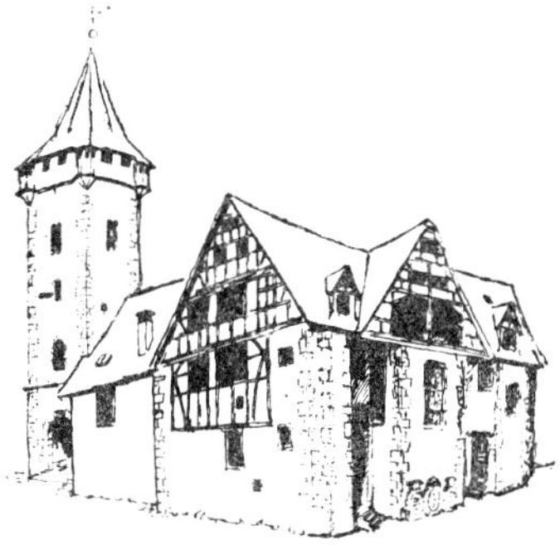
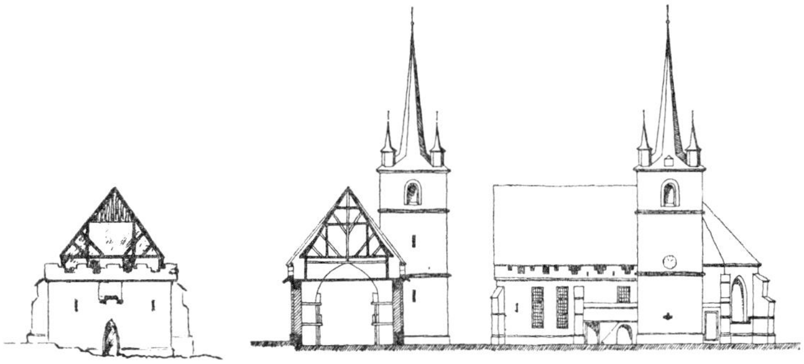

hasel vom Feind erobert; siegesgewiß drang er in die Kirche ein und wurde dort wider Erwarten vollständig aufgerieben. Von der Höhe des inneren, rings um das Schiff laufenden Wehrgangs bereiteten ihm die Verteidiger einen vernichtenden Empfang.

Hier sei an das erinnert, was über verschiedene Münster und Dome eingangs gesagt wurde, deren Wehrgänge ebenfalls eine Verteidigung nach innen und außen gleichermaßen möglich machten. Manches Langhaus im Süden Frankreichs kann uns eine Vorstellung vom möglichen Aussehen eines verteidigungsmäßig ausgebauten Kirchenschiffes im fränkischen Raum vermitteln.

Die Beschreibungen der meisten Kirchen Frankens erhalten die gleichlautenden Eingangssätze: »Die ältesten Teile sind die Untergeschosse des Turms aus romanischer oder frühgotischer Zeit, vom alten Bau findet man im unteren Teil des Langhauses noch Mauerteile«. Das Langhaus ist meist eine vollständige Neukonstruktion, Anschlußstellen des alten Baus vom Turm können uns lediglich darauf hinweisen, daß der Vorgängerbau anders ausgesehen hat. Auch alte Zeichnungen helfen wenig weiter, weil sie fast immer zu klein und ungenau sind.

Wenn wir feststellen, daß das Langhaus nicht besonders sorgfältig befestigt war – etwa im Gegensatz zu französischen Anlagen –, so hat das nur bedingt Gültigkeit. Die hohen, z. T. doppelten Kirchhofmauern, von denen noch zu berichten sein wird, waren fast überall wesentlich höher als das, was wir heute vorfinden. Sie erlaubten auch den späteren Einbau größerer Fenster im Chor des Turmes, während schon der nächste Stock mit Schlitzen ausgerüstet ist, die als Schießscharten zu gebrauchen waren.

Wehrhafte Langhäuser gab es nicht nur in Franken, sondern nachweislich auch in Thüringen, Lothringen, Bayern, Hessen und Braunschweig, Kärnten, ja wir dürfen ohne Bedenken erweitern und behaupten, daß sie Bestandteil jeder Wehrkirche waren. Es gibt jedoch nur wenige Kirchen mit einer besonders befestigten Fassade, wie wir sie aus Frankreich im Gebiet Ariège oder Thiérache kennen, wo sie, von zwei mächtigen Türmen flankiert, von denen einer oft als Donjon ausgebaut war, den Schwerpunkt der Verteidigung bildeten. Dagegen mutet die ehemalige Fassadenbefestigung z. B. von Reinstädt, wie sie Bergner mit einem Zinnenkranz und einem Gußerker über dem Eingang wiedergibt, verhältnismäßig bescheiden an. Sie hat auch nur entfernt Ähnlichkeit mit den befestigten Chordächern, den »chevet militaire« der Franzosen, wie wir sie etwa von Les Saintes-Maries-de-la-Mer kennen. – Sie waren im Chorturmsystem wahrscheinlich überflüssig.

Brunnen

Im Langhaus eingeschlossene Verteidiger und flüchtige Familien brauchten nichts dringender als Wasser. Wenn irgend möglich, lagen solche Brunnen in der Kirche. Nur so konnte man dem Feuer rechtzeitig begegnen. (Die heute noch da und dort gezeigten Ledereimer unterstreichen diese wichtige Funktion.) Außerdem kann der Mensch leichter hungern als dürsten.

Dormitz, Brunnen im Kirchhof neben dem alten Wehrturmrest.

Auf dem Kirchhof war der Brunnen ebenso notwendig wie problematisch. Sein Wasser konnte nur zur Tränke des Viehs und für die Gießerker verwendet werden, aber für beides war er unentbehrlich. Deshalb gesellte sich zu dem im Kirchenschiff im äußeren Bereich einer Kirchenburg oft ein weiterer Brunnen – wir finden sie heute noch in Dormitz, Sulzdorf oder Hartmannsweiler –, der zur Trinkwasserversorgung nicht so lebenswichtig war. Durst ließ sich zur Not auch mit dem in den Gadenkellern gelagerten Most löschen, für Brände aber brauchte man rasch viel Wasser. Auch in den Verteidigungstürmen gab es Brunnen (wie in Hetzles).

UNSLEBEN

Der befestigte Kirchhof bestimmte die Landschaft

Der befestigte Chorturm konnte nur das »Allerheiligste« schützen, das Langhaus auch notdürftig die Dorfbewohner. Der Turm war Wahrzeichen und Warte, von der aus man ein ausbrechendes Feuer ebenso erkennen konnte wie einen anrückenden Feind. Turm und Langhaus mußten geschützt werden, wenn sie wieder Schutz gewähren sollten. Der Landbewohner bedurfte dieses Schutzes aber nicht für sich, sondern auch für seine Vorräte und sein Vieh. Daß letzteres mit in die Kirchenburg genommen wurde, ist nachweisbar. Gewiß wurde das Großvieh oft an befestigten Plätzen im Wald versteckt, aber z. B. Milchkühe gehörten mit in die Kirchenburg, und wenn sie dort im Keller stehen mußten.

Die Kirche, der Friedhof und deren Befestigung liegt fast immer am Rand des Dorfes. In der Mitte des Dorfes war vieles gefahrvoller. Der Feind konnte unbemerkt anschleichen, ja er konnte sich in den verlassenen Häusern einquartieren und in aller Ruhe die Kirchenburg aushungern, er konnte sogar das Dorf anzünden und so die Kirchenburg bezwingen.

Auch Ritterburgen lagen aus ähnlichen Gründen selten inmitten des Ortes.

Zweckbedingte Architektur

Die Bedürfnisse haben die Architektur bestimmt. Es begann mit der Wahl des Platzes für Kirche und Friedhof, und jede neue Gefahr hat neue Maßnahmen herausgefordert.

Das hat keineswegs zu individuellen Einzelentwicklungen geführt. Das Prinzip war in Siebenbürgen das gleiche wie in Ostpreußen, Westfalen oder Franken. Jedenfalls sind die Abweichungen nicht größer als die im herrschaftlichen Burgenbau.

Die voll entwickelte Kirchenburg war im allgemeinen ein befestigtes Vier- oder Fünfeck, das in seiner Mitte die Kirche barg und in dessen Ecken je ein Wach- und Wehrturm dräute. In Siebenbürgen, Franken oder Ostpreußen konnte daraus ebenso ein Fünfeck wie ein Oval oder Kreis werden, wenn es die Umstände erforderten.

Selten dagegen ist diese Form in Frankreich. Eine interessante Ausnahme bietet Sentein (am Nordhang der Pyrenäen). Dieser mit fünf Türmen bestückte Kirchhof hat viel Ähnlichkeit mit dem verlorenen viertürmigen in Hirschaid und mit dem ebenfalls fünfeckigen von Effeltrich.

Kleinere frühe Formen sind entweder kreisrund oder eiförmig. Es hat sich aber gezeigt, daß gerade Mauern besser eingesehen werden konnten. Befestigungstechnisch unterscheiden sich die frühen runden wie später die eckigen von herrschaftlichen Burgen nur durch die Tatsache, daß sie nicht ständig bewohnt wurden und im Ernstfall viel mehr Menschen Zuflucht bieten mußten als die Burg.

Die Mauern sind gefallen

Es spricht vieles dafür, daß Frankens Gesicht bis ins späte 17. Jahrhundert mit von der Kirchenburg bzw. Wehrkirche bestimmt war. Das darf anhand dessen, was sich noch erhalten hat, ohne weiteres vermutet werden. Wahrscheinlich gilt dies auch für die meisten Länder nördlich der Alpen.

Wie die Mauern vieler Städte spätestens im 19. Jahrhundert gefallen sind, so fielen sie auch um Kirche und Friedhof auf dem Lande.

Wir können davon ausgehen, daß die Kulturlandschaft vier Bauformen bestimmte:

1. Befestigte Städte, in deren Mitte die Kathedrale stand und die mehrere, meist zu Klöstern gehörende Kirchen bargen.
2. Klöster, die ebenfalls befestigt waren, wenn sie allein lagen.
3. Burgen, die durch Höhenlage oder Wasser geschützt wurden.
4. Dörfer mit befestigten Kirchen und Friedhöfen. Sie waren so zahlreich, daß sie das Gesicht der Landschaft bestimmten.
5. Befestigte Einzelhöfe, deren Kern eine Art zweistöckiger Gaden mit einem gemauerten Untergeschoß war (eine Form, die besonders im Bergischen Land und z. T. auch in Westfalen nachgewiesen wurde).

Befestigungsarten

In unserem Zusammenhang interessieren nur die befestigten Kirchen in Dörfern. Auf die Darstellung ähnlicher Anlagen in Städten oder der befestigten Klöster (wie der Groß-Comburg) wurde bewußt verzichtet. Ihre Anlage entstand unter anderer Voraussetzung. Befestigte Einzelhöfe sind – abgesehen von befestigten Mühlen – in Franken unbekannt. Die

DIEBACH

Kirchhöfe waren auf unterschiedliche Weise befestigt. Es darf aber nicht der Eindruck entstehen, daß es eine Entwicklung gibt, wie sie z. B. Heinrich Zillich am Beispiel Schönberg in Siebenbürgen entwickelt hat. Vieles bestand nebeneinander, wobei lediglich festgestellt werden kann, daß alte, wenig veränderte Anlagen kleiner und einfacher waren als spätere oder weiterentwickelte.

Mauern mit Schießscharten

Eine innen zwei Meter hohe Mauer, etwa 80 Zentimeter stark, umgab rund oder eirund den Kirchhof. Sie konnte Schießscharten besitzen. Die gelegentliche Behauptung, diese Schießscharten seien nur bedingt brauchbar gewesen, weil sie zu niedrig lagen, ist wenig stichhaltig. Eine Mauer, die innen zwei Meter hoch war, konnte außen je nach Gelände bis zu dreimal so hoch erscheinen oder wie in Kinding oder Wattersbach auf einer Seite ganz im Gelände verschwinden. Wenn man zudem annimmt, daß diese Befestigungen meist von Wall und Graben zusätzlich geschützt waren, dürfte die Schießscharte eine zweckentsprechende Höhe gehabt haben.

Schießscharten

Es gab Schlitzscharten mit und ohne Schießkammer, Schlüsselscharten, Maulscharten, innen schräg und manche nach unten erweitert. Zwischen Licht- und Schießscharten ist nicht immer klar zu unterscheiden, weil sie wechselseitig für beides dienten. Mit dem Gebrauch der Feuerwaffen änderten sich auch die Formen der Schießscharten, alte wurden umgebaut. Zum Beispiel für die Hakenbüchse, die normalerweise auf einer Gabel lag, erhielten die Schießscharten Auflagehölzer.
Aber auf diese wehrtechnischen Details einzugehen hat wenig Sinn. Jedes gute Burgenbuch wird eine umfassende Darstellung bieten können; denn zweifelsohne wurden solche Details von Städten und Burgen entwickelt und vom Dorf dort abgeschaut.

Wehrgänge

Ringmauern, die innen bis zu drei und fünf Meter hoch sein können und eine Stärke von 1,20 Meter erreichen, trugen meist einen Wehrgang, wobei sich eine untere und obere Verteidigungszone ergibt. Auch hier fehlten Wall und Graben wohl nie.

Wall und Graben

Der Graben war – ob mit Wasser gefüllt oder nicht – ein wichtiges Hindernis, weil er das Heranfahren ebenso behinderte wie ein Anschleichen. Der davorliegende Wall, die natürliche Aufschüttung des Grabens, verstärkte seine Abwehrkraft. Die Gräben waren sogar zum Teil gemauert, oder man benutzte natürliche Schluchten. Die Verwendung alter Fluchtburgen, teilweise aus vorchristlicher Zeit, die immer in Erwägung gezogen wird, ist sicher äußerst selten, weil sie fast alle – soweit sie heute noch bestimmbar sind – weit außerhalb der Siedlungen lagen. Sie eigneten sich eher als Versteck für das Vieh.
Wall und Graben mußten aber für die Verteidiger gut überschaubar bleiben; denn war der Feind einmal bis dorthin gedrungen, so war er von den Schießscharten in der Mauer nur schwer zu erreichen.
Auch dort, wo heute keine Spur von dieser Befestigungsform übrigblieb, erinnern die Straßennamen noch daran, wie z. B. »Am Kirchwall«. Wenn hin und wieder von Palisadenzäunen die Rede ist, so stammt dieser Begriff aus alten Zeichnungen, die ein Dorf darstellen. Sie waren sicher für den Schutz der Tiere wichtig, aber ein geringes Hindernis für einen Angreifer, sofern diese Palisaden nicht in engem Zusammenhang mit Wall und Graben standen, so wie es bereits eingangs für die Dorfbefestigung beschrieben wurde.
Natürlich ist nicht von der Hand zu weisen, daß auch die Wehrfriedhöfe ähnliche Befestigungen besaßen wie die Dörfer, selbst etwa Wall und Graben, Palisaden oder auch Gebück und Kombinationen daraus. Sicher läßt sich aber heute nur noch bei manchen Kirchenburgen Wall und Graben nachweisen. Die Entscheidung, welche Art oder Kombination gewählt wurde, hing immer von den örtlichen Gegebenheiten und dem vorhandenen Material ab.

Torhäuser – Tortürme

Die schwächste Stelle dieser Befestigungen, das Tor, war besonders ausgebaut, was bis zum mehrstöckigen Turm führen konnte. Sie waren immer mit dem Wehrgang verbunden, vorhandene Toröffnungen im zweiten Stock beweisen es heute noch. In diesen Türmen wohnte meist ständig ein Wächter.
Manchmal steht der Kirchturm so nahe dem Tor, daß dieses von dort aus mitverteidigt werden konnte, wie z. B. in Preith. Viele alte französische Kathedralen

NÜDLINGEN

lehnten sich an die Stadtmauern an, so schon die einfache in Térouanne ebenso wie die großen von Dijon, Tours, Le Mans, Angers, Nantes, Notre-Dame de Paris, Soissons, Noyon, Senlis, Bourges, Bordeaux, Cahors, Rodez, Toulouse, Saint-Lizier, auch wenn das heute ebensowenig zu erkennen sein sollte wie in Köln.

Im dörflichen Bereich konnten sich die Anlagen an die örtliche Burg anlehnen oder durch Wall, Graben und durch Mauern gegenseitig verbunden sein bzw. sich verteidigungsmäßig ergänzen.

Eine gewisse Besonderheit in diesem Zusammenhang stellen Anlagen wie die in Euerhausen, Gestungshausen, Niederstetten, Sulzfeld oder Pinzberg dar. Die Kirche selbst besitzt nur einen Dachreiter, der große Torturm wird zugleich der Kampanile der Kirche. Auf die Vor- und Nachteile dieser Art wurde schon hingewiesen.

Alle Türme (und Kirchentüren) waren aber zweifellos besser gesichert, als sie sich uns heute darbieten. Von der einfachen Verriegelung durch Balken, die in heute noch vorhandene Riegellöcher eingelegt wurden, bis zu Falltüren und Türmen mit Gießerkern (auch über der Kirchtüre), von wo aus siedendes Wasser oder Pech auf die Angreifer geschüttet werden konnte, vervollständigen die Verteidigung. Ein solcher Gießschlot über der Kirchtüre war oft von Schießscharten flankiert (Reinstädt).

Um Mißverständnissen vorzubeugen: Die Torhäuser, von denen hier gesprochen wird, sind immer die der Friedhofbefestigung. Sie gehören nicht zur Kirche wie die Vorhallen romanischer Basiliken. An der Kirche im Ortsteil Großendorf von Büdingen wurde eine solche Eingangshalle zum Wehrbau. Sie steht quer vor dem schmalen Langhaus, das kaum die Größe des Torhauses erreicht (mit Dachreiter). (Erst in gotischer Zeit wurde an das Langhaus ein quadratischer Chor angefügt.)

Bastionen

Nicht nur bei langen Mauern, sondern auch um den Fußpunkt der Befestigung überall einsehen zu können, hat man vorgeschobene Bastionen gebaut, die über die Mauer hinausragen, wie es in Dertingen noch deutlich erkennbar ist.

Ecktürme

Mit vier oder mehr Ecktürmen, die im allgemeinen dreiviertel vor der Mauer standen und meist innen wenigstens im unteren Teil offen blieben, war eine solche Befestigung bereits eine Burg.

Immer kamen natürlich auch da Wall und Graben dazu. Oft ist der Graben noch erkennbar.

Zwinger

Es blieb nicht immer bei einer einfachen Ummauerung. Wir kennen Kirchenburgen, die noch heute wenigstens auf einer Seite eine doppelte Mauer besitzen. Dazwischen entstand ein Zwinger (Ostheim, Hollstadt usw.), der vielfältig genutzt wurde. Ein zweiter Graben ist da und dort vorhanden, manch-

---

Wehrgänge

Kafka hat die Reste der Wehrgänge einiger ehemaliger fränkischer Kirchenburgen aufgenommen und rekonstruiert. Vieles kann heute nicht mehr nachgeprüft werden, weil immer mehr verschwindet. Abgesehen von den unterschiedlichen Höhen ergeben sich nur zwei Typen: die einen tragen die Plattform infolge der Mauerstärke ganz, die anderen brauchen steinerne oder hölzerne Ausleger, um den Wehrgang aufnehmen zu können.

Vorhanden sind nur noch die Wehrgänge in Effeltrich und Kraftshof.

Obere Reihe:

Effeltrich. Der Westturm besitzt einen Gießerker. Der Wehrgang am Ostturm verbreitert sich zum Turm hin. Schießscharten in verschiedenen Formen sind sowohl an den Türmen wie in der Wehrmauer zu finden.

Mittlere Reihe von links nach rechts:

Dormitz, Pinzberg, Winterhausen, Veitsbronn, Strullendorf, Pautzfeld, Kraftshof, Möhrendorf, Segnitz, Erlangen-Büchenbach, Großgründlach, Kriegenbrunn. (Die meisten sind nach den Rekonstruktionen von Kafka gezeichnet.)

Untere Reihe:

Verschiedene andere Wehrgänge, die in Franken nicht erhalten sind, die aber bei niedrigen Wehrmauern denkbar waren. (Sie wurden von Weber für Thüringen nachgewiesen.)

WESTTURM TOR OSTTURM

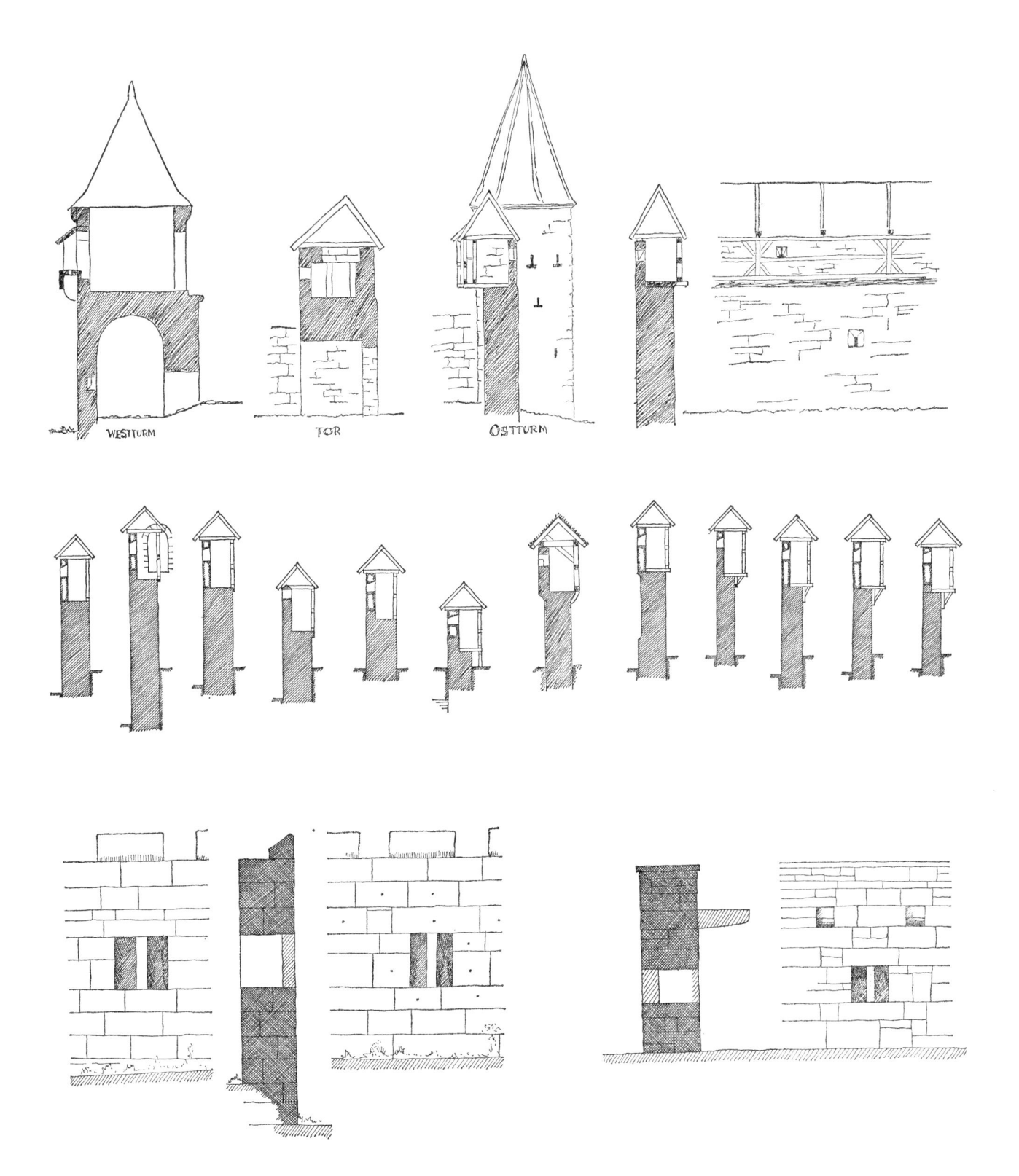

mal mit Wasser gefüllt, was zum Einbau von Zugbrücken führte.

Die Zwinger stellten jedoch nicht nur einen zweiten Mauerring dar, sondern waren bewußt als Falle gedacht. Sie mußten mit Leitern erstiegen werden, denn sie waren so hoch, daß sie die Verteidiger deckten. Die bereits in den Zwinger eingedrungenen Feinde befanden sich dann nicht mehr im Angriff, sondern in übler Verteidigungslage. Die Zwinger wurden aber auch friedlich genutzt; als windgeschützte Gärten brachten sie Obst, Gemüse und Blumen. Den Eingang bildete eine verdeckte kleine Pforte, die z. T. nur mit einer Leiter zu erreichen war.

Befestigte Gaden

Da eine Kirchenburg zugleich eine wirtschaftliche Gemeinschaft auf Zeit darstellte, mußte sie bevorratet werden. Dazu dienten die Gaden. Von ihrer wirtschaftlichen Bedeutung wird noch zu reden sein. Verteidigungsmäßig waren sie aber ebenso wichtig. Nach außen hin wurde die feste Mauer bis zum First fensterlos hochgezogen, so daß nach innen ein Pultdach entstand. Sie waren auf einem Grundriß von 3 auf 3 oder höchstens 5 auf 5 Meter erbaut, waren unterkellert und besaßen Schießscharten. Während man außen bis zum First mauerte, bestand innen das Obergeschoß aus Fachwerk. Schon in der bereits 1424 zerstört gewesenen Kirchenburg Mauerschedel bei Oberfilke sind heute noch die Grundrisse der Gaden deutlich erkennbar. In Mittelstreu werden bereits 1358 Gaden erwähnt.

Besondere Formen

Obwohl Bergner von den Bornholmer Rundkirchen ausgeht, möchte er die befestigten Kirchhöfe aus germanischen Ringwällen entstanden sehen. Es dürfte aber nur eine verschwindend kleine Zahl von Gemeinden noch solche vorchristlichen Wälle besessen haben. Die Bergnersche Theorie ist um so weniger einzusehen, als er selbst an anderer Stelle die gegenseitige Beeinflussung von Burgenbau und Kirchhofbefestigung zugibt.

Man könnte eher an die Situation kleiner Dörfer in waldreicher Gegend denken. Sie bedurften meist keines besonderen Schutzes; denn sie waren von vornherein weniger gefährdet als fruchtbare Gegenden. Es genügte gewarnt zu sein, um mitsamt dem Vieh rechtzeitig in die vorbereiteten Verstecke in den Wäldern zu verschwinden.

Dagegen mußten Dörfer an Handels- oder Heerstraßen bemüht sein, ihre Kirchenburg so als Festung auszubauen, daß sie den Straßenschutz übernehmen konnte. Benachbarte Städte unterstützten sie oft darin im eigenen Interesse.

Kirchenburgen in Franken

In Franken haben sich bestimmte Typen von Kirchenbefestigungen herausgebildet, die allerdings zeitlich nur schwer eingeordnet werden können, da fast ununterbrochen an ihnen gebaut wurde. Jede neue Belastung brachte neue Bauten und veränderte das Aussehen.

Rundling oder Ringburg

Die älteste Form – wobei das mit allen Vorbehalten gesagt wird – scheint der kleine Rundling zu sein, der auf einer Anhöhe liegt und die Wehrkirche mit festen Mauern umschließt. Ein Prototyp dieser Art dürften St. Michael bei Heustreu und die kleine Kirchenburg St. Laurentius in Brendlorenzen oder die Wehrkirche in Dombühl sein (wobei Dombühl schon Wehrtürme besaß). Es ist denkbar, daß diese Form typisch für einsam liegende Wallfahrtskirchen war. Dagegen spricht allerdings, daß z. B. St. Kunigund viereckig ummauert ist. Auch Maberzell scheint eiförmig umringt gewesen zu sein, wahrscheinlich auch Urphar, die beide am erhöhten Dorfrand liegen. Diese Form begegnet uns in Steinbach vor dem Wald als Wasserburg und in Preith (bei Eichstätt) in der Ebene. Möglicherweise ist selbst Eichel zu dieser Art zu zählen. Der inzwischen weggefallene Bering läßt das nur vermuten.

In Margretenhaun bildet der Rundling schon fast ein Rechteck, wobei die Ecken abgerundet bleiben.

Vielleicht muß man sogar Lütter zu diesem Typ rechnen; die erhaltenen Reste sprechen dafür.

Kirchenburg

Man könnte sich fragen, wieweit Dombühl schon eine Kirchenburg war, die einer fünfeckigen Anlage wie Kraftshof oder Effeltrich entsprach. Jedenfalls sind

HEUSTREU ST. MICHAEL	KRAFTSHOF	PINZBERG
RUNDLING / RINGBURG	KIRCHENBURG MIT WEHRGANG	KAMPANILE
GOCHSHEIM	OSTHEIM	ARZBERG
GADENKIRCHENBURG	KIRCHENBURG MIT GADEN	KIRCHENBERGFESTE
AUBSTADT	BULLENHEIM	GROSSWALLSTADT
TORHAUS	WEHRKIRCHE MIT GADEN	RECHTECKIGE KIRCHENBURG

die Reste von fünf Türmen noch erkennbar. Über die Vor- und Nachteile der rechteckigen Anlage wurde viel geschrieben. Die Form hängt letztlich oft vom Gelände ab, wie die Kirchenburg in Kinding deutlich zeigt. In Franken dürfte der Kraftshof der Prototyp dieser Form sein, wobei man sich denken kann, daß Dertingen eine kleinere Ausführung davon war und Hannberg eine Variante, deren Grundriß ein korrektes Rechteck bestimmt. Da die Torhäuser oft erst nachträglich hinzukamen oder wesentlich erweitert und verändert wurden, seien sie hier außer acht gelassen. Nur bei späten Anlagen wie Effeltrich wurden sie in der erhaltenen Form mitgebaut. Es wurde schon vermutet, daß Kirchenburgen, bei denen sich alles auf engstem Raum drängen mußte, keinen Friedhof beherbergt hätten. Kraftshof, Effeltrich, Kinding usw. beweisen deutlich das Gegenteil.

Vorsichtig kann man der Theorie zustimmen, daß für Gaden kein Platz war, wenn man sich darauf beschränkt zu sagen: »vorgesehen war«; denn die Ruine Mauerschedel beweist, daß auf engstem Raum 23 Gaden möglich waren. Wichtiger als die Enge des Raums ist der Wehrgang, der bei diesen Anlagen gegen Gaden spricht: Wehrgang *und* Gaden waren wohl nicht üblich, jedoch gibt es hierfür keine stichhaltigen Beweise. Überall dort, wo Gaden später hinzukamen, können Wehrgänge erhalten geblieben sein (siehe Schönberg in Siebenbürgen). Es ist auch denkbar, daß die Gadenburg ein weiterer Bering mit Wehrgang schützte. Für Ostheim könnte man das ohne weiteres annehmen. Überall dort, wo Gaden nicht den ganzen Platz ausfüllten, wie in Leinburg, blieb Raum für den Wehrgang.
Wenn wir vom jetzigen Aussehen ausgehen, dann kann man Heustreu im gleichen Atemzug wie Kraftshof, Effeltrich oder Kinding nennen. Heustreu aber besaß Gaden. Da eine aufgelassene Ritterburg zur Kirchenburg umgestaltet wurde, wird jedoch das heutige Gesicht der Anlage von den vorhandenen Wehrtürmen und der Lage an der Streu bestimmt.

Kirchenburg mit Gaden

Ostheim, die größte erhaltene Kirchenburg Deutschlands, verkörpert heute noch eine vollständige Burganlage mit zahlreichen Gaden, etlichen Türmen und einem Zwinger. Es spricht einiges dafür, sich Hollstadt, Leinburg und Geroldsgrün ähnlich vorzustellen, wobei Leinburg ein Zwitter sein dürfte, denn dort könnte die eine Seite mit Gaden, die andere mit einem Wehrgang bestückt gewesen sein.
Ob im Zwinger Gräber lagen, wie heute in Hollstadt, darf bezweifelt werden (keine geweihte Erde!).

Gadenburg

Die Form einer typischen runden Gadenburg zeigt heute noch Gochsheim und Oberstreu (auf der einen Seite, die andere wurde abgerissen). Oberstreu besaß sogar eine doppelte Gadenreihe, so daß dazwischen etwas Zwingerähnliches entstand. Beispiele für rechteckige Gadenburgen sind Mönchsondheim und Hüttenheim (letztere wahrscheinlich ebenfalls mit doppelter Gadenreihe). Anlagen dieser Art verzichten auf einen Wehrgang und Wehrtürme. Sie stellen die Gaden als geschlossene Mauer nach außen. Mittelstreu war zweifellos ebenfalls eine Anlage dieser Art, ebenso Herrnsheim, Nenzenheim, Eichsfeld, Kleinlangheim usw.

Wehrkirchen mit Gaden

Wir wissen, daß die Befestigung von Kirchhöfen der bischöflichen Genehmigung bedurfte, die nicht immer gern gegeben wurde.
Aus der Weigerung des Bischofs, seine Erlaubnis zu erteilen, mögen die Wehrkirchen entstanden sein, die so von Gehöften und Gaden umgeben sind, daß eine geschlossene, oft fensterlose Front nach außen den Wehrcharakter deutlich macht. Die Bauten sind sicher erst nacheinander entstanden und wurden durch kräftige Mauern untereinander verbunden. Bullenheim gibt uns heute noch eine Vorstellung dieser Form. Man kann selbst Diebach dazurechnen, obwohl man auch hier an eine Gadenburg denken könnte, allerdings wäre die Außenfront nicht geschlossen genug. Sogar Unsleben, Geldersheim wird man zu dieser Gruppe rechnen dürfen.

Torhäuser

Von einigen alten Kirchenburgen sind nur noch der untere Teil des Kirchturms und die festen Torhäuser übrig. Die Ergänzung zu einer vollständigen Anlage ist unmöglich. Alte Beschreibungen sagen darüber so gut wie nichts, und soweit alte Ansichten vorhanden sind, bleiben sie so aussagearm wie in Karbach. Zweifellos erkennt man die Kirchenburg. Wie sie aber mit dem heute noch vorhandenen Torhaus und den übri-

AUBSTADT

gen Resten zu einem Ganzen gefügt werden könnte, bleibt der Phantasie überlassen. Allerdings sind die Torhäuser noch recht zahlreich, oft aber erst spät zu ihrer heutigen Größe aufgestockt und ausgebaut worden. Beispiele dafür sind Aubstadt, Berg, Burgbernheim, Bürgstadt, Dettwang, Königsfeld, Nüdlingen, Obersulzbach, Veitslahm usw. In Burgbernheim wissen wir, daß es sich um die Reste einer großen Fliehburg handelt, dort ist wie in Veitslahm noch ein Eckturm erhalten, und von Dettwang ist der Zusammenhang mit einem Frauenkloster bekannt.

Ob man sich solche Reste zur Burg, mit oder ohne Gaden ergänzt denken muß, wird in den meisten Fällen offen bleiben.

Dettwang besitzt eine Besonderheit: Die Anlage liegt an der Tauber, und wahrscheinlich gehörte die Mühle einst in den Verteidigungsbereich. Mühlen waren an das Wasser gebunden und konnten deshalb selten in eine Verteidigungsanlage einbezogen werden. Aber sowohl alte Ortsansichten wie noch erhaltene alte Mühlen zeigen, daß sie eine eigene Befestigung besaßen wie die befestigte Stadtmühle in Röttingen oder die alte Klostermühle in Mönchsaurach. Das Bild des Ortes Karbach von 1517 zeigt, daß die außerhalb liegende Mühle befestigt war. – So bleibt Dettwang die seltene Ausnahme.

Kampanile

Die Kirchen von Euerhausen, Gestungshausen, Niederstetten, Pinzberg und Sulzfeld besitzen keinen Turm. Er steht als Torhaus daneben. Auch Serrfeld kann man dazurechnen, denn dort sind Glocke und Uhr im Torhaus untergebracht, während die Kirche turmlos blieb.

Rechteckige Anlage mit Torhaus

Die Bemühungen, Architekturformen nachträglich in bestimmten Schemata unterzubringen, haben den Nachteil, daß sich nicht alles schematisieren läßt. Wohin man Brendlorenzen, eine der ältesten Kirchen des Gebietes, oder Großwallstadt einordnet, bleibt offen. Befestigt waren zweifellos beide, aber in welcher Form läßt sich weder in Brendlorenzen von der geschlossenen, mit Schlitzscharten versehenen Langhauswand noch in Großwallstadt von dem einmaligen Torturm ablesen. Für Nordheim, Arzberg und Thiersheim ergeben sich verschiedene Möglichkeiten. Da aber deren steile Höhenlage am Rande des Orts ihren Charakter stärker als alles andere bestimmt, seien sie hier als *Höhenkirchenburgen* zusammen genannt.

Die Kirchgaden

Laut Lexikon kann man unter »Gaden« vielerlei verstehen: »Haus mit nur einem Zimmer«, oder: »Raum mit nur einem Stockwerk«. Da ist von den »Gaden der Basilika« die Rede, den »Lichtgaden« oder »Obergaden« (Fensterreihen der Mittelschiffe, die über der Höhe der Seitenschiffe liegen, werden so genannt.)

»Gaden« kann auch etwas ganz anderes bedeuten, von der Werkstatt bis zum »Kammergericht«. »Gadenleute« waren bis ins 19. Jahrhundert Stadtbewohner mit minderem Bürgerrecht (im Sinne von »Häusler« = Kleinstbauer).

Am nächsten kommt die Auskunft des Duden: »mundartlich und schweizerisch für: Nebengebäude, Stall, Hütte, Nebenzimmer, Vorrats-, Schlafkammer«. Damit ist der Zweck der »Kirchgaden« bereits umrissen.

Die Gaden waren die Wohn- und Versorgungseinrichtungen der Kirchenburgen und oft zugleich Teil der Befestigung. Die Außenmauer war bis zum First hochgezogen. Die Pultdächer fielen nach innen ab. Diese Konstruktionsform ist in Siebenbürgen genauso anzutreffen wie in Franken.

Die Unterscheidung zwischen »Gadenburgen« und »Wehrkirchen mit schützenden Gaden« wird nicht immer eindeutig zu treffen sein.

Klocke hat für das Osnabrücker Land versucht, trotz z. T. völliger Zerstörung der alten Anlagen den ursprünglichen Zustand zu rekonstruieren. Dabei kam er zu Gadenanlagen, die er mit Ostheim vergleicht (das er irrtümlich als »Rekonstruktion« bezeichnet). Nach dem, was sich aus seiner Darstellung entnehmen läßt, hat er aber das falsche Beispiel gewählt, Bullenheim wäre sicher zutreffender. Ostheim ist eine Kirchenburg, in deren Innern Gaden untergebracht waren. In Bullenheim schützen Häuser in Gadenform die Kirche, und diese Häuser wurden durch Mauern untereinander verbunden, um den Ring zu schließen. Man mag einwenden, daß aus dem heutigen Zustand

62

SERRFELD

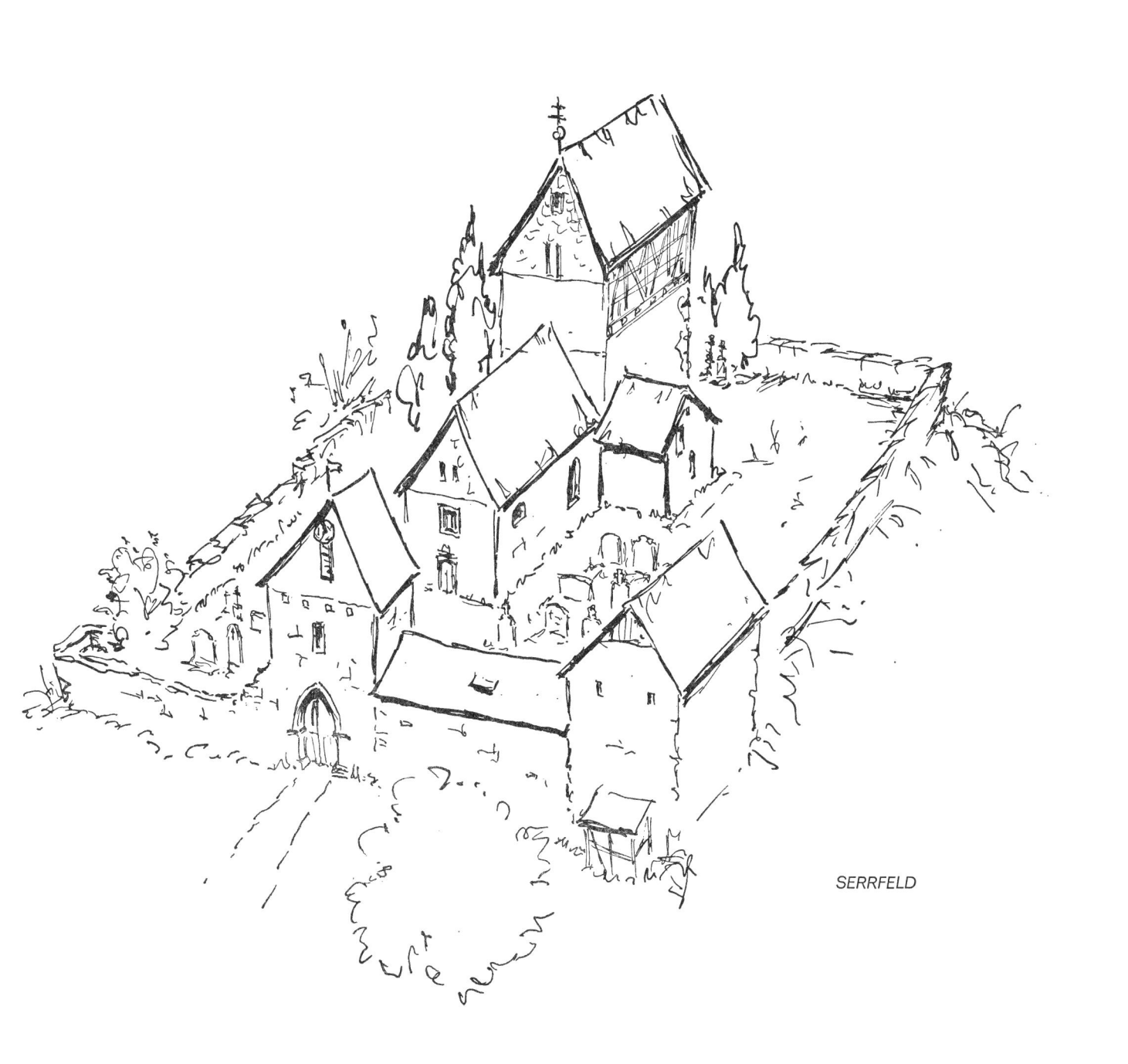

nicht mehr die ursprüngliche Form zweifelsfrei hervorgeht, aber sicher kann Bullenheim nie ein geschlossener Rundling gewesen sein wie Gochsheim und umgekehrt.

Die Altersangaben – 14. Jahrhundert –, die Klocke macht, mögen zunächst erstaunen, denn in Franken tragen viele Gaden Jahreszahlen des 16. Jahrhunderts. Das dürfte aber das Ergebnis der fortwährenden Erneuerung sein. So sind in Gochsheim bedeutend ältere zwischen denen aus dem 15. und 16. Jahrhundert. Bei Klocke handelt es sich um früh zerstörte Anlagen, eine Situation, wie wir sie in Franken in Mauerschedel (bei Filke) antreffen, eine Anlage, die bereits Anfang des 15. Jahrhunderts Ruine war.

Aus dem rheinisch-westfälischen Raum wird berichtet, daß befestigte Einzelhöfe solche Gaden besaßen. In Franken waren sie nicht bekannt, wenn man nicht in einem Bau wie dem Toblerschlößchen im Taubertal (unterhalb von Rothenburg) einen solchen Gadenbau sehen will. Man kann in diesen einzigen festen Steinhäusern innerhalb eines Gehöfts den Schutzraum der Familie und zugleich eine Art Bergfried sehen. Sie bargen den wertvollsten beweglichen Besitz der Bewohner, waren als Notwohnungen und zur Verteidigung eingerichtet.

Die Gaden auf den Kirchhöfen waren Vorratshäuser und gehörten einer bestimmten Familie, die dafür Pacht zahlen mußte. Von Westfalen wissen wir aus dem Jahr 1370 und noch aus dem 15. Jahrhundert, daß »Scheunen, Hütten und sogar Ställe für die Bergung des Viehs auf den befriedeten und selbst befestigten Kirchhöfen angelegt worden sind« (Heyne). Mancherorts haben sich die Gaden bis in unser Jahrhundert erhalten, jedenfalls waren sie noch lange in Gebrauch, als der Wehrcharakter der Kirchhöfe längst überholt war. Nachrichten darüber enthalten die Visitationsberichte des letzten Jahrhunderts, die immer wieder feststellen, daß es kein Wunder sei, wenn profanierte Kirchen als Remisen und Scheuern benützt werden, wenn man schon vorher dort alles Mögliche gelagert habe.

In Franken wachten Ende des 18. Jahrhunderts die Visitatoren zwar persönlich darüber, daß die Kirche selbst geräumt wurde, aber die Behauptung der Bauern, es sei alte Tradition, war zweifellos richtig. Es wird davon gesprochen, daß Gemüse geschnitten wurde, auch eine kleine Mühle gehörte oft zur notwendigen Ausrüstung selbst kleiner Wehranlagen. Von der Kirche in Nenzenheim wird berichtet, daß in einer der Gaden eine Torkel (Weinpresse) untergebracht war. Ohne Zweifel hatten die um die Kirche liegenden Bauernhöfe einen wesentlichen Teil ihres wichtigsten Besitzes in ihren eigenen Gaden aufbewahrt, erst recht wertvolle Gegenstände. Hier standen »viele Kisten und Truhen von Mündeln«.

Im kleineren Ort oder wo es aus anderen Gründen keine Gaden gab, beherbergten die Friedhofsanlagen Getreidekästen, »Körbe« genannt, die an die Gemeindefamilien verpachtet wurden. Der Pachtzins wurde in Wachs entweder an die Kirche oder an den Mesner geleistet. Ein kleiner Ort wie Irfersdorf (bei Beilngries) hatte 145 solche Kästen vermietet. Manchmal standen sie im zweiten Ring um den Kirchhof, dann erhielt der Mesner für jeden Kasten zum Beispiel eine Garbe, die Kirche aber nichts, denn für diesen zweiten Ring, der außerhalb des geweihten Kirchhofs lag, trug die Kirche keine Baulast.

E. H. Meyer berichtet: »Hinter den Ringmauern der Siebenbürger Verteidigungskirchen stehen, mit den Namen und Hausnummern bezeichnet, die stattlichen Reihen der vollen Kästen und Speicher, in denen fünfundzwanzigjähriger Weizen lagert, aus denen man bis heute die Lehrer besoldet. Im Paderbornischen bewilligte der Adel dem Bischof Bernhard V. (1321 bis 1341) eine Abgabe von den Kirchhofsgaden und den Kasten in der Kirche.« Diese Truhen, die auch in der Kirche selbst standen, waren oft kunstvoll geschnitzt oder bemalt und dienten zugleich als Sitzbänke.

Die Bischöfe von Cahors und Rodez mußten noch Ende des 17. Jahrhunderts ihren Gläubigen bei Strafe verbieten, ihre Koffer, Kleider, Stroh und Getreide in der Kirche zu lassen. Sie wurden mit Kirchenstrafen bedacht. Gleichzeitig erwähnt der Bischof in Rodez, daß dies nur in Kriegszeiten bei großer Gefahr erlaubt werden dürfe.

Selbst die wichtigen Urkunden und Kostbarkeiten der Gemeinde wurden in der Kirche aufbewahrt, man denke an die Urkundennischen in den Chortürmen.

Das Recht, einen »Kornkasten« in die Kirche zu stellen, war genau geregelt. Aus dem Paderborner Land berichtet Christoph Völker von Borchen (Kirchborchen und Nordborchen), daß der Bauer in der Kirche unter dem Turm, nicht aber auf dem Chor einen Kasten für höchstens 4 bis 5 Malter, der »Kötter« aber nur einen für höchstens 1 bis 2 Malter aufstellen durfte. Der Kasten des Pfarrers durfte 5 bis 6 Malter fassen (er stand beim Taufstein). Die Kasten durften aber den Platz in der Kirche nicht versperren oder zu Polterei Anlaß sein.

SULZFELD

Die Bedeutung der Gaden

Ostheim besitzt heute noch 72 Gaden, deren Besitz im Grundbuch eingetragen ist. Diese Zahl läßt ungefähr den Betrieb erahnen, der auf diesem engen Raum einer Kirchenburg geherrscht haben mag, und zwar nicht nur zu Belagerungszeiten. Zur Erntezeit wurden die Gaden gefüllt, es muß ein ständiges An- und Abfahren gewesen sein, um die Vorräte zu lagern. Innerhalb der Mauern wurden Märkte abgehalten, um für neue Vorräte Platz zu schaffen.
Nur um solche Märkte zu verhindern, wurde sogar einmal von neidischen städtischen Nachbarn eine Kirchenburg erobert. Die Meininger zerstörten 1464 die Gaden des Kirchhofs von Obermaßfeld samt Vorräten, um das Abhalten von Märkten zu verhindern. Große Lagerhaltung war zwar eine Notwendigkeit, aber zugleich eine Gefahr. Kirchhöfe mit Gaden reizten wegen der großen Beute zum Einnehmen und Plündern. Bei der Eroberung des Kirchhofs von Offenhausen durch die Nürnberger wurden 300 Stück Vieh und 57 vollgeladene Wagen mitgenommen. Von Rodes holten die Weißenburger so viel, daß sie vier Tage lang verkaufen konnten.
In den Nürnberg-Ansbachschen Städtekriegen des 15. Jahrhunderts wurden zahlreiche Kirchen berannt und geplündert.
Auch die Herren besaßen Gaden innerhalb des Kirchhofs, wobei der zuständige Geistliche (z. B. Abt des Klosters) die Genehmigung geben mußte, umgekehrt aber achteten die Herren immer darauf, daß ihnen das Öffnungsrecht des Kirchhofs beurkundet wurde. Lorenz Fries berichtet von Bergtheim: »Während dem erhielten sie die Nachricht, daß mehrere Würzburgische Geistliche ihre Vorräthe an Gült- und Zehnt-Getreide in die Gebäude des geräumigen und befestigten Kirchhofes in dem im Schweinfurtergau gelegenen und den Herren von Grunbach gehörigen Dorfe Berchtheim geflüchtet und aufgespeichert hätten.«
Kirchhöfe galten als verhältnismäßig sicher; denn gewaltsames Eindringen bedeutete Verletzung des Gottesfriedens und brachte Ehrverlust und Einzug der Güter und höchste Strafen (sofern man sie durchsetzen konnte) mit sich.
Es gibt Gebiete *ohne* Gaden offensichtlich dort, wo sie der Landesherr verboten hat. Die meisten wollten aber in den Gaden ihr eigenes Zehntgut lagern und Pacht für die anderen Gaden fordern. Zudem konnte so der Zehnte gerettet werden, wenn der Ort überfallen wurde.
Es gibt Orte wie Gerach, Mürsbach, Rattelsdorf oder Goßmannsdorf, die umfangreiche Kelleranlagen besitzen. Sicher dienten sie der ständigen Vorratshaltung in unmittelbarer Kirchennachbarschaft.

Eine weitere Möglichkeit, die aber entsprechendes Gelände voraussetzt, sind Erdställe, passive Wehranlagen, die Mensch und Tier Schutz bieten konnten (siehe: Erdställe).

Fluchtburgen für Großvieh

Großvieh, das im Kirchhof weder gebraucht noch platzmäßig untergebracht werden konnte, wurde in größere Waldverstecke getrieben, die zum Teil mit Wall und Graben geschützt waren.
Außerhalb von Freudenberg, zwei Kilometer mainabwärts, liegt auf der Höhe im Wald das sogenannte »Räuberschlößchen«, ein umfangreiches System von Wällen und Gräben und Mauerstücken. Unabhängig von den Sagen, die sich um die Anlage ranken, handelt es sich um ein Versteck für Großvieh. Die Vermutung, es könne ein aufgelassener Herrensitz sein, wird durch die Reste der kümmerlichen Wohnbauten (der größte ist 8 x 6 Meter groß) widerlegt. Auch sah man in diesem Burgsystem eine Art Sperrfort, von dem aus das Maintal beherrscht wurde. Die Anlage ist aber so schwer zugänglich, daß dadurch auch eine Überwachung stark behindert gewesen wäre. Der umfassende Schutz, der von allen Seiten sowohl durch Gräben, Sperrmauern und die natürliche Unzugänglichkeit geboten war, läßt nur an eine Fluchtburg für das Vieh denken. Bis jetzt ist nicht geklärt, ob das »Räuberschlößchen«, wie es der Volksmund nennt, aus karolingischer oder romanischer Zeit stammt oder gar eine merowingische Anlage war.
Auch bei Lipperts (Landkreis Hof) liegt am Rothen Berg etwa zwei Kilometer nordwestlich von Leupoldsgrün ein Ringwall, von dem vermutet wird, daß er eine ehemalige Fluchtburg war. Allerdings ist dessen ovaler Kern nur etwa 20 x 30 Meter groß, aber von mehreren Wallstücken umgeben, deren früherer Zusammenhang nur schwer zu rekonstruieren wäre. Immerhin wurden hier Scherben aus dem 14. Jahrhundert gefunden.

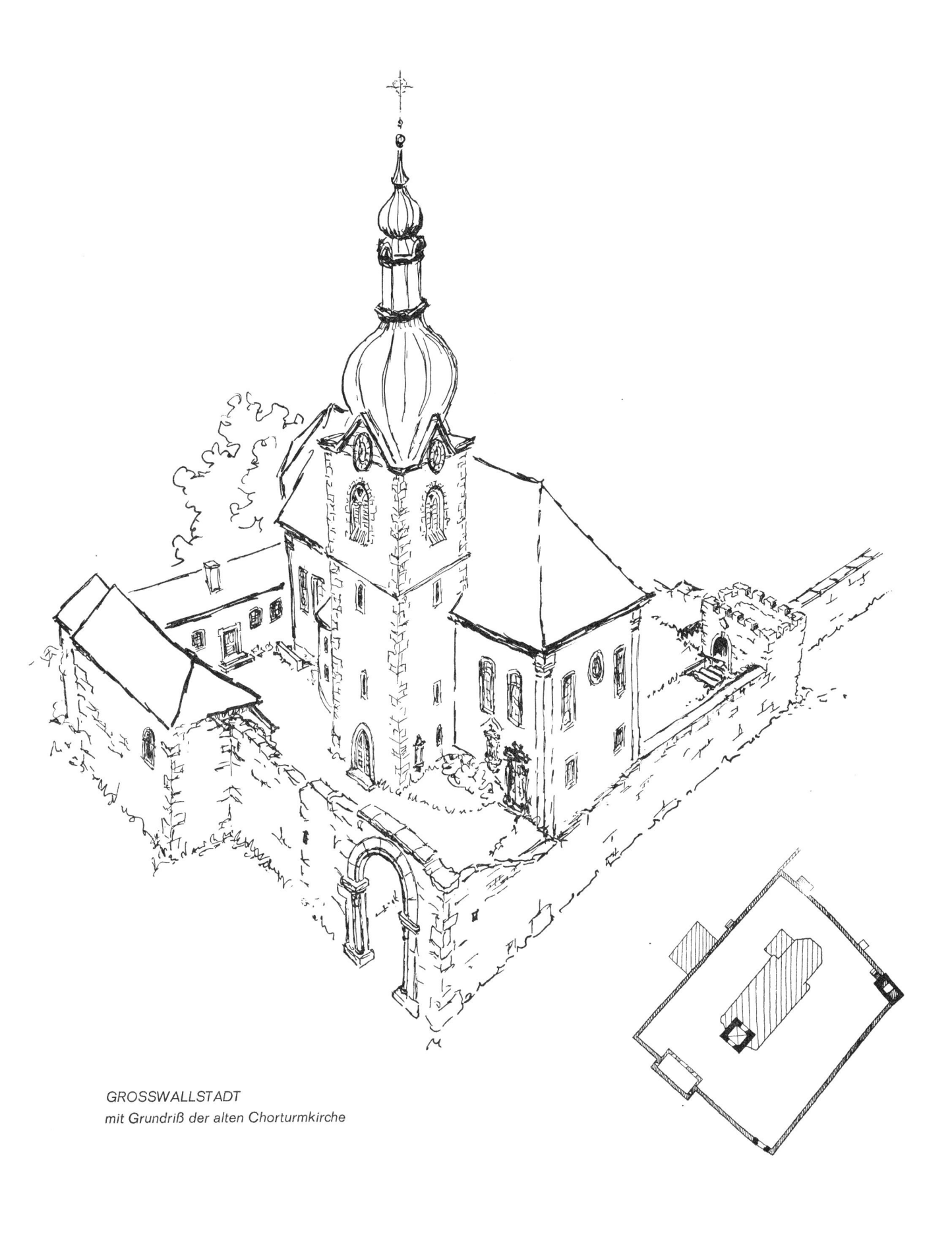

GROSSWALLSTADT
mit Grundriß der alten Chorturmkirche

Erdställe

Richard Busch-Zantner stellte schon 1922 fest, daß Erdställe »vom Elsaß herüber ostwärts über ganz Süddeutschland hin bis nach Böhmen, Mähren, Österreich und Ungarn« verbreitet waren. »Kleine, künstlich angelegte, unterirdische Gangsysteme, die der leichten Ausschachtungsmöglichkeit wegen sich gerne zumal im Lößbereich oder sonst in weichen jüngeren Schichten finden und sich mit diesen in der lokalen Verbreitung häufig sehr deutlich gleichlaufend begrenzen.« Er behauptet ferner, daß »Erdställe nicht identisch sind mit vorhistorischen Höhlenanlagen irgendwelcher Art«. Wenn das auch bereits 1903 erkannt war, hat man sich doch bis in die dreißiger Jahre unseres Jahrhunderts darum gestritten, ob sie nicht vorgeschichtliche oder germanische Höhlen oder Erdlöcher sein könnten.

Nachdem auch Georg Hock 1934 die räumliche Begrenzung der Erdställe »vom Elsaß ostwärts, in Mittel- und Süddeutschland und in Österreich-Ungarn« übernommen hat, fehlte immer noch der wichtige Vergleich mit französischen Einrichtungen ähnlicher Art.

Unterirdische Gänge

Rey berichtet in seinem Buch über die »églises fortifiées« im Kapitel über die topographischen Voraussetzungen der Befestigungen von Wehrkirchen unter anderen über die der Stadt Mantes, die 1087 von Wilhelm dem Eroberer eingenommen wurde. Rücksichtslos hatte er die ins Kirchenschiff Geflüchteten verbrennen wollen. (»Seuls, les souterrains-refuges donnaient à ces édifices une réelle valeur défensive.«) Durch diese unterirdischen Gänge konnte sich dann ein Großteil der Eingeschlossenen rechtzeitig retten. Die gequälten Menschen hatten in ihrer Angst vor dem Feuer die Kirche auf einen Felsen gestellt, wie in Vols (Ariège), der natürliche unterirdische Gänge besaß oder wo diese unterirdischen Räume leicht zu schaffen waren. Während der Zeit des 100jährigen Krieges zwischen England und Frankreich (1338–1453) und vor allem der Feldzüge von Brétigny (1360) erhielten viele Kirchen solche unterirdischen Räume. In Vols hatte man einen natürlichen Felsgang entsprechend ausgebaut. Er konnte von der Kirche aus über eine Treppe erreicht werden. Auch Rey betont, daß die Bodenbeschaffenheit Voraussetzung für solche Fluchtgänge war.

Blanchet hat unter anderen Gesichtspunkten 1923 und Cassagnes schon 1902 über die »Souterrains-refuges de la France« berichtet. Cassagnes schreibt, daß diese Erdställe im Quercy und Rouergue »Caves ou grottes des Anglais« genannt werden. Das erinnert an die süddeutsche Gewohnheit, Erdställe »Hauslöcher, Schranzellöcher, Heidenlöcher« usw. zu nennen und damit alte Sagen zu verbinden.

Höhlenwohnung oder Erdstall

Der Vergleich der Erdställe mit chinesischen Erdwohnungen oder den Höhlenstädten der Mittelmeerländer wird manchmal abgelehnt. Der wesentliche Unterschied besteht aber nur darin, daß die ständig bewohnten Erdwohnungen einen dadurch bedingten größeren Komfort besaßen als die für den gelegentlichen Aufenthalt gedachten Erdställe, nicht aber in der Anlage selbst. Während aber in Apulien und im Tal von Göreme in der Türkei die Gotteshäuser mit in den unterirdischen Bereich einbezogen sind, besitzen die Erdställe genausowenig Kirchen (mit wenigen Ausnahmen wie St-Emilian) wie die »souterrains-refuges«, im Gegenteil, sie liegen versteckt unter ihnen. Daraus ergeben sich selbstverständlich Unterschiede.

Das Tal von Göreme

In der türkischen Provinz Kappadokien liegt das Tal Göreme mit seinen »über 1000« Höhlenkirchen. Bekannt sind sie bei uns nur als Kuriosität oder wegen ihres Reichtums an Bildern. Über das Alter dieser den römischen Katakomben ähnlichen Gänge und Nischen gehen die Ansichten weit auseinander. Die Klosterstätten entstanden, das steht fest, zwischen dem 9. und 13. Jahrhundert. Zweifellos gab es aber zuvor – aus dem 7. Jahrhundert sind christliche Gemeinden nachgewiesen –, wahrscheinlich schon in vorchristlicher Zeit, hier Höhlenwohnungen. Das Tuffgestein verlockte dazu, natürliche Höhlen auszubauen. Die Kirchen selbst sind in das Gestein geschnitten mit Säulen (»Die Kirchen mit den Säulen«), Vorräumen und Altarnischen. Unwillkürlich erinnert man sich an die unterirdische Kirche und Kellerbauten in St-Emilian in der Charente. Wesentlich in unserem Zusammenhang ist aber der Wehrcharakter dieser Anlagen. Der Gedanke an den Schutz vor dem grau-

HESSENTHAL
mit Grundriß der alten Anlage

samen Feind stand im Vordergrund, sonst wären die komplizierten Rollverschlüsse ebenso überflüssig wie die raffinierten Gänge, die zu den oft in viele Stockwerke gegliederten Ansiedlungen führen und heute noch schwer zugänglich und größtenteils unerforscht sind.

In einem Fernsehbericht wurde kürzlich von Forschern die interessante Vermutung ausgesprochen, daß die schrägen, verwinkelten Gänge und die oftmals vielfältig abgeschirmten Wohnhöhlen selbst gegen einen modernen Atomangriff wirksamen Schutz bieten könnten.

Die künstlichen Höhlen von Apulien

Die Höhlen bei Matera in Apulien gelten auch ihrer Fresken wegen als touristische Attraktion. Man erzählt von byzantinischen Malermönchen, die sich hierher während des Bildersturms, der oft grausame Auswüchse zeitigte, zurückgezogen hatten. Diese Höhlen waren aber schon vorher Zufluchtsstätte und wurden dann erst von den flüchtenden Mönchen benutzt und auch zu Krypten ausgebaut.

Erdställe in Europa

Zweifellos zeigen sich Unterschiede in der Ausführung. Dort, wo der Mensch ständig wohnt, hat er solche Höhlen anders ausgestattet als die Erdställe, in denen er nur vorübergehend Zuflucht suchte. Spanische Erdhöhlen besitzen gemauerte Pforten, beim Erdstall hat man jeden kleinsten Hinweis auf den Zugang so gut verwischt, daß sie oft lange Jahrhunderte völlig verborgen blieben. Die Durchlüftung ist natürlich bei Wohnhöhlen besser gelöst als bei Erdställen. Gelegentlich werden bayerische Erdställe als primitiv bezeichnet, verglichen mit den österreichischen, recht raffiniert angelegten. Vielleicht sind letztere durch Lambert Karner nur besser erforscht als die bayerischen. Als Entstehungszeit von Erdställen wird das 11. bis 16. Jahrhundert angenommen. Busch-Zentner stellt aber schon 1923 bei Berücksichtigung gewisser Unterschiede in der Ausführung fest: »Die übrige Ausstattung der Erdställe ist hingegen im gesamten Vorkommen überall dieselbe. Die Gänge sind nicht ausgemauert, sondern in das gewachsene Erdreich gearbeitet, der Deckenschluß ist wechselnd halbrund oder spitzbogig verlaufend, ein Umstand, der wohl kaum eine Parallelisierung zu »romanisch« und »gotisch« zuläßt, sondern sich aus den statischen Notwendigkeiten des einzelnen Falles ergibt. An den Wänden sind Sitznischen, Abstellnischen, Tastlöcher, Ausweichnischen usw. eingelassen, auch Lichtnischen – erkennbar an den rußgeschwärzten Stellen – sind allenthalben erweisbar. Die Ausmaße bewegen sich samt und sonders in sehr engen Grenzen: die Höhe der Gänge schwankt zwischen der eines aufrecht stehenden Mannes bis zu Schlupflöchern, die kaum kriechend zu passieren sind.«

Was er allerdings über den Umfang der Gangsysteme schreibt, dürfte nur dort zutreffen, wo sie in sich abgeschlossen waren und keinen Fluchtweg nach außen darstellten. Busch-Zantner schreibt nämlich: »Die gesamte Länge der Gangsysteme bewegt sich im Durchschnitt nur zwischen 30 bis 40 m, selten mehr; der Eindruck einer erheblich größeren Ausdehnung ist nur eine psychologische Folge des langsamen Herumkriechens in voller Dunkelheit, zumal angesichts der geringen Ausmessung in vertikaler Erstreckung.«

Er hat überall dort recht, wo der Erdstall die Fluchtkammer eines einzelnen Hofes bildet, der nur seinen Besitzern bekannt war. Diese Form nannte man danach auch »Hinterkeller oder Hausloch«. Ein anderer späterer Streit der Gelehrten, ob diese Erdställe – in

---

Erdställe – Kellerverstecke

Oben links:
8701 Winterhausen, Pfarrkirche. Erdstall unter der Sakristei. Die schwarz gezeichneten Teile sind Verschlußsteine (Rollverschluß) zu den Geheimkammern sowie zu der Grube im Boden.
Unten links:
Das sogenannte »Räuberschlößchen« bei 6982 Freudenberg (zwei Kilometer mainabwärts) besteht aus einem ausgedehnten Wall- und Grabensystem und zwei dürftigen Hausruinen. Zweifellos war das »Räuberschlößchen« ein günstiges Versteck für das Großvieh (Darstellung der Situation im Jahre 1898). Die schwarz gezeichneten Punkte stellen die Ruinen der beiden kleinen Gebäude dar.
Rechts oben und unten:
8729 Goßmannsdorf. Die Kellereingänge »K« liegen ortsseitig und führen unter die Kirche.

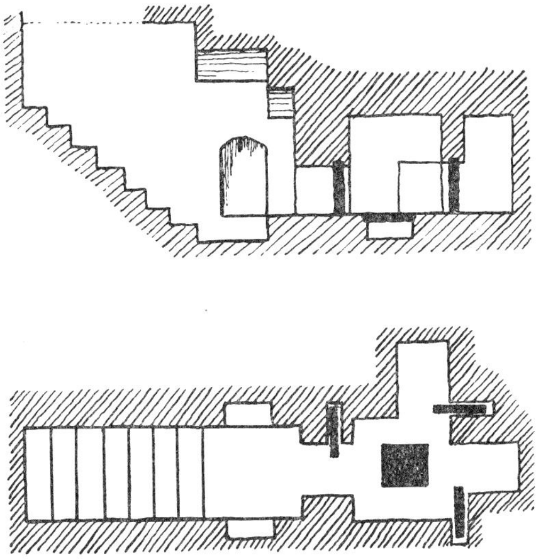

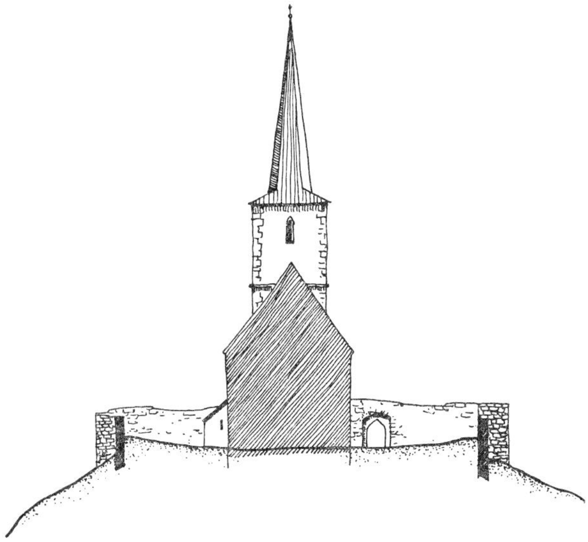

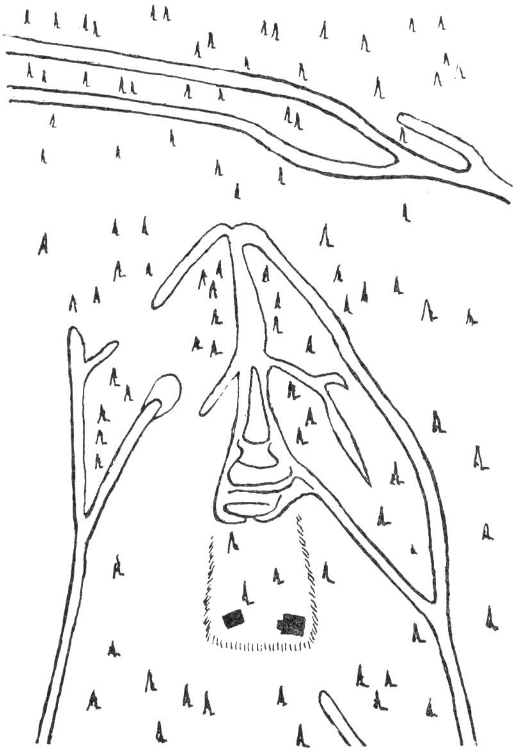

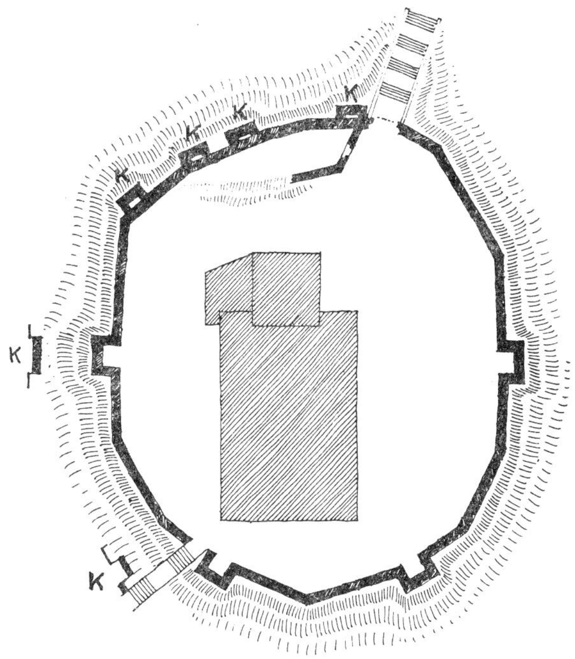
K
K
K
K
K
K

Größenordnungen bis 50 m Ausdehnung – nicht nur Verstecke für Wertgegenstände waren, dürfte recht müßig gewesen sein. Das eine schließt das andere nicht aus.

Auch die spezielle Unterscheidung, ob Erdställe den unterirdischen Fluchtwegen gleichzusetzen sind, erscheint wenigstens im Zusammenhang mit den Kirchenburgen unnötig. Sie mag bei den Erdställen einzelner Gehöfte interessant sein.

Karl Kafka berichtet von ganz anderen Möglichkeiten. Er beschreibt den Ospo-Tabor und den Podjamo-Tabor, zwei Höhlenburgen in Slowenien. Die Höhlen wurden zu Bauernburgen (ohne Kirchen) ausgebaut. Sie enthielten im Innern Gaden und waren nach außen durch eine gezinnte Wehrmauer abgeschlossen. Hohe Steinwälle verdeckten sie. In den Gaden wurden Lebensmittel und Mobilien gelagert; ein bestellter »Guardian« bewachte die Vorräte. Da die Sicht aus diesen Burgen sehr beschränkt war, besaßen sie wie in Ospo einen Wachtturm auf der Höhe darüber. Er war ständig besetzt. Übrigens gehörte das Dorf Ospo seit 1067 zum Bistum Freising. Das Wort Pod jama bedeutet (nach Kafka) = Unter der Höhle.

Wenn sie auch zu den Burgen gehören, sollen doch die Höhlenburgen wenigstens erwähnt werden. So wurden die Restaurationsarbeiten an der Ruine der Höhlenburg Wichenstein in der Ostwand des Semelenberges bei Oberriet (im Kanton St. Gallen) vor kurzem abgeschlossen. Die früher vier- bis fünfgeschossig ausgebaute Burg mit mächtigen Schildmauern wurde bereits 1270 erwähnt und ist wohl im Appenzeller Krieg 1405 zerstört worden.

Erdställe in Franken

Zunächst wurde über Erdställe aus Südbayern (Almering bei Mühldorf am Inn, Baumgarten bei Schwarzach BA. Bogen, Großinzemoos bei Dachau, Julbach bei Simbach, Kissing bei Augsburg, Rambach/Oberbayern, der Burgberg von Roggenstein bei München, Oberpfalz, Niederösterreich (Gaubitsch, Gösing, Olbersdorf, Röschitz, Kleinzwettl bei Gagern usw.) und dem Elsaß berichtet.

Der in Franken am längsten bekannte Erdstall ist wohl der unter der Kirche von Winterhausen, der bereits in den Kunstdenkmälern (des Bezirksamts Ochsenfurt) 1911 vermessen und dargestellt war. Allerdings gab damals seine Zweckbestimmung Rätsel auf. Es war von einem »geheimnisvollen« Gewölbe die Rede, auch von einer Art Krypta oder einem ehemaligen Beinhaus; für beides wären die Eingänge unnötig kompliziert und unpraktisch gewesen. Sicher handelte es sich um Verstecke, in denen Kostbarkeiten aufbewahrt wurden.

In älteren Inventaren wird auch von Nischen berichtet, die wie ein Geheimgemach aussahen. Ein Bild oder ein verschiebbarer Stein hat sie verschlossen. Sie waren nicht einmal von Kindern begehbar, aber sie boten Platz für alles, was vor Feinden und auch vor Feuer geschützt werden sollte, denn die mächtigen Turmmauern waren das, was nach einem Brand übrigblieb. Manchmal deutet die Form der Nischen ihren Zweck an, wie ein röhrenförmiges, verschließbares, bis zu einem dreiviertel Meter tiefes Loch in der Kirchturmmauer, das nur eine Urkundennische sein konnte. Den Fund des Erdstalles in Preppach im Jahre 1933, den er genau aufgenommen hat, nahm Georg Hock zum Anlaß für eingehendere Untersuchungen der Erdställe in Mainfranken. Der Preppacher Erdstall bestand aus drei untereinander verbundenen Kammern in zwei Stockwerken. Die einzelnen Kammern können, wie in Winterhausen, nur kriechend erreicht werden (50 x 80 cm). Er wurde außerhalb des heutigen Dorfes gefunden, und zwar an einer Stelle, von der man von einem »untergegangenen Dorf« berichtet.

Einige Erdställe wurden nach ihrer Entdeckung gleich wieder zugeschüttet. Hock berichtet das von Pahres bei Neustadt an der Aisch, Niederwerrn bei Schweinfurt, Prosselsheim (bei Kitzingen) und von Randersacker, letzterer beim sogenannten »Mönchshof«.

Vom Erdstall in Gaukönigshofen (bei Ochsenfurt) inmitten des Dorfes sind nurmehr Reste vorhanden, wie von dem in Herchsheim (bei Ochsenfurt), der teilweise eingestürzt ist. Gut erhalten blieb der in Großostheim bei Aschaffenburg. Er liegt ebenfalls mitten im Ort, besitzt keine größeren Kammern, wohl aber ein über 20 Meter langes Gangsystem mit 8 Nischen. In einigen fanden sich mittelalterliche Tongefäße.

Bei den meisten von Hock behandelten Erdställen kann man kaum eine Beziehung zu einer Kirche feststellen, und Hock will sie auch ganz bewußt nur als Verstecke für wertvolles Familiengut verstanden wissen. Dennoch können sie Bestandteil eines größeren Systems gewesen sein.

KÄLBERAU

August von Cohausen berichtet von der Kirchenburg Nierstein (am Rhein), daß von den Kellern der drei nahen Gehöfte: dem Saal, dem Templerhaus und dem Schlichterhof, unterirdische Gänge in den Kirchhof führten. Einiges davon ist heute noch erhalten. Was spricht dagegen, daß auch andere Orte ein solches System unterhielten, das selbstverständlich zugleich Versteck gewesen sein könnte. Es kann als Fluchtweg aus der Kirchenburg gedient wie auch das Heranholen von Verstärkungen ermöglicht haben.

In Oberbimbach führte ein Erdstall vom Wehrturm zur Kirchhofbefestigung (heute z. T. zugeschüttet). Von Geldersheim und Zeilitzheim sind unterirdische Gänge und Kammern ähnlich denen von Winterhausen bekannt. Aus Dertingen wird von einem unterirdischen Gang berichtet. In Unterebersbach bestand ein alter »Schleifgang« zum Edelhof. In Wildentierbach führte ein unterirdischer Gang zur (abgegangenen) Burg und von dort in den Wald, in den sogenannten »Schloßgraben«, der eineinhalb Kilometer vor dem Ort liegt. In Thiersheim soll ein Gang zum Pfarrhauskeller und ein zweiter zum ehemaligen Burghaus geführt haben.

Schwieriger wird ein schweres Gewölbe unter der Sakristei neben dem alten erhaltenen Turm der Kirchenburg von Hirschaid zu deuten sein, wenn man in ihm nicht, wie gelegentlich vermutet, ein Beinhaus sehen will.

In Großbarheim wurden beim Um- und Neubau unterirdische Keller, frei zur Straße hin liegend, sichtbar. Goßmannsdorf im Haßgau besitzt im Kirchberg ein ganzes Kellersystem, das in der heutigen Form nichts anderes sein dürfte als die nachträgliche Nutzung eines früheren Erdstall- oder unterirdischen Gang-Systems. Unmittelbar unter der Kirche von Mürsbach und im benachbarten Rattelsdorf liegen Hohlwege, in denen sich Kellereingang an Kellereingang reiht, wobei die Keller in Mürsbach unter die Kirche führen. Von einem »Felskeller« am Friedhof in Selb wird ebenfalls berichtet.

In Weißenstadt liegen nahe der Gottesackerkirche Felsenkellerzugänge. Die »Kunstdenkmäler« (Wunsiedel 1954) beschreiben sie folgendermaßen: »In einen felsigen Berghang hineingebaute Keller finden sich öfters im Bezirk, z. B. in Brand, Oberröslau usw. Die in Weißenstadt südwestlich der Gottesackerkirche herausgebildete Form mit unregelmäßig gescharten Eingängen wirkt ungewöhnlich malerisch und erinnert unwillkürlich an den Orient. Die Türen verschließen Treppenschächte, über die man in die grottenartigen unterirdischen Vorratsräume (jetzt zumeist für Feldfrüchte) hinabgelangen kann. Die Portaleinfassungen sind zeitlos schlicht gehalten.«

In Lauf besitzt ein Haus am Marktplatz einen Felsenkeller mit Brunnen und Freipfeiler. Eine Falltür im Fußboden führt über 42 Stufen in die Tiefe eines ganzen Kellersystems aus Tonnengängen und Sälen.

Gerach bei Bamberg verfügt sowohl über Felsenkeller am Dorfrand wie auch im Kirchberg. Diese Keller führen wie in Mürsbach oder Goßmannsdorf direkt unter die Kirche. Ihre Eingänge liegen alle auf der dem Dorf zugewandten Seite.

Ohne mögliche Verästelungen solcher Felsenkeller sehr genau untersucht zu haben, bleibt die Annahme, es handle sich um Erdställe, eine Vermutung.

Erdställe – Fluchtwege – Verstecke

Gleichgültig wie man die einzelne Anlage beurteilt, es besteht kein Zweifel, daß unterirdische Verstecke für Menschen oder wertvolles Gut bestanden und Fluchtwege die Kirchenburgen mit benachbarten Gehöften oder Burgen verbanden oder ins Freie führten. Solchen Verteidigungshilfen begegnet man bereits im Frühchristentum. So berichtete die Kölnische Volkszeitung (Nr. 276 vom 7. 10. 1937) aus Belgrad über die Ausgrabung einer großen Kathedrale auf der Hochebene von Caritschini bei Lebane südlich Nisch. Der Belgrader Universitätsprofessor Vladimir Petkovitsch und der Dozent Franz Menzel fanden die Überreste eines Baues des oströmischen Kaisers Justinian (527–565): »Die Kirche war eine sogenannte Wehrkirche; sie diente auch zur Verteidigung. Sie war deshalb von starken Mauern und mächtigen Türmen umgeben. Von den Mauern führten *viele Gänge, labyrinthartig angelegt, zur Kirche selbst.*«

Diese Verbindungsgänge gab es sogar oberirdisch. In Hirschaid führte eine Wehrgangbrücke vom Kirchturm direkt zu einem Eckturm der Kirchhofsbefestigung. Solche Brücken bestanden in Burgbernheim, Eichstätt, Veitslahm und Wachbach. Sie sind sicher keine fränkische Erfindung. Die französischen »bastides« – man könnte diesem schwer übersetzbaren Begriff vielleicht mit »Wehrdörfer« am nächsten kommen – besaßen einen Marktplatz. Er bildete das Zentrum der Verteidigung gegen einen Feind, der bereits in den Ort eingedrungen war. Deshalb hat man die Häuser im ersten Stockwerk untereinander verbunden, was vor allem an den Ecken zu recht eigenartigen Lösungen führte wie in Monpazier.

BÜRGSTADT

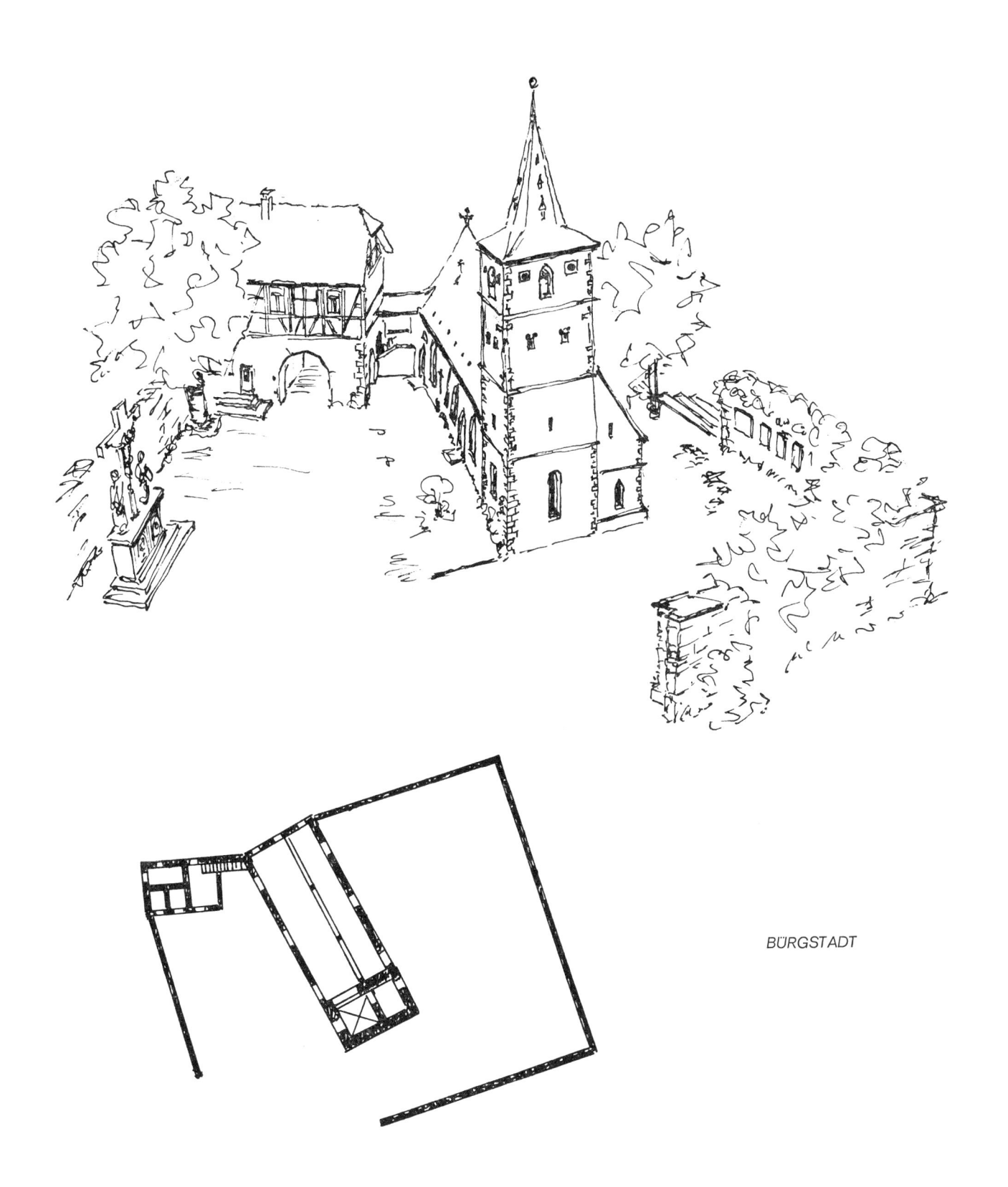

Der Karner – das Beinhaus

Nachdem nun der Bereich des Kirchhofs erörtert wurde, bleibt das, was rings um die Kirche stand.
An erster Stelle ist der Karner zu nennen, wenn auch Franken nur noch wenige besitzt. In diesem Beinhaus wurden die Gebeine der schon lange Verstorbenen aufbewahrt. Sie hatten den Neuzugängen Platz zu machen.
Das Beinhaus, auch Karner genannt, kann Teil der Kirche sein oder eine kleinere oder größere Kapelle. Man nennt diese Ossarien auch Seelenhaus oder Seelenkarcher.
Solche oft großartigen zweistöckigen Bauten konnten sich nur die Städte leisten, dennoch besitzen oder besaßen viele ländliche Kirchhöfe ihre eigenen, bescheideneren Karner.

Die Doppelkapelle St. Sebastian in Tauberbischofsheim. Das Portal zum Beinhaus besitzt ein Tympanon mit dem Jüngsten Gericht. Über dem wesentlich kleineren Tor zur oberen Kapelle befindet sich ein Sebastiansrelief.

Wenn in Kirchenbeschreibungen Räume unter der Kirche oder der Sakristei als mögliche ehemalige Beinhäuser bezeichnet werden, so dürfte das fast immer eine irrige Vermutung sein; denn sehr frühe Beinhäuser sind selten – zunächst bestand keine Notwendigkeit, und die Umbettung der Gebeine mußte meist erzwungen werden. Der Beruf des Totengräbers war unehrenhaft. Es fand sich deshalb nie jemand zu Umbettungen bereit, so daß man oftmals alle Bewohner eines Orts gleichzeitig dazu zwingen mußte. Jedenfalls waren Beinhäuser erst nach 1280 Pflicht, und für eine kleine Gemeinde genügte ein kleiner Raum, so wie man sie heute noch da und dort an oder neben der Kirche oder auf dem Friedhof findet. Die ältesten Beinhäuser stammen aus dem 12. Jahrhundert. Romanische Karner stehen vor allem im nördlichen Franken und in der Oberpfalz (Perschen und Rottendorf bei Nabburg), St. Michael in Greding (in letzterem sind noch die aufgeschichteten Gebeine und Totenschädel erhalten), Herzogenaurach und anderen Orten.
Die bekannten fränkischen Karner besitzen die Städte (Ebern, Iphofen, Neustadt/Aisch, Ochsenfurt, Tauberbischofsheim, Wertheim). Sie sind alle zweistöckig und spätgotisch. Viele wurden inzwischen ganz oder teilweise profaniert oder durch Umbauten so verändert, daß man sie nicht mehr ohne weiteres als Karner erkennt.
So ist das Fichtelgebirgsmuseum in Wunsiedel in einem Gebäude untergebracht, das 1515 bis 1521 gebaut wurde und als Beinhaus und »liberey« der von D. Andreas Friesner gestifteten Büchersammlung bestimmt war.
Das Prinzip dieser zweistöckigen Karner war immer dasselbe: ein einfacher niedriger Raum unten, das Ossarium (vielleicht sollte man es Beinkeller nennen), darüber eine Kapelle für Totenmessen usw.
Um diese Bauform haben sich schon viele Forscher bemüht, weil die Zweistöckigkeit auch in Burgkapellen und Schloßkirchen üblich war, weil die Rundkirchen auf Bornholm und weil Taufkapellen ebenfalls doppelstöckig sein können. Es ist hier nicht der Platz, diesen Problemen nachzugehen. Zweifellos war der abgeschlossene Keller, der keine Öffnung zum oberen Raum hatte, in Franken ein Ossarium. Ob sie in Franken ebenso zahlreich waren wie heute noch die runden Karner in Kärnten, ist nicht mehr nachweisbar. Sicher gab es mehr, als uns erhalten sind.

DERTINGEN

Pfarrhaus – Küsterwohnung – Schule

In der kleinen umschlossenen Welt der Kirchhöfe wohnten ständig Menschen: der Pfarrer, der Küster, der Lehrer, ein Wächter, soweit nicht Küster, Lehrer und Wächter in einer Person vereinigt waren. Manchmal kam später eine »Liberey«, die Bücherei, dazu, wo Predigtbücher und ähnliches vorrätig gehalten wurden, eine Einrichtung, die zunächst in evangelischen Pfarreien notwendig war.

Schulhäuser gab es schon sehr früh im Kirchhof. Da Lehrer und Mesner meist dieselbe Person waren, konnten Schul- und Mesnerhaus identisch sein. Auf Kirchhöfen mit Gaden diente einer der Gaden diesem Zweck. Der Mesner-Lehrer hatte zugleich Kirche und Kirchhof zu bewachen. Zur Bewachung war aber kein Platz geeigneter als der neben oder im Tor. So stehen die »alten Schulen« fast immer neben dem Kirchhofseingang, z. B. in Ostheim v. d. Rhön oder Sulzfeld. In Nürnberg wurde die »Neue Schule« noch 1821 in den Kraftshof eingebaut. Die Schule konnte aber auch im Obergeschoß des Torturms oder eines anderen Turmes eingerichtet sein, wie in Bürgstadt, Pfarrweisbach, Unsleben, Gestungshausen, Nennersdorf usw. In Wächtersbach blieb die Lateinschule bis in unser Jahrhundert in einer Empore der Kirche untergebracht, wobei dieser Teil der Kirche schon mit dieser Absicht gebaut worden war.

Manchmal hatte das Torhaus eine Wohnung oder sagen wir besser einen Raum, den ein Schuster, Schneider oder Invalide bewohnte, der zugleich das Wächteramt innehatte. Wenn man sich erinnert, daß sich alles Leben praktisch im Kirchhof abwickelte, kann man sich vorstellen, daß der Küster-Lehrer ständig beschäftigt war. Lediglich das Begraben der Toten fiel nicht in seinen Arbeitsbereich. Der Totengräber galt als »unrein« und wurde gemieden, seine Kinder durften z. B. nicht die Schule besuchen.

Der Küster aber wurde von der Taufe über die Hochzeit, die vor der Kirche stattfand, bis zu den Beerdigungsfeierlichkeiten gebraucht.

Kreuzweg – Friedhofskreuz – Außenkanzeln

Außenkanzeln an den Gotteshäusern beweisen, daß nicht nur in der Kirche gepredigt wurde, sondern der Kirchhof mit in den gottesdienstlichen Raum einbezogen war, und das nicht nur an Allerheiligen und Allerseelen. Die Kreuzwegstationen sind oft rund um den Friedhof zu finden. Vor dem Friedhofskreuz, das meist auf dem Platz vor dem Kirchenportal stand, versammelte man sich zu Beerdigungen. Im Barock kam oft der Ölberg als eigener Bau hinzu, während ihn die Gotik – mit wenigen Ausnahmen – in einer Außenkapelle oder Nische der Kirche unterbrachte. Mit dem Beinhaus rundet sich dann alles zur Einheit des »Heiligen Bezirks«.

Friedhofsleuchte an der Außenwand der Wehrkirche in Dettwang

KARBACH

Das Leben auf dem Kirchhof

Es ist an der Zeit, sich eine Vorstellung von dem Leben zu machen, zu dem all diese Bauten und Einrichtungen in friedlichen Zeiten gebraucht wurden.

Wir sprachen wiederholt davon, daß sich ein großer Teil des religiösen und auch profanen Lebens auf dem Friedhof abspielte. Er war geweiht, und er sollte dem Einfluß des bösen Feindes und allem Profanen verschlossen sein, so wollte es die Kirche, aber Brauch, menschliche Schwäche und der Zwang übermächtiger Verhältnisse brachten viele recht profane Zugeständnisse.

Schon sehr früh war es notwendig, den kirchlichen Umkreis um die Kirche zu bestimmen. »Soweit die Umzäunung des Friedhofs um die Kirche nicht festgelegt, bestimmen wir ihn für große Kirchen mit 60 Fuß und für Kapellen und kleine Kirchen mit 30 Fuß.« So hat schon Papst Nikolaus II. (1058–1061) den zur Kirche gehörenden Raum umrissen.

Totengedenken

Zunächst stand das religiöse Brauchtum im Vordergrund. Der Umgang mit Gebet auf dem Friedhof galt als verdienstliches Werk und wurde mit Ablässen bedacht. Nach 1782 galt es als »christkatholischer Gebrauch«, daß auf alle Sonntage vor Anfang des Gottesdienstes ein feierlicher Umgang auf die Gräber der Abgestorbenen, zu derselben Trost, mit dem Asperges, Gebete und Gesänge, nicht ohne große Auferbauung der wahren Christgläubigen, gehalten wird«. Auch die Lutheraner trugen die Toten auf dem »Leichhof« dreimal um die Kirche. Noch in unserem Jahrhundert wurden z. B. in Bayern den Toten Speisen auf das Grab gestellt.

Hochzeit

Heute noch führt der Vater oder Vormund die Braut, um sie dem Bräutigam erst in der Kirche zu übergeben. Das blieb von dem alten Brauch übrig, die Hände von Braut und Bräutigam *vor* der Kirche zusammenzulegen und damit die Trauung zu vollziehen, und erst nach dieser Zeremonie betraten die nun Jungvermählten die Kirche.

Geistliche Spiele

Der Kirchhof war auch Schauplatz geistlicher Spiele, die zunächst aus dem Gottesdienst hervorgingen und in der Kirche stattfanden. Ob sich aus ihnen der Totentanz entwickelt hat oder ob es eine selbständige Erscheinung war, die aus Aberglauben, Sagen und Dorfgeschichten entstand, läßt sich wohl nicht mehr klären. Die Kirche hat das ganze Mittelalter hindurch immer wieder Kirchhoftänze verboten und bekämpft. L'Estocq berichtet in »Carinthia I«, daß »Bischof Matthias von Seehau am 27. Feber 1483 dem Kollegiatstifte Völkermarkt die umgearbeiteten Kapitelstatuten übergab, nach welchen man sich künftighin benehmen sollte. In diesen wurde unter anderen bemerkt, daß die Gaukeleien am Nikolausfeste, da Jünglinge, wie Bischöfe gekleidet, Segen erteilten, wie auch die Maskenspiele im Fasching in der Kirche und auf dem Gottesacker auf keine Art mehr geduldet werden sollten.« L'Estocq erklärt dazu: »Die Maskenspiele in der Kirche müssen nicht Narrenumzüge und Faschingsmummenreien gewesen sein, sondern es kann sich auch um Fastenspiele handeln.«

Der Totentanz

Der Totentanz war zunächst der Tanz *der* Toten und *nicht des* Todes. Im Mittelalter blieb der uralte Glaube weit verbreitet, daß nachts die Toten aus ihren Gräbern kommen und auf dem Friedhof einen Reigen aufführen. Diese Vorstellung bildete die Keimzelle für Totentanzdarstellungen und mahnte zugleich an die Allgegenwart des Todes.

URPHAR

Berühmt wurde der Totentanz auf der Kirchhofsmauer des Dominikanerklosters in Basel und die »danse macabre« zu Paris.

Der »Tod zu Basel« ist in das Liedgut übernommen worden. Totentanzdarstellungen und das Weltgericht wurden auf die Kirchhofsmauern, den Karner gemalt (wie in Metnitz). In der Lutherbibel spricht ein Pfaffe von der Außenkanzel der Kirche vom Tod und hat ringsum anschauliche Bilder zur Unterstützung seiner Predigt.

»Kirchhofsgemälde«

Zu Totentanz und Weltgericht kommen Kreuzwegstationen und Kalvarienberggruppen. Große Christophorusgemälde an der Außenwand der Kirchen ermöglichen den morgendlichen Blick auf den Heiligen, ein Blick, der nach dem Volksglauben vor jähem Tod und vor Unfällen bewahren sollte.

Im ganzen müssen wir uns die Kirchhöfe bunter vorstellen. Heute noch finden wir an alten Kirchen die Farbreste, ebenso wie am Friedhofsportal, den Beinhäusern; ja sogar Grabzeichen waren auch dann bunt bemalt, wenn sie nicht aus Holz waren.

In alten Berichten lesen wir immer wieder von »Kürchhoffsgemäldt« an den Außenwänden und an der Kirchhofmauer. Erst nach der Reformation ist dieser Brauch langsam verschwunden.

Der Kirchhof war nicht nur der Mittelpunkt des religiösen Lebens, sondern genauso des weltlichen.

Profanierung des Kirchhofs

Durch den Kirchhof liefen nicht nur in den Städten öffentliche Straßen. Martin Luther klagt 1527 über den Wittenberger Kirchhof:

»Aber unser Kirchhof, was ist er? Vier oder fünf Gassen und zween oder drei Markt ist er, daß nicht gemeiner und unstiller Ort ist in der ganzen Stadt, denn eben der Kirchhof, da man täglich ja Tag und Nacht über läuft, beide Menschen und Viehe, und ein Iglicher aus seinm Hause eine Thür und Gassen drauf hat, und allerlei drauf geschieht, vielleicht auch solche Stücke, die nicht zu sagen sind. Dadurch wird denn die Andacht und Ehre gegen die Begräbniß ganz und gar zunichte, und hält Idermann nicht mehr davon denn als wenn Jemand über einen Schindenleich liefe...«

Das stellt gewiß keinen Einzelfall dar und blieb auch nicht auf die Zeit Luthers beschränkt. Nicht das beste Licht auf die Zustände, die auf manchen Kirchhöfen eingerissen waren, wirft ein »Generalrezeß«, den Ferdinand von Bayern, Erzbischof von Köln und Bischof von Paderborn für seine überrheinischen und westfälischen Länder 1629 erließ (mitgeteilt von Christoph Völker): »Es sollen in wendig monatlicher Frist von Ankündigung dieses alle Spieker, Bier-, Branntwein- und Wirtshäuser von den Kirchhöfen und Immunitäten gänzab- und weggeschafft werden und welcher nach Ablauf dieser Zeit ungehorsam hierin befunden wird, 25 Goldgulden zur Brücht erlegen.«

Wenn man auch nicht befürchten muß, daß auf jedem kleinen Friedhof ähnliche Zustände herrschten, ist es sicher, daß am Kirchhof z. B. Hausierer standen; denn zum Gottesdienst strömte die ganze Gemeinde zusammen. Man traf sich vor der Messe auf dem Kirchhof und blieb danach noch in Gruppen. Der Dorf-

Ehehäuschen und Totenleuchte an der Pfarrkirche in Buttenheim.

WILDENTIERBACH

schulze verkündete Neuigkeiten. Der Kirchhof galt als Sammelplatz bei jeglicher Gefahr. Schließlich war auf dem Land die Kirche oft das einzige massive Bauwerk und von den frühesten Bauwerken an bis zum 30jährigen Krieg von einer bewehrten Kirchhofmauer geschützt.

In der Schweiz finden Bürgerversammlung und Wahlen auf dem Kirchhof statt, und wenn der Friedhof dafür versagt blieb, auf dem Platz vor der Kirche.

Die Umhegung der Kirche sollte zwar den Kirchhof von der profanen Welt abschließen, sie diente aber zugleich zum Schutz gegen Tiere und Unfug. Von dieser Umfriedung kommt das Wort Friedhof. Das Eindringen von Tieren mußte überall verhindert werden, denn es wird berichtet, daß Schweine sogar die Bestatteten ausgruben. Deshalb baute man vor den Toren über einer Grube einen Rost von Stäben, der für Menschen gut begehbar war, aber für die Tiere (Hunde, Schweine) einen »Beinbrecher« darstellte und sie so vom Friedhof fernhielt. Schell sieht in ihm aber auch die Funktion einer Zugbrücke, weil man ihn zu Verteidigungszwecken entfernen konnte und so dem Feind den Zugang erschwerte. In Frankfurt hießen die Beinbrecher »Pferreisen«. Im Bistum Worms waren Beinbrecher kirchlicherseits vorgeschrieben und wurden bei Pfarrvisitationen überprüft.

Trotzdem lesen wir immer wieder von Klagen, daß auf dem Friedhof Vieh weide, man Wäsche wasche und bleiche. Korn, Heu, Holz, ja sogar »Mist mit unflat« wird abgeladen.

Das ist nicht verwunderlich, schließlich standen auf dem Kirchhof Ställe, Speicher, Scheunen, Mühlen, Backöfen, und das keineswegs nur in den Orten, deren Kirchhof befestigt war. Das mußte zu einer Art Wirtschaftsbetrieb führen.

Wenn es mit Hausierern begonnen hat, so wurde daraus durch die hier lagernden Vorräte der Erntezeit zur Lagerräumung ein Verkaufsbetrieb, aus dem sich ein Markt entwickelte. Das Wort »Messe«, das wir heute noch verwenden, ist auf dem Kirchhof entstanden, weil nach der Messe, an kirchlichen Festtagen, am Tag des Orts- und Kirchenheiligen solche Märkte stattfanden. So stand das »Bratwurstglöckle« in Nürnberg ursprünglich auf dem Kirchhof.

Asylrecht — Freyung — Gericht

Jede Kirche besaß, spätestens seit Karl dem Großen kaiserlich bestätigt, das Asylrecht (auch Freyung genannt), selbstverständlich auch für den Bereich um die Kirche und den Wehrfriedhof. Es ging von dem christlichen Gedanken aus, daß kein Sünder — wie groß auch seine Schuld sei — verdammt werden darf. Die Kirche hatte demnach allen Menschen Schutz zu gewähren, die sich vertrauensvoll an sie wandten.

Sinn dieses Asylrechts war, Verfolgten und Verfolger Zeit zu geben, um sich zu einigen. Vielerorts mußte der Schutzsuchende nach drei Tagen der örtlichen Gerichtsbarkeit übergeben werden. Es gab aber Asylrechte, die bis zu einem Jahr Schutz boten. Mörder oder Totschläger waren von vornherein davon ausgenommen. Während Kirchen generell dieses Asyl gewährten, wurden andere Gebäude wie Burgen, Zehnthäuser, zu Klöstern gehörende Höfe usw. ausdrücklich damit belehnt und entsprechend gekennzeichnet. Zu Delikten, Verfolgung und Asyl gehört die Regelung solcher Fälle, das Gericht.

Wörner nennt den Kirchhof den Sitz des Gerichts und die Zitadelle des Dorfes. Mit gutem Grund. Mancherorts war das Torhaus des Kirchhofs Sitz des Blutgerichts mit Folter- und Armesünderkammer und auch des Gefängnisses (in Roßtal war einer der Gaden Gefängnis), Beispiele dafür, wie sehr auch dieser menschliche Bereich mit der Kirche sogar räumlich vereint blieb.

Da man den auf dem Kirchhof getroffenen Entscheidungen verpflichtende Kraft und Weihe zuschrieb, blieb man überall dort, wo das Gericht nicht auf dem Kirchhof selbst abgehalten werden durfte, in dessen unmittelbarer Nähe: vor dem Kirchhof.

Kafka gibt anhand von Beispielen eine Vorstellung von den

»Gerichtsstätten vor dem Kirchhoftore«

»Dörfliche Dingstätten besaßen als notwendiges Inventar den Richterstuhl, die Schöffenbänke und den Gerichtstisch. Waren sie statt aus vergänglichem Holz aus Stein, so blieben sie vielfach bis heute erhalten ... Häufig liegen sie in unmittelbarer Nähe des Kirchhoftores.«

Wie sehr die Gerichtsbarkeit oft unmittelbar mit der Kirche verbunden war, darüber berichtet ebenfalls

BULLENHEIM

Kafka: »Dem Strafvollzug dienten die Pranger, die sich nicht selten an Kirchen und auf Kirchhöfen finden. War ein solches Strafgerät neben dem Kirchhofseingang (wie in Willanzheim) angebracht, so gehörte es wohl stets der niederen Dorfgerichtsbarkeit an. Befand es sich im Kirchhof oder an der Kirche selbst, so konnte es ein »Kirchenpranger«, ein »Heiligenstock« sein. An ihm wurden die Kirchenbußen vollstreckt, doch waren sie keine kirchliche, sondern eine weltliche Einrichtung, die nur auf dem weltlichen Recht beruhte, wenn auch unter Duldung der Kirche. Doch war nicht jedes Halseisen an der Kirche ein ›Heiligenstock‹.«

Kafka berichtet dann aus dem Sendbuch des Marktes Hallstadt bei Bamberg von 1416: »Item zum ersten hat der Pfarrer ... gewalt, daß er mag in den stock slahen, der auf dem Kirchhoff steht, alle eebrecher, wucherer, tzauberer und in jeglichen jar nicht gebeicht haben, und alle dy, die da in der uneer sitzen.« Quetz (bei Heilsberg) besaß zwei in der Vorhalle der Kirche eingemauerte Halseisen. Pranger im Bereich der Kirche fanden sich auch in Mellrichstadt, Reuthes (bei Fürth), Gebenbach (bei Amberg), Kleinlangheim (bei Kitzingen) usw.

Der militärische Wert der Kirchenburgen

Wer mit dem Wissen seiner Zeit in Dombühl steht, wird sich unwillkürlich fragen, welchen militärischen Wert eine solche Anlage gehabt haben mag und wie lange sie einem ernsthaften Feind hätte standhalten können. Einen Tag, eine Woche, länger kaum, dann wäre sie ausgehungert gewesen. Ein unterirdischer Gang hätte die Verteidiger retten können, kaum aber die Kirchenburg.

Oder nehmen wir ein extremeres Beispiel: Wer auf der Straße von Friesach in Kärnten auf 25 km langem einbahnigem Bergweg hinauf auf 1200 m Höhe nach Diex gefahren ist, fragt sich, was wohl dort oben diese feste Kirchenburg wollte. In beiden Fällen sind wir zu sehr in unseren heutigen Vorstellungen befangen, die an eine einzige Bombe denken läßt und damit an die restlose Vernichtung einer so kleinen Festung. Daß in beiden Fällen nur berittene Horden abgewehrt werden sollten – in Diex tatarischer Herkunft – fällt uns erst nach einiger Überlegung ein.

Solche Gedanken jedoch, die versuchen, derartige Befestigungen nahezu zu entschuldigen, sind völlig fehl am Platze. Wer Schneider/Zell »Der Fall der roten Festung« liest und vor allem den militärischen Ausführungen seine Aufmerksamkeit schenkt, wird schnell entdecken, daß solche »primitiven« Verteidigungseinrichtungen zusammen mit einem Gängesystem und einem ausgeklügelten System von Schießwinkeln auch heute noch ihren verteidigungstechnischen Wert haben. Es ist auch heute noch schwierig, einzelne befestigte Punkte zu überwältigen. Es ist die Schwierigkeit, die der Kleinkrieg auch einem großen, potenten Gegner bereiten kann. Jedenfalls waren die Möglichkeiten, die die Gemeinde Wien in ihren Bauten der zwanziger Jahre unseres Jahrhunderts schuf, durchaus geeignet, sogar eine Revolution erfolgreich durchzuziehen, wären die Gegner diesem Vorhaben nicht zuvorgekommen. Ohne solche Vorgänge beurteilen zu wollen, zeigen sie für die Betrachtung der Wehrkirchen doch ganz deutlich, daß bauliche Konstruktionen auch im 20. Jahrhundert noch nicht ihre Bedeutung verloren haben.

Wenn man unser Wissen von den unterirdischen Gängen dazunimmt und sie mit den Kellerverbindungen der Wiener Gemeindebauten vergleicht, fragt man sich, ob sich wirklich so viel geändert hat.

Zwei Bauten der Kommune Wien: selbst auf Briefmarken wird der Wehrcharakter deutlich.

GELDERSHEIM

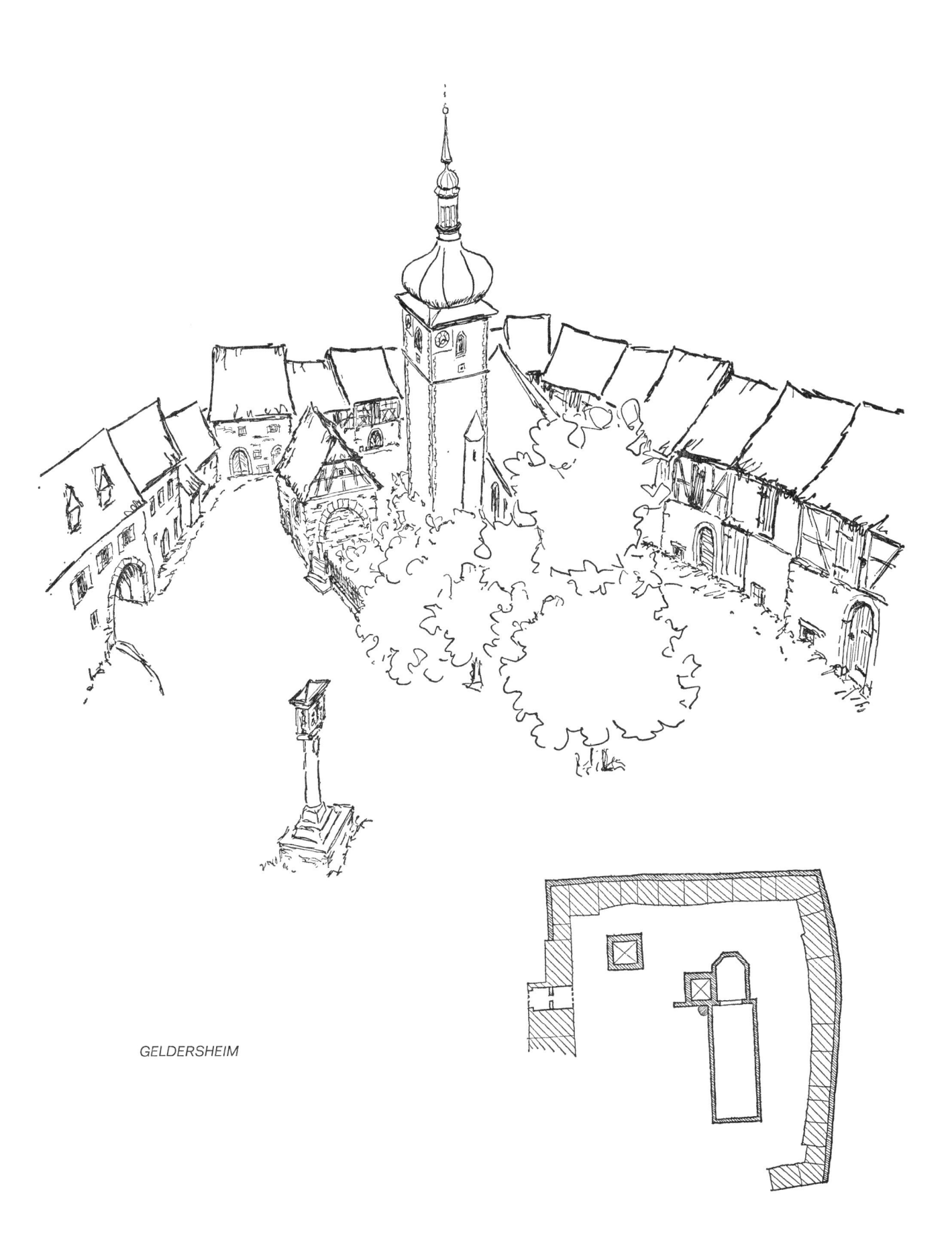

Chortürme

sind meist nur in den Untergeschossen unverändert geblieben. Ihre Dächer, soweit sie ursprünglich überhaupt welche besaßen, sind das Ergebnis der Zeit ihrer letzten Renovierung.

Oben (von links nach rechts):
- 6411 Lütter. Die mächtigen Strebepfeiler sind eine spätere Zutat.
- 6400 Florenberg. In den deutlich nach oben verjüngten Turm wurden die gotischen Fenster später eingesetzt.
- 6419 Kirchhasel. Unter diesem Turm aus dem 13. Jh. – heute Taufkapelle – wurde die Apsis eines Vorgängerbaus gefunden.
- 8741 Unterebersbach. Der Turm aus dem 13. Jh. wurde mehrfach verändert, auch das Satteldach ist eine spätere Zutat.

Mitte:
- 8729 Serrfeld. Hier bleibt heute noch deutlich sichtbar, daß der Chor ein Fachwerkstockwerk aufgesetzt bekam, während das »Langhaus« ein Anhängsel blieb wie die seitlich angebrachte Sakristei.
- 8631 Dietersdorf. Der mächtige Wehrturm hat sein spitzes Dach ohne die sonst übliche Veränderung des Obergeschosses aufgesetzt bekommen.
- 8641 Steinbach. Der verschieferte Turm der ehemaligen Wasserburg hat ein weit vorspringendes Zwischendach über dem Untergeschoß.
- 6402 Großenlüder. Der Chor erhielt ein Glockenlaternchen. Das Schiff ist kleiner als dieser Chorturm.
- 8621 Modschiedel. Statt der sonst üblichen Scharwachtürmchen wurde das Dach des wohlbewehrten Turmes als Raum ausgebaut.

Unten:
- 8741 Filke. Von der Ruine Mauerschedel steht nur noch der ehemalige Chorturm aufrecht.
- 8601 Eichelsee. Ehemalige Wehrkirchen erkennt man immer am Turm, wenn auch sonst nichts mehr an die frühere Verteidigungsaufgabe erinnert.
- 6993 Standorf (Creglingen). Zur alten Wallfahrtskirche kam der Turm erst etwas später hinzu, wahrscheinlich im Zuge einer besseren Befestigung.
- 8741 Reyersbach. Der alte Chorturm mußte sich wohl die eigenartige Dachkonstruktion gefallen lassen.
- 6983 Kreuzwertheim. Das zweite Obergeschoß weist Formen auf, die an Maschikulis erinnern (hier aber lediglich Dekorationswert haben).

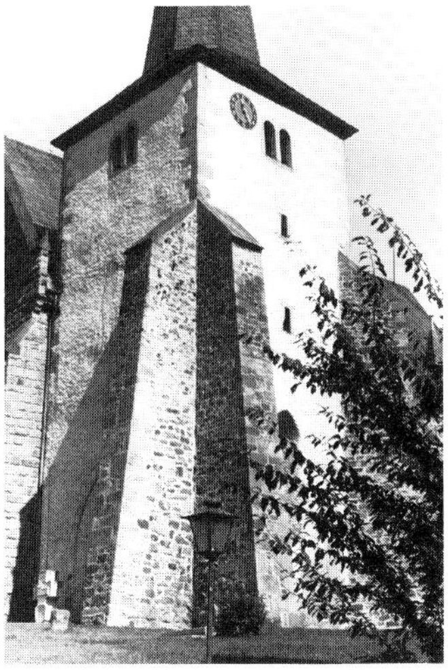
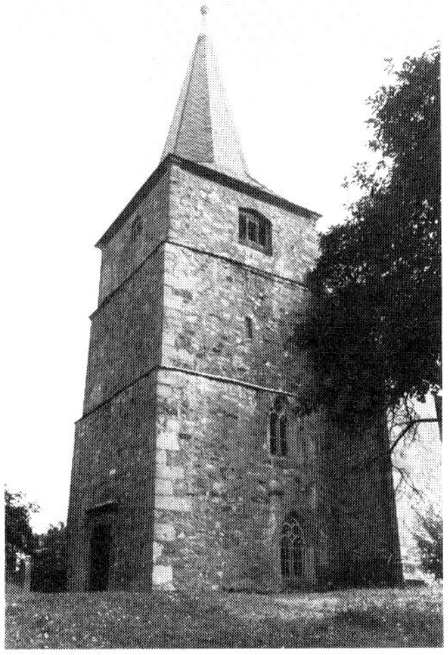
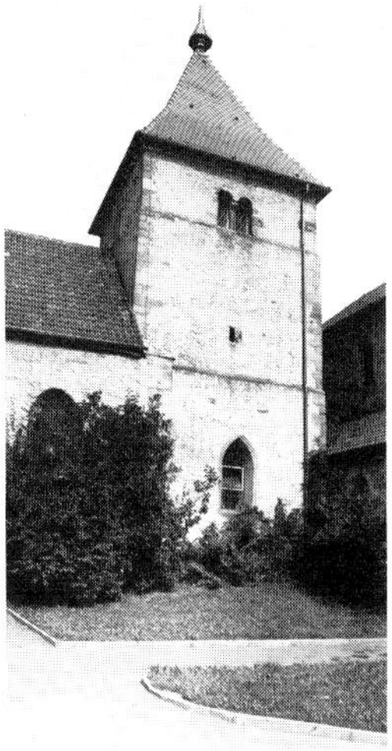
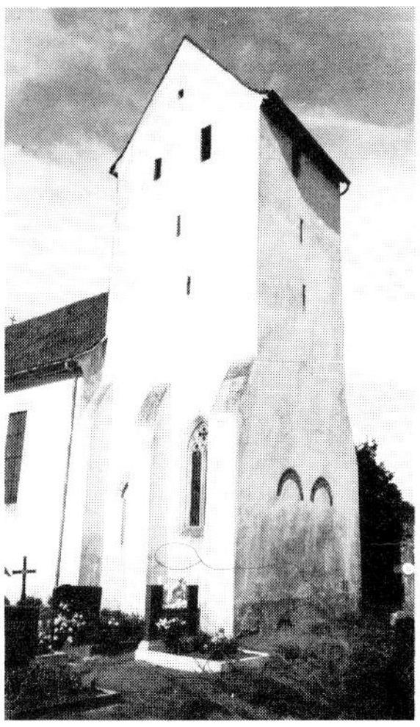
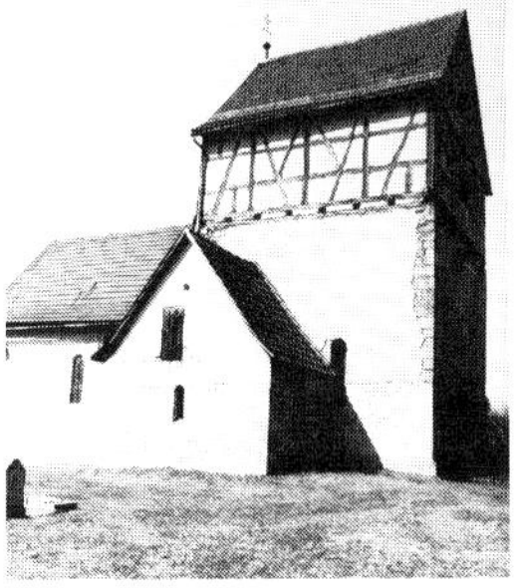
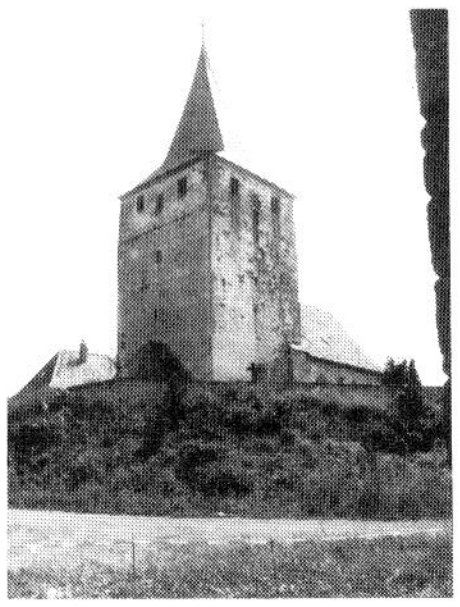
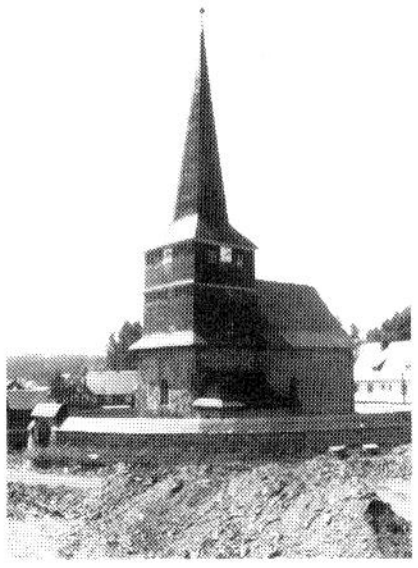
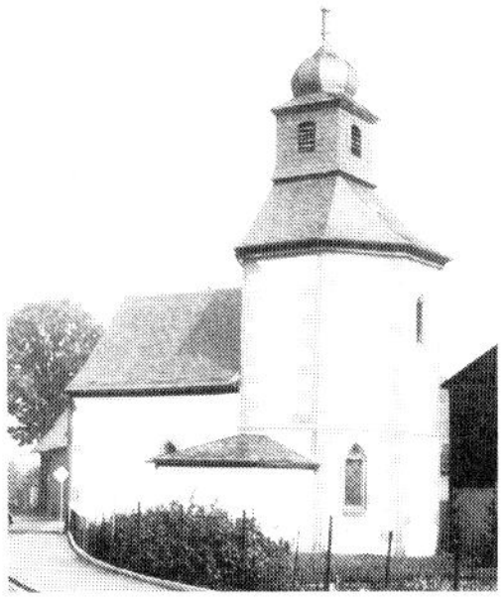
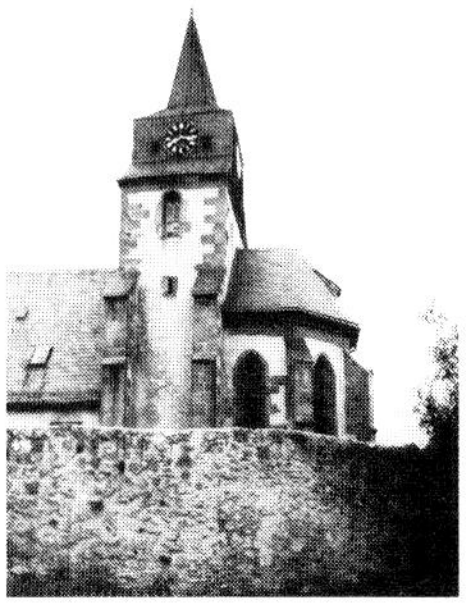
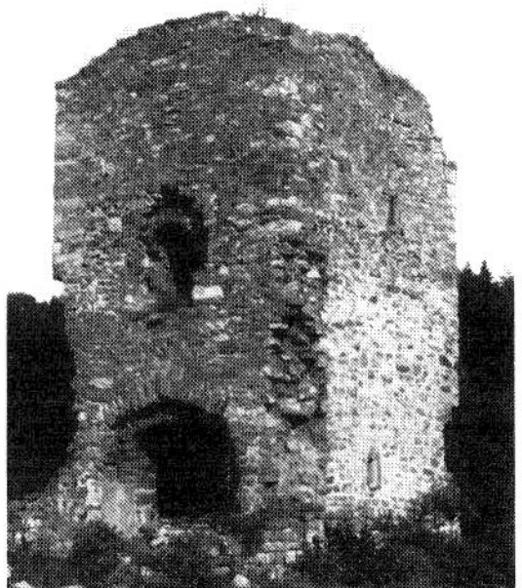
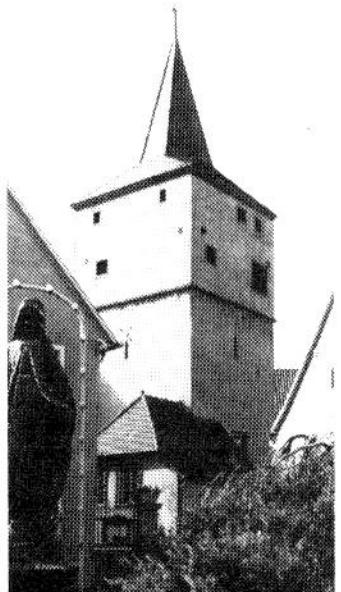
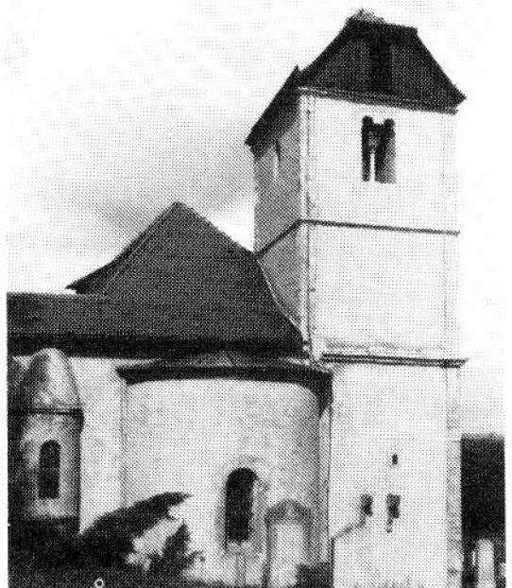
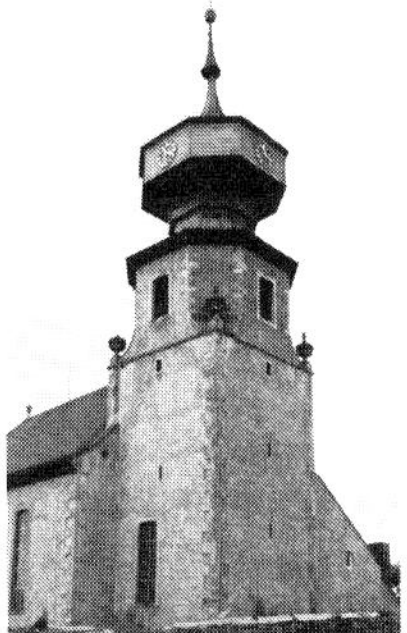
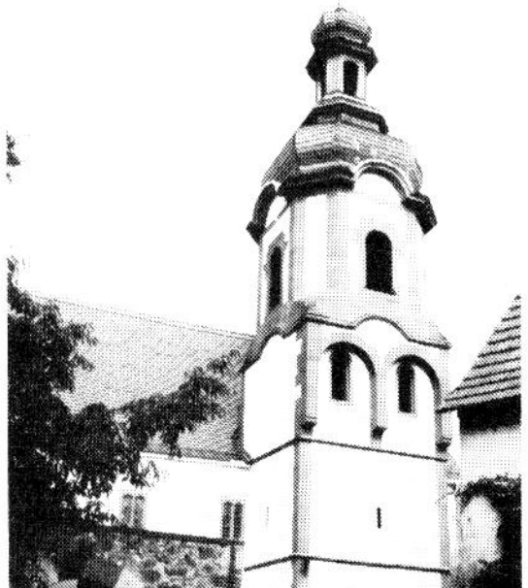

Die Verteidigungseinrichtungen der Chortürme

Oben (von links nach rechts):

6980 Eichel (Stadt Wertheim). Chorturm auf jeder Seite mit drei Zinnen, deren Zwischenräume sind mit Jalousien ausgefüllt, das stumpfe Dach wurde später aufgesetzt.

F-71 Brancion (in Burgund). Gemauertes Turmdach, ähnlich wie sie im Raum Aschaffenburg heute noch zu finden sind.

8752 Schöllkrippen (im Spessart). Auf dem Kranzgesims vor dem steinernen Turmdach lag ein hölzerner Wehrgang.

Mitte:

8752 Hörstein (bei Alzenau). Der Zinnenkranz wurde wiederholt renoviert, im Prinzip blieb aber die alte Anlage erhalten, wie ein Vergleich mit der Darstellung von 1592 zeigt.

6480 Wächtersbach (bei Gelnhausen). Der 1530 angebaute Turm erhielt 1702 das jetzige Dach, zuvor lag hinter dem mit Zinnen bestückten Wehrgang eine gemauerte Turmspitze wie in Hörstein und Schöllkrippen.

8551 Hannberg (Autobahn: Erlangen-West). Die Erker des Wehrgangs am Turm wurden in der Spätgotik zu Scharwachtürmchen, die sich wohl zur Beobachtung und Wache eigneten, aber kaum mehr zur Verteidigung.

Unten:

8741 Sondheim (vor der Rhön). Die Scharwachtürmchen, eine ausladende Holzkonstruktion, wurden fast überall wegen Baufälligkeit abgenommen oder in dekorativer Form, aber weniger ausladend, erneuert.

6981 Dertingen (Stadt Wertheim). Der Kirchturm besaß früher Zinnen wie Eichel, sie wurden mit dem Glockenstuhl und Fachwerk überbaut.

8601 Junkersdorf (bei Pfarrweisach). Ende 16. Jh. wurden viele Türme durch ein Fachwerkobergeschoß erhöht, wobei diese Fachwerkkonstruktion weiterhin Verteidigungszwecken diente.

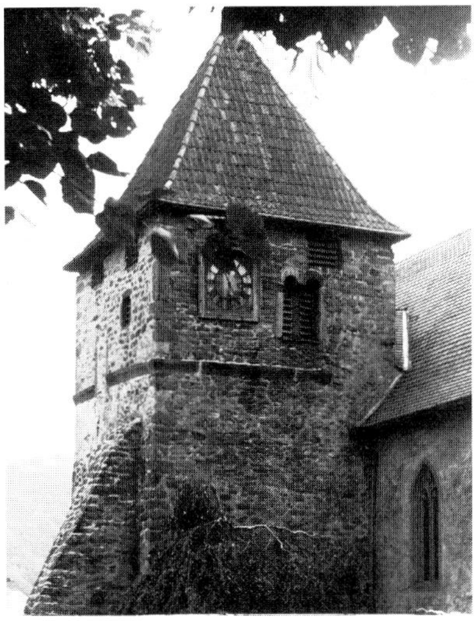
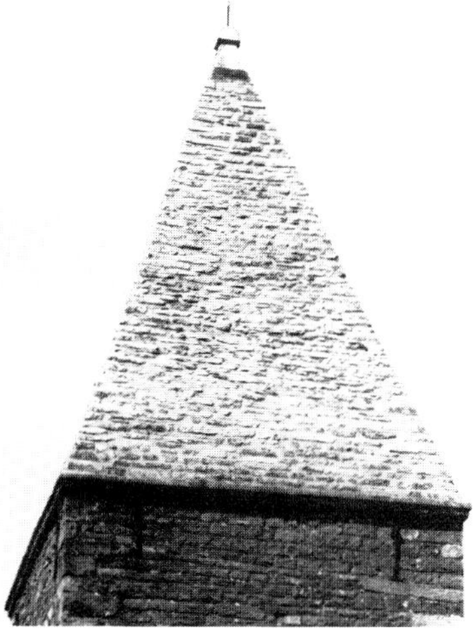
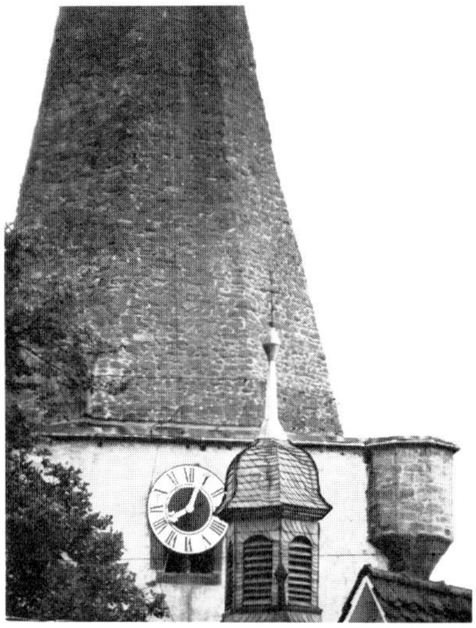
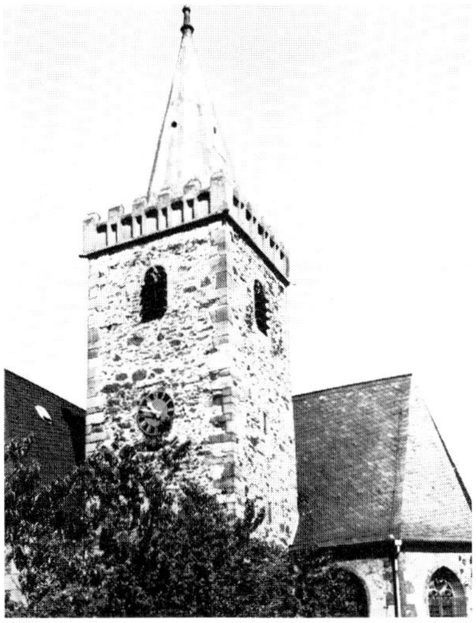
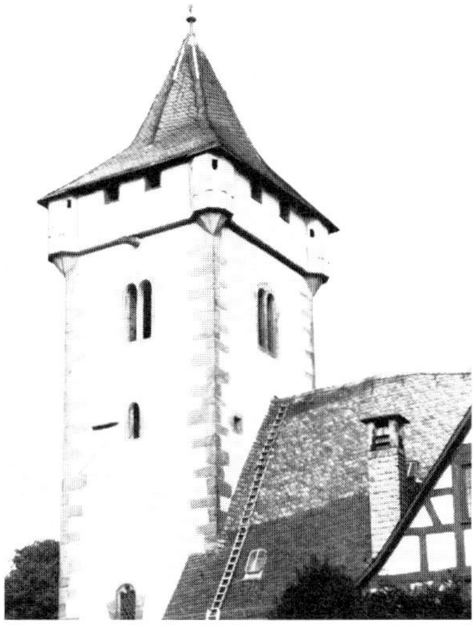
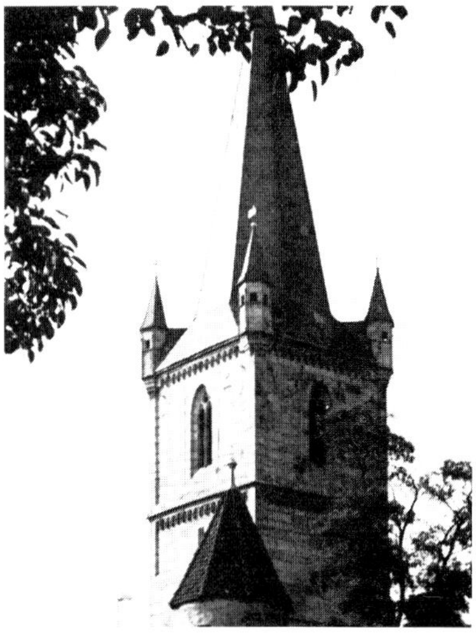
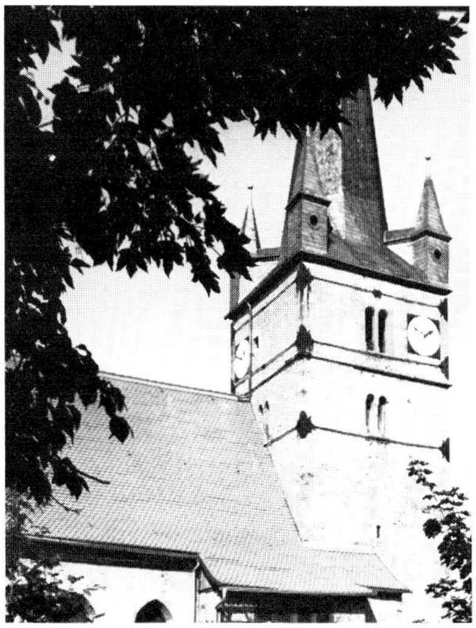
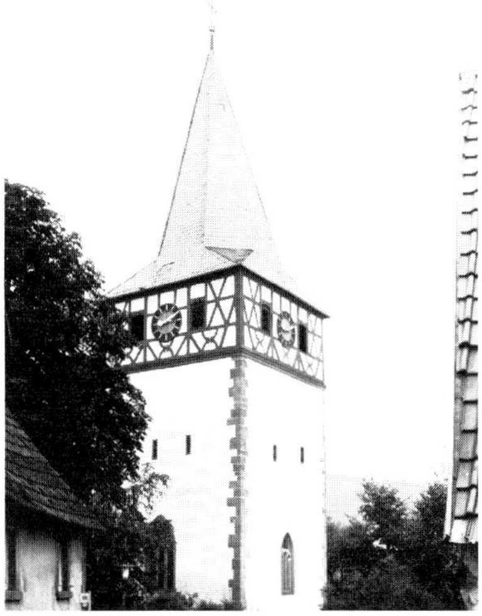
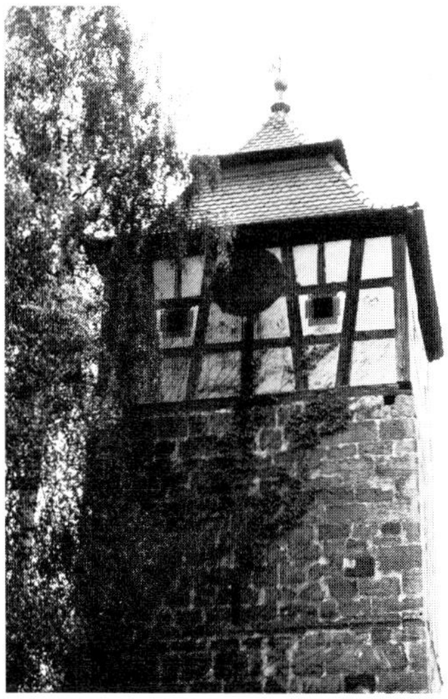

Tortürme

Viele der heute erhaltenen Tortürme stammen erst aus dem 16. und 17. Jahrhundert oder wurden damals aufgestockt oder im Zeitgeschmack verändert.

Oben (von links nach rechts):
8741 Aubstadt. Wuchtiges romanisches Torhaus mit barockem Dach.
8621 Gestungshausen (Ortsteil von Sonnefeld). Mehrstöckiges Torhaus mit später aufgesetztem Dachreiter.
6991 Wildentierbach. Das kaum veränderte mehrstöckige Torhaus bildet eine Front mit der Wehrmauer, die früher höher gewesen sein muß, weil sie einen Wehrgang zu tragen hatte.

Unten:
8741 Hollstadt. Der Torturm ist dem des benachbarten Aubstadt recht ähnlich. Beide erhielten im Barock die gleiche Dachform.
8741 Ostheim. Der Torturm wurde auf das Torhaus, das eine Einheit mit den Gaden bildet, aufgesetzt. Das Bild zeigt die Ansicht vom Gadenhof aus.
8831 Kinding. Der für das Altmühltal typische Torturm stand durch den Wehrgang in direkter Verbindung mit dem Verteidigungseckturm, wie dessen Seitenöffnung zeigt. Die Mauer zwischen beiden muß man sich um den Wehrgang erhöht denken.

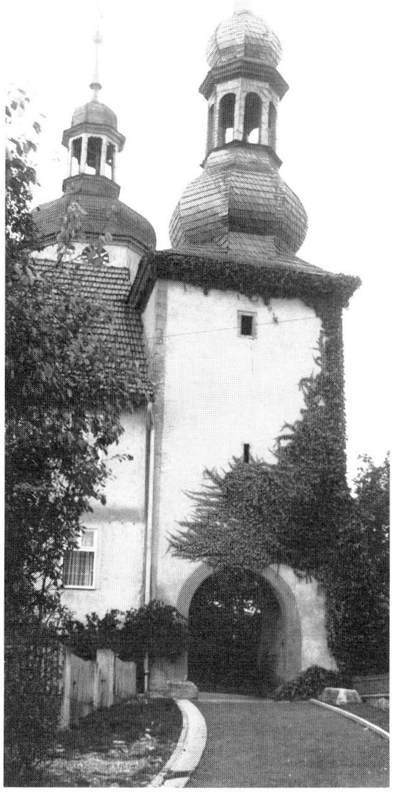
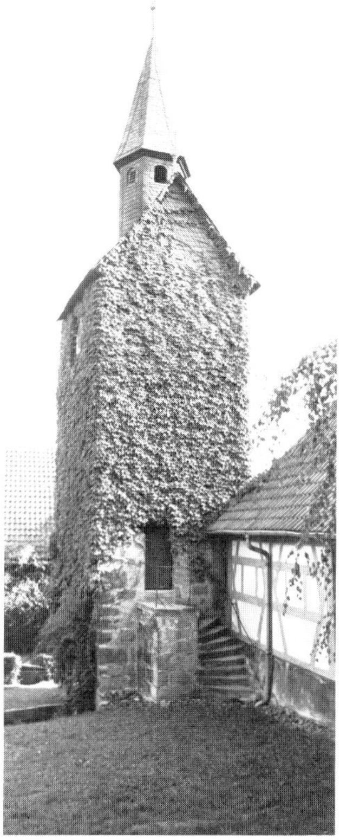
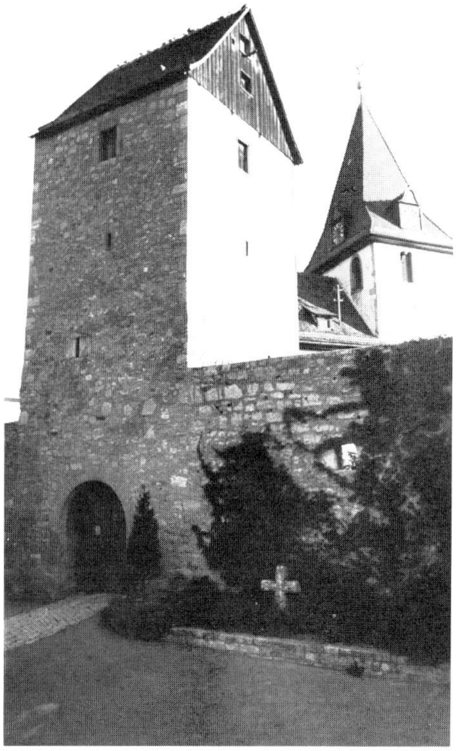
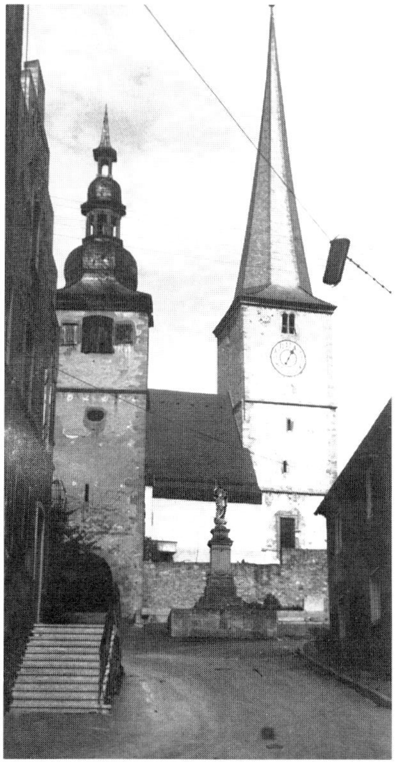
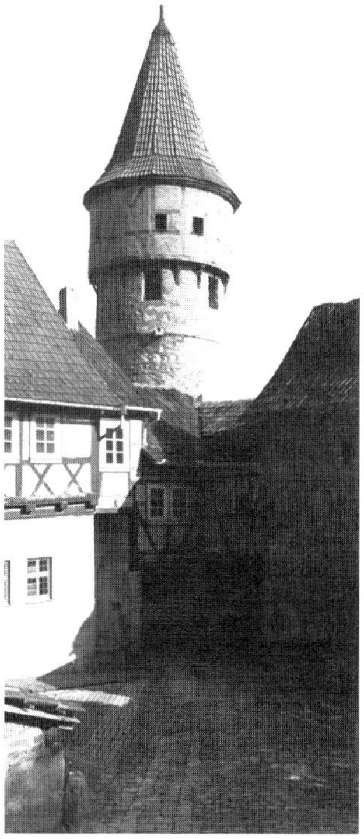
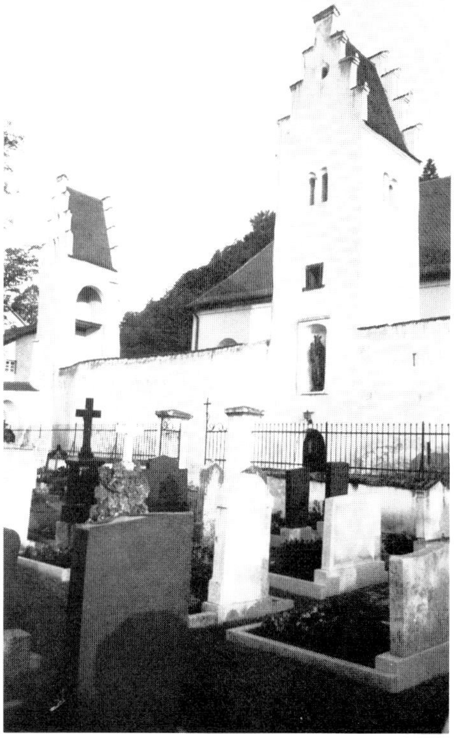

Torhäuser

Torhäuser unterschiedlicher Größe und Beschaffenheit waren ein wesentlicher Bestandteil der Kirchenburgen.

Oben (von links nach rechts):
8802 *Weihenzell. Quer durch die Wehrmauer führt die schmale Pforte hinauf auf den erhöht liegenden Kirchhof.*
8751 *Großwallstadt. Eine Rarität ist der zinnenbewehrte Vierecksturm, dessen steile Treppe auf den wie in Weihenzell erhöht liegenden Kirchhof führt.*
8751 *Hofstetten. Das ruinöse Torhaus ist zusammen mit einem Stück Mauer der letzte Rest der alten Wehranlage.*

Mitte:
6981 *Dertingen. Selbst einfache Torbauten besitzen eine beachtliche Tiefe.*
8541 *Röckershofen. Der Zugang zum Obergeschoß war nur mit einer Leiter erreichbar. Die Dachform ist für diese Landschaft typisch (siehe auch Kinding).*
8501 *Roßtal. Ein spät erneuertes schmuckes Torhaus mit Fachwerk-Obergeschoß.*

Unten:
8741 *Oberstreu. Die geschlossene Gadenburg besaß außer einem längst abgetragenen Wehrtorturm nur diese schmale Pforte, die leicht zu verbarrikadieren war.*
8801 *Dettwang (Stadtteil von Rothenburg ob der Tauber). Der wuchtige Torturm war wohl im Obergeschoß bewohnt.*
8651 *Grafengehaig. Bei der Renovierung der Kirche und des Kirchhofs wurde dieser Torturm verputzt und damit der Gesamteindruck erheblich verändert.*

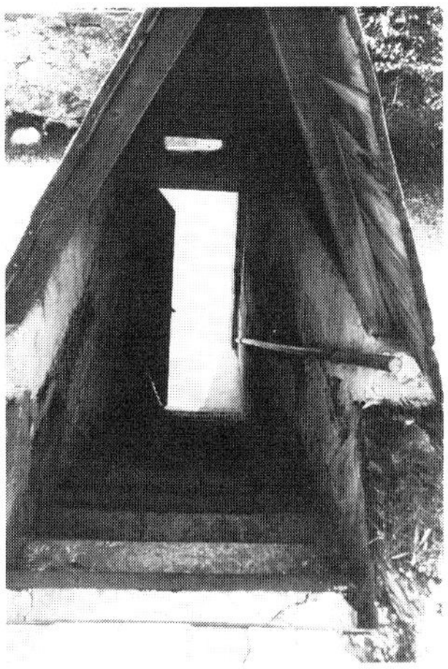
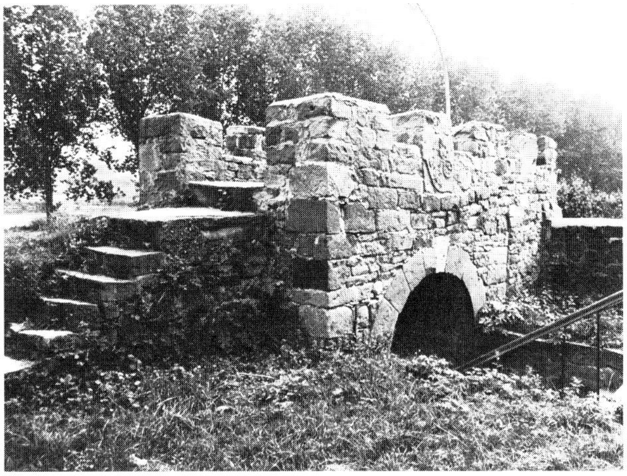
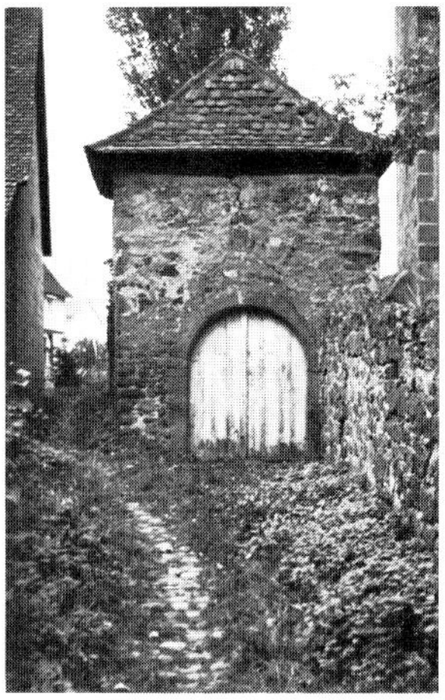
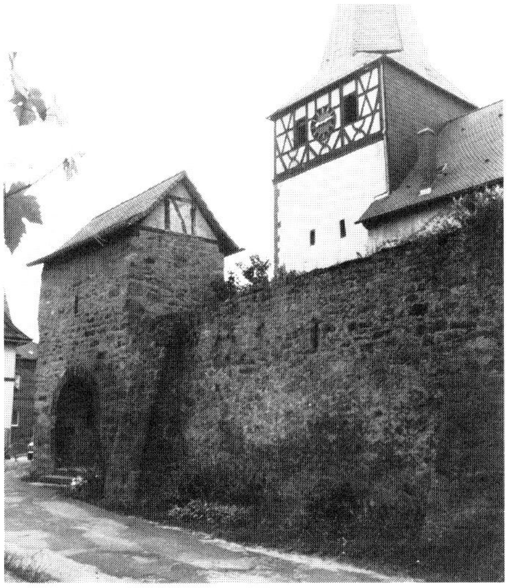
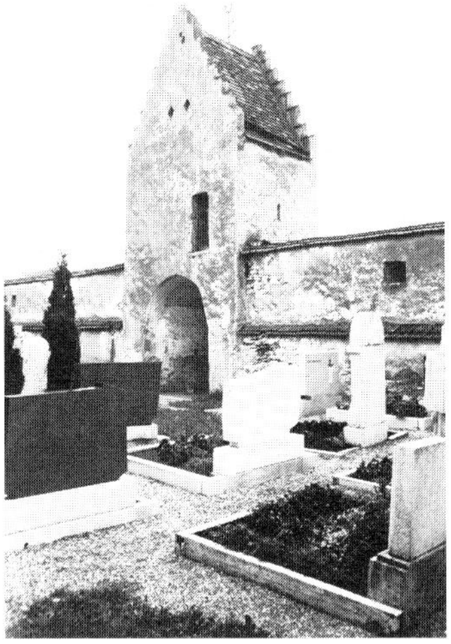
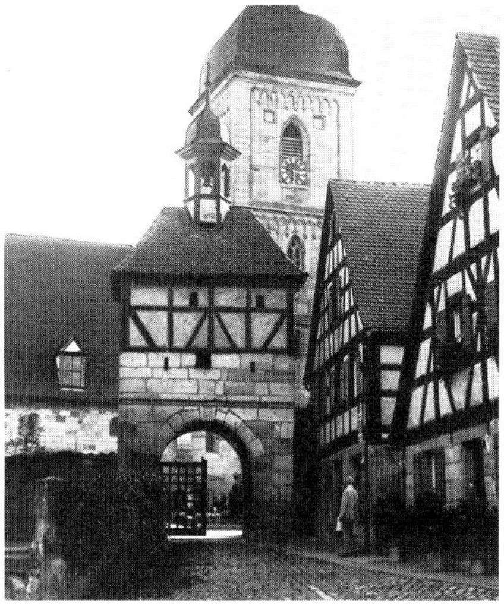
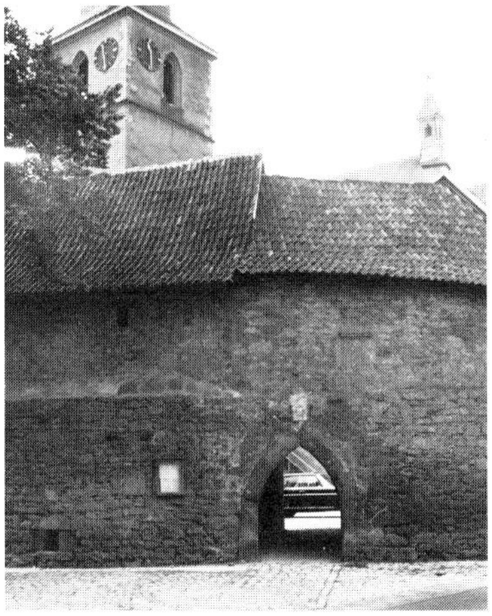
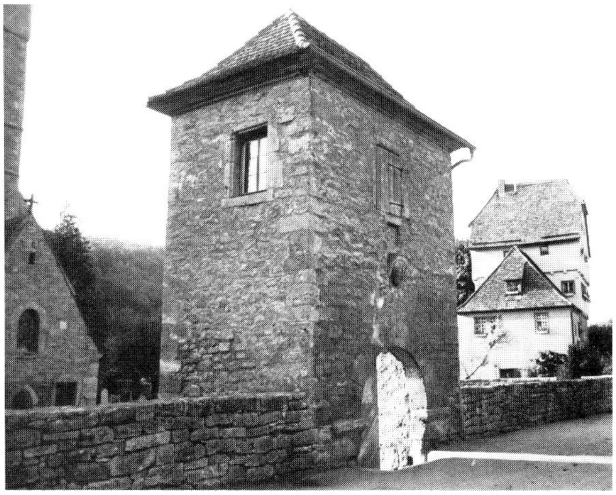
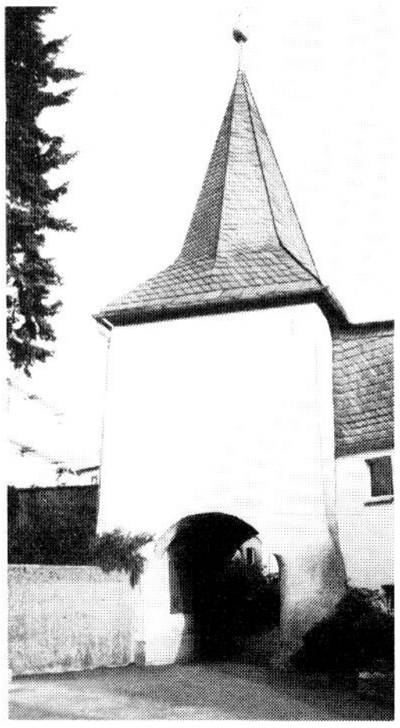

Wehrtürme

Gar manche Kirchenburg hat sich wenigstens noch einen der Wehrtürme erhalten, die früher die Ecken der Anlagen markierten.

Oben (von links nach rechts):
8551 *Hannberg. Auf die Wehrmauer aufgesetzter Verteidigungsturm, der im Untergeschoß von einem Gewölbebogen getragen wird.*
8741 *Heustreu. Eckturm der ehemaligen Wasserburg mit Zugang zum verlorengegangenen Wehrgang.*
8521 *Effeltrich. Eckturm der Kirchenburg mit Steinstufen als Zugang zum abgebrochenen Teil des Wehrgangs.*

Unten:
8745 *Ostheim. Hoher Eckturm mit bewohntem Wächter-Fachwerkgeschoß.*
8831 *Kinding. Eckturm neben kleiner Eingangspforte. Der Wehrgang führte direkt in den Turm.*
8741 *Nordheim. Ein einzelner Rundturm ist noch der letzte Rest der alten Ummauerung.*

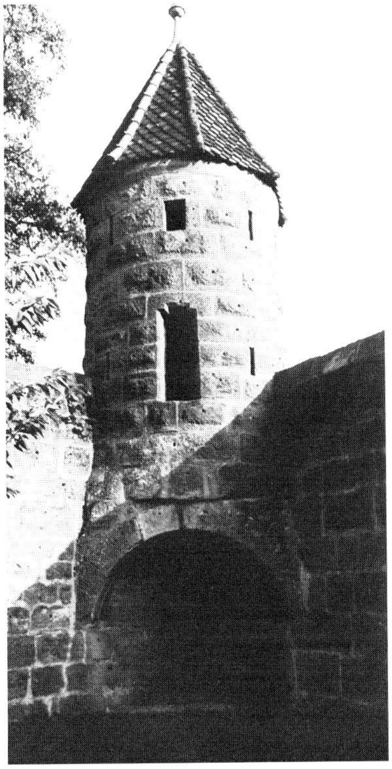
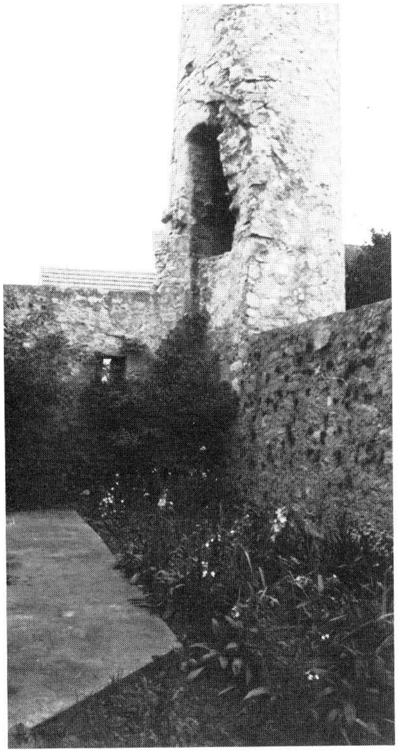
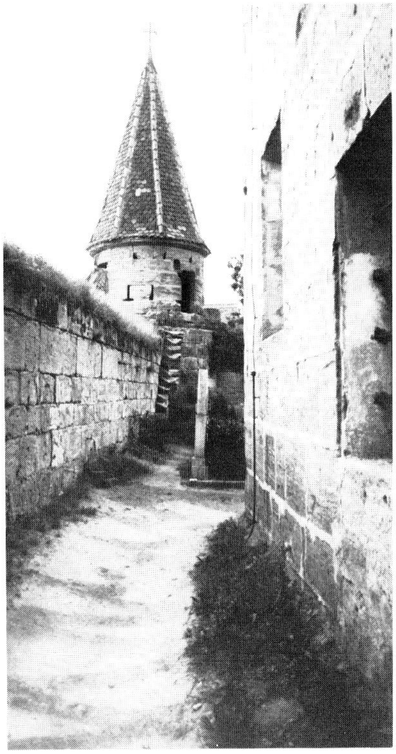
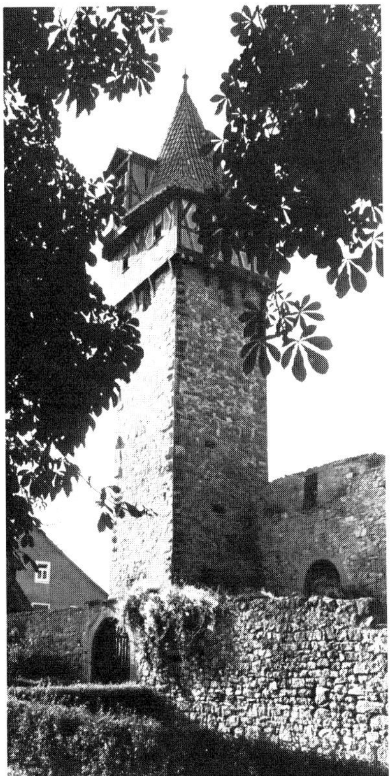
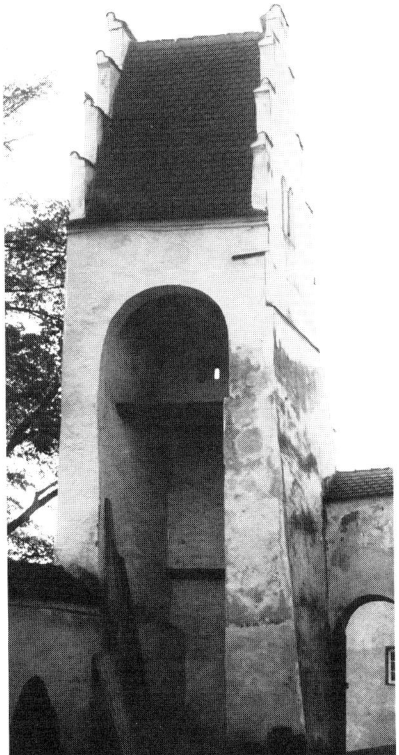
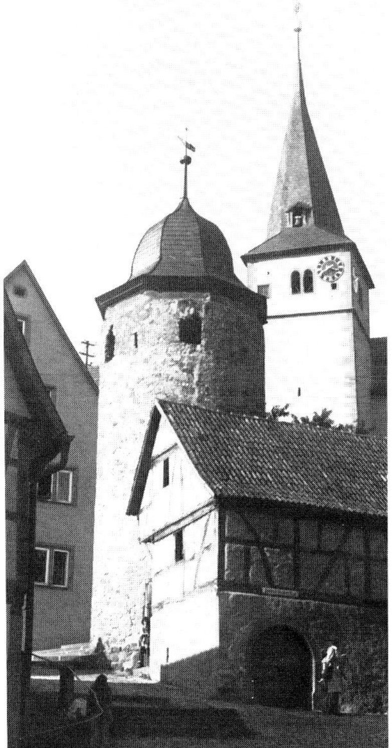

Kirchgaden

Viele dieser Versorgungsbauten für Notzeiten sind heute noch im Gebrauch, weil mindestens deren Keller meist sehr sorgfältig angelegt waren.

1. Reihe (von links nach rechts)
8711 Kleinlangheim. Gaden mit getrennten Kellerbauten.
8721 Geldersheim. Die gut instand gehaltenen Gaden werden heute noch wie eh und je benutzt (die beiden rechten Bilder).

2. Reihe
8741 Oberstreu hat die Mehrzahl seiner erhaltenen Gaden sorgfältig restauriert (die beiden linken Bilder).
8721 Zeilitzheim. Die restaurierten Gaden besitzen zum Teil sehr schöne Details wie geschnitzte Tore (die beiden rechten Fotos).

3. Reihe
8726 Gochsheim. Die noch benützten Gaden bedürfen dringend der Instandsetzung (das linke Foto und das Foto darunter).
8711 Kleinlangheim. Die tiefen Keller beherbergen heute oft Weinfässer (2. Bild).
8711 Hüttenheim. Keller und Gaden sind meist voneinander deutlich getrennt (die beiden rechten Fotos). Viele Gaden sind baufällig.

4. Reihe
8726 Gochsheim.
8711 Hüttenheim (die beiden rechten Fotos).
In Gochsheim befinden sich die Kellereingänge unter denen zu den Gaden. In Hüttenheim sind die Bauten voneinander getrennt.

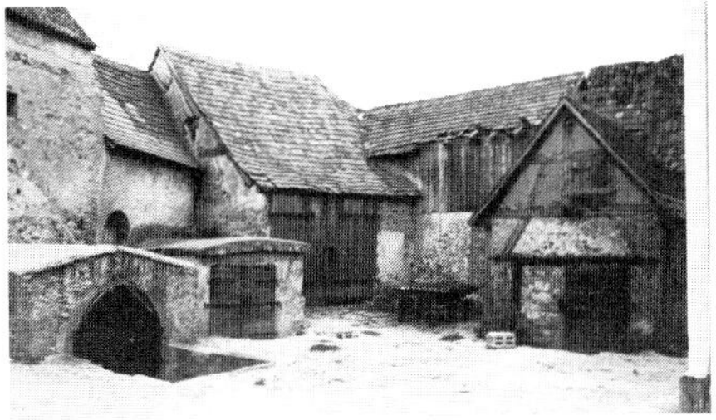
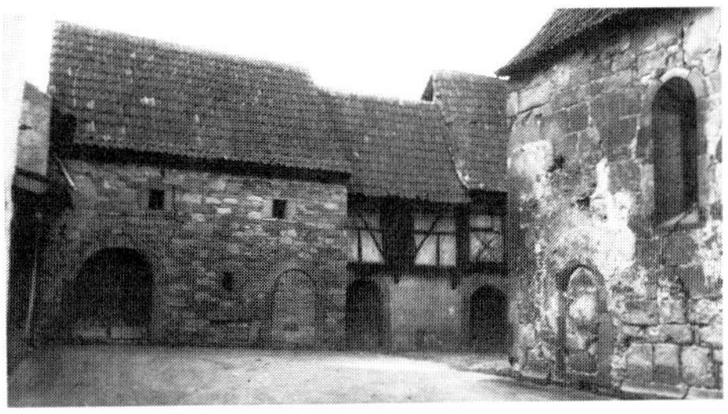
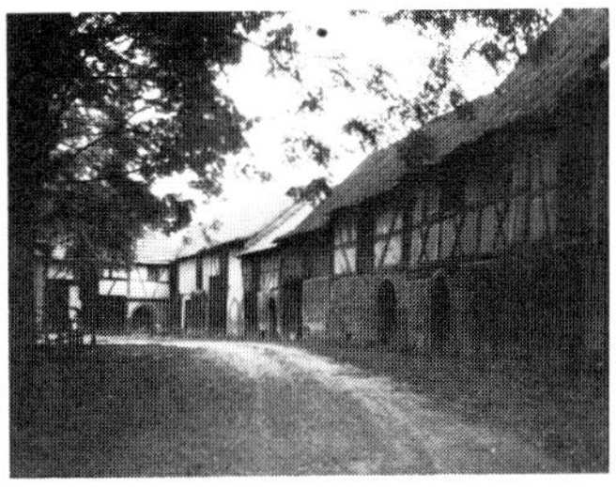
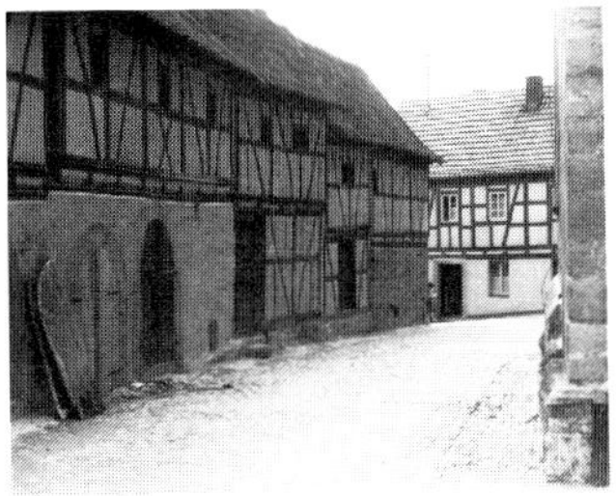
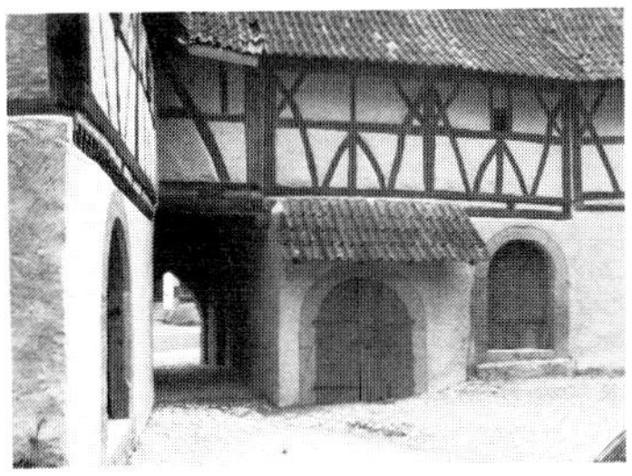
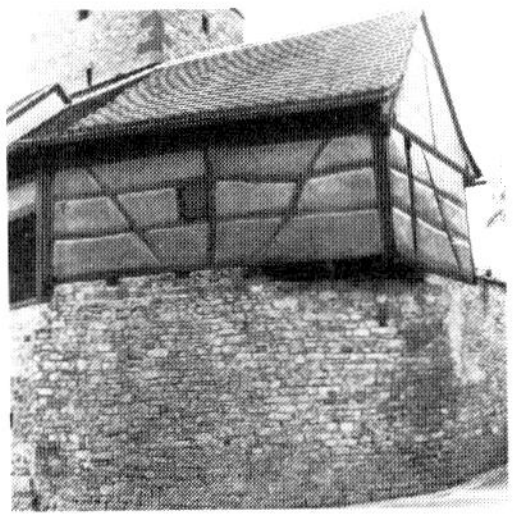
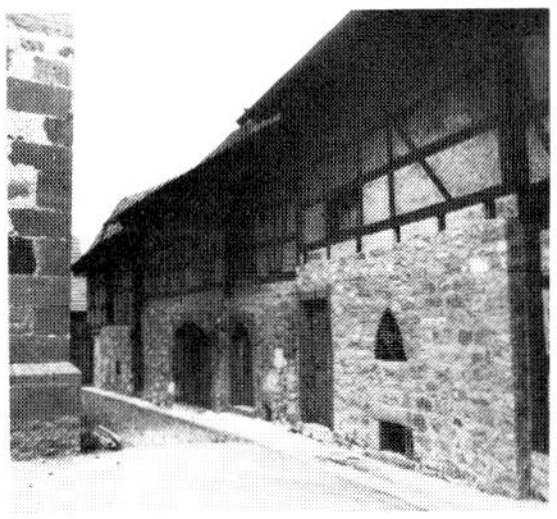
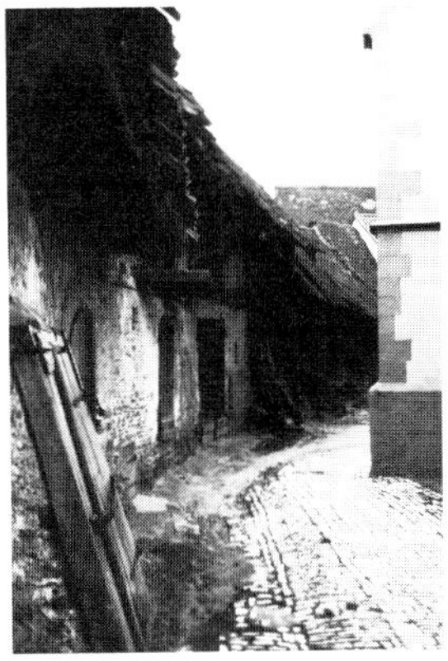
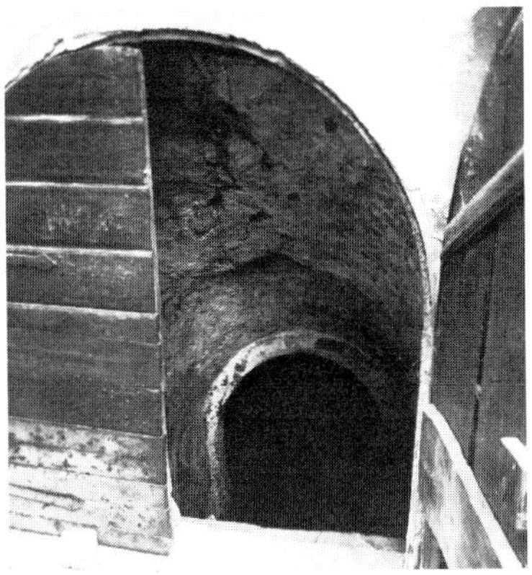
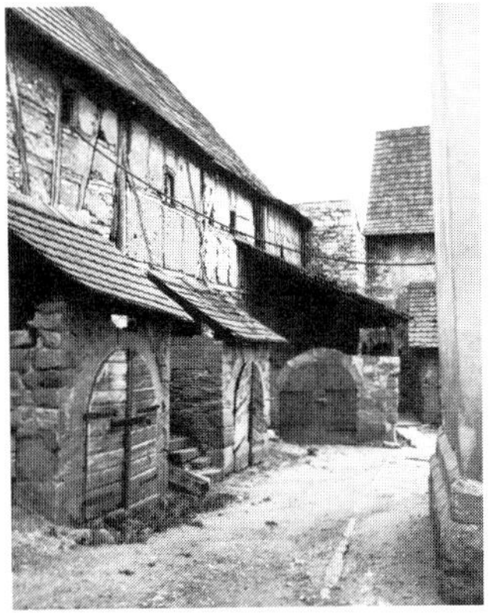
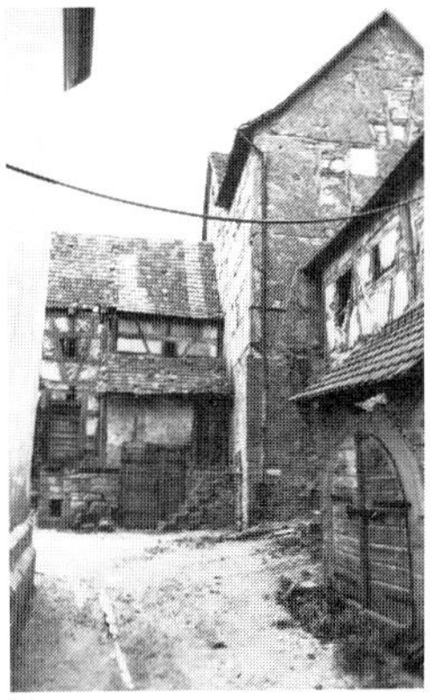
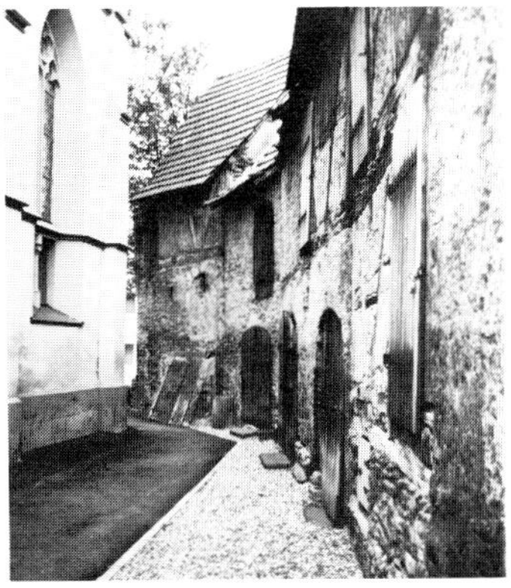
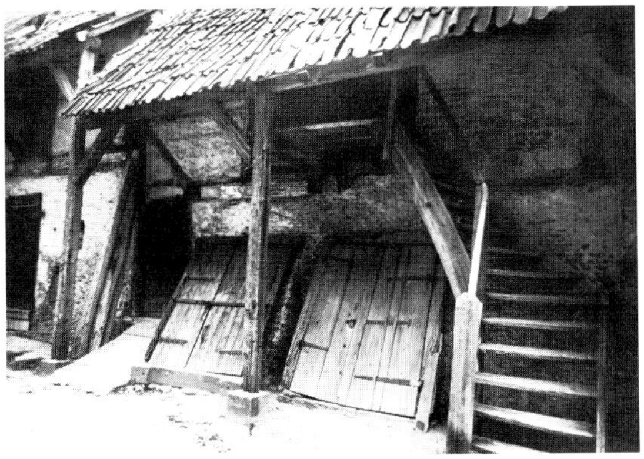
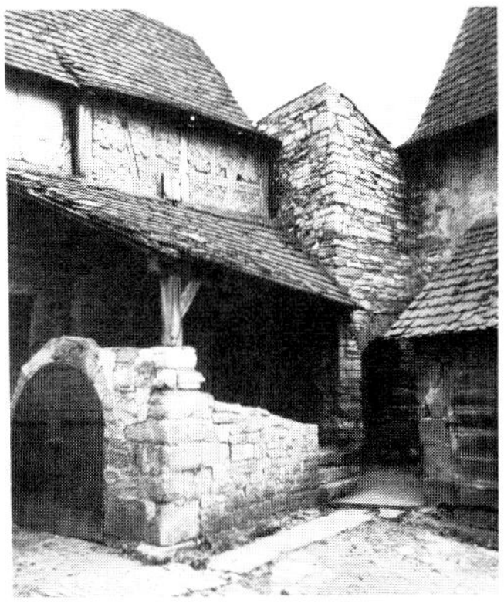

Wehrfriedhöfe

Alte Wehrfriedhöfe haben sich auch dort erhalten, wo die Mauern schon teilweise gefallen sind.

Oben (von links nach rechts):
6981 Urphar. Rund um den massigen Kirchturm liegen die Gräber.
6991 Wildentierbach. Ein mehrstöckiger Torturm schützt den Eingang zum Friedhof.
8521 Effeltrich. Umringt von der Wehrmauer liegen die Gräber der Gemeinde.

Mitte:
8831 Kinding. Ein ehemaliges Sakramentshäuschen am Beinhaus wurde zur Friedhofsleuchte.
8741 Stetten. Ein renovierter Rest des alten Befestigungsturms schützt die Gräber.

8801 Dettwang. Eine bemerkenswerte Friedhofsleuchte an der Pfarrkirche.
8541 Greding. Der Karner birgt in seinem Untergeschoß (hinter dem Holzgitter) noch die Totenschädel und Gebeine.

Unten:
8741 Hollstadt. Die Gräber liegen jetzt im ehemaligen Zwinger.
8500 Kraftshof. 37 Sarkophage geben dem Friedhof seinen eigenartigen Reiz.
8541 Landerzhofen. Das für die Gegend typische Torhaus und die Kirche bilden heute eine Einheit, die den Friedhof begrenzt. Die Mauer ist das Werk der letzten Restauration.

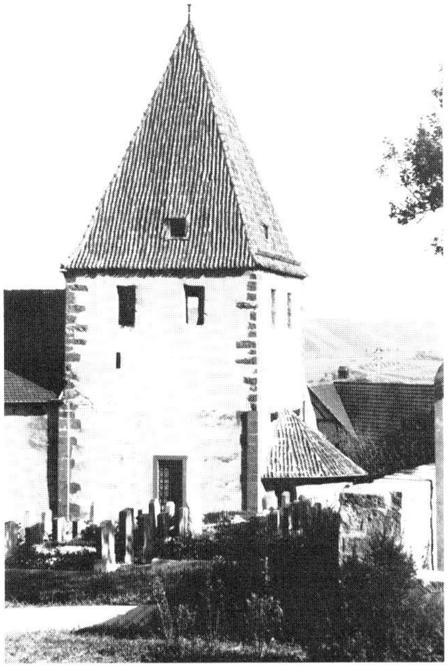
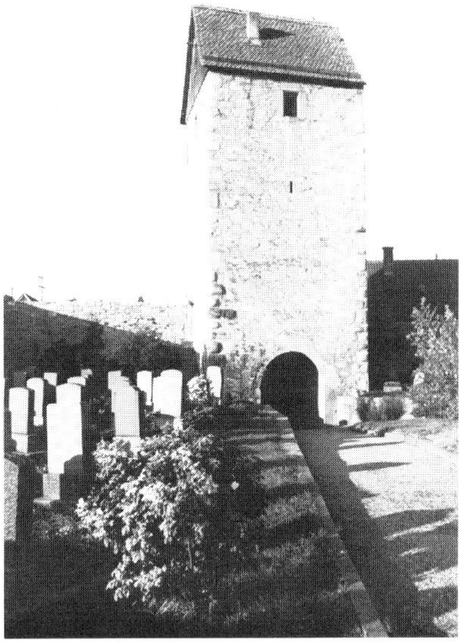
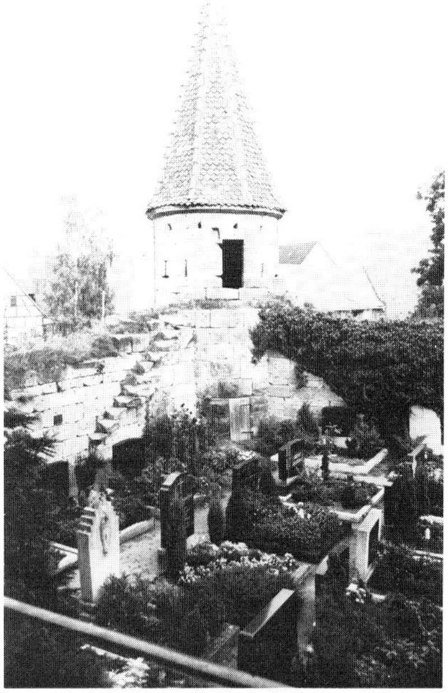
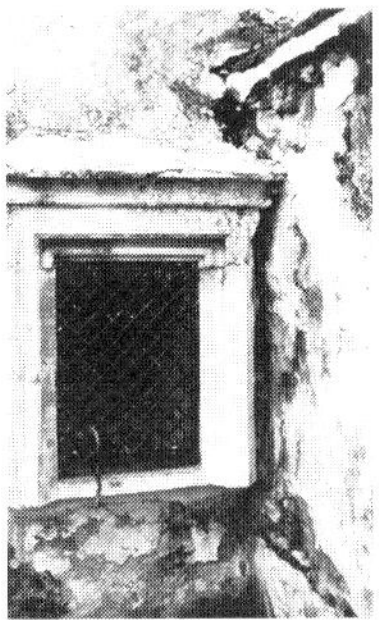
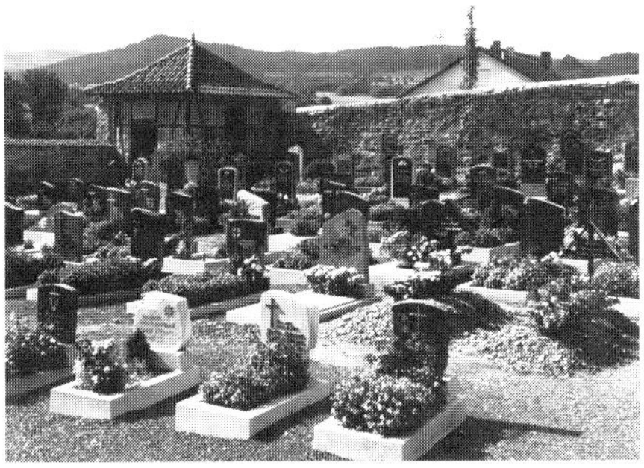
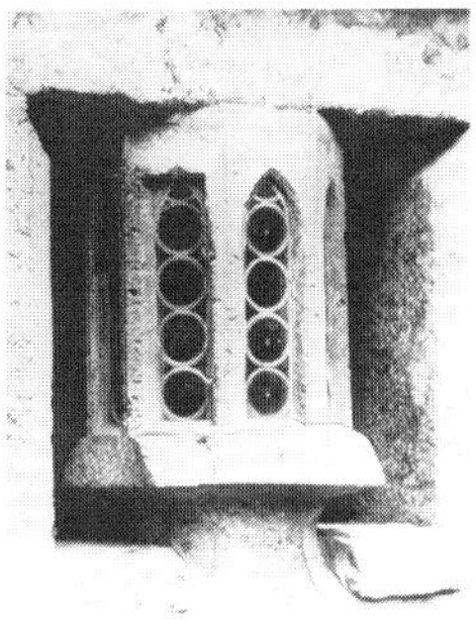
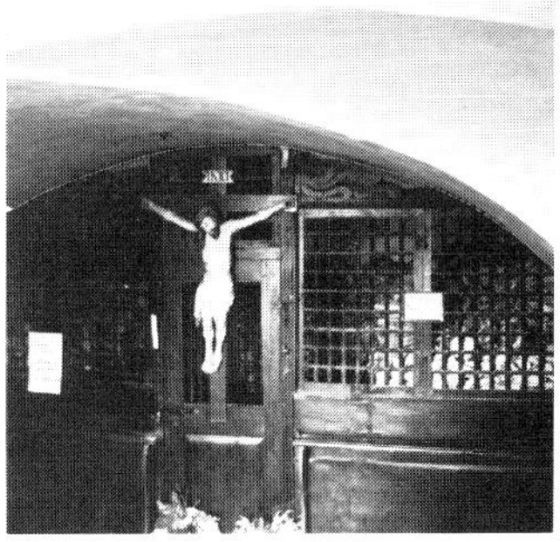
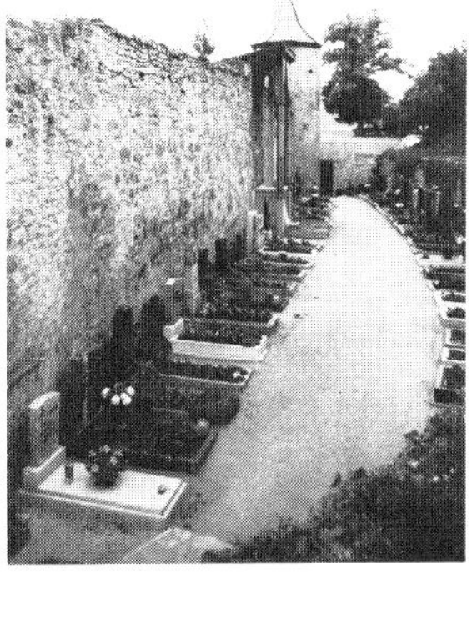
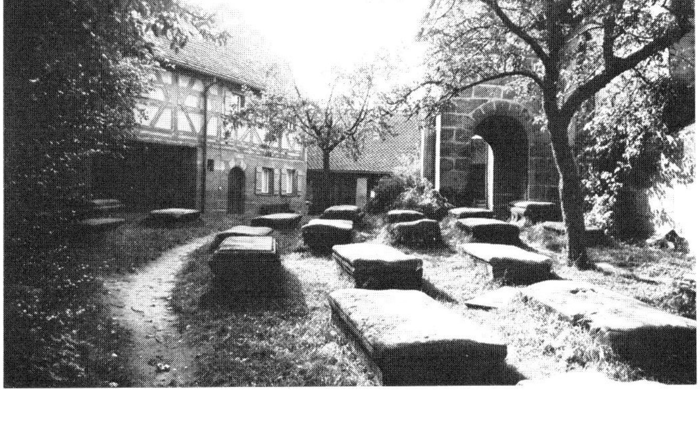
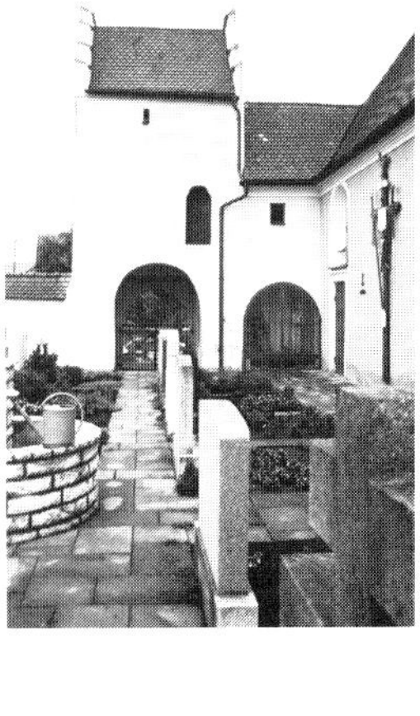

Verteidigungseinrichtungen

Schießscharten sind oft noch die letzte Erinnerung an die ehemalige Verteidigungskraft der Kirchenburgen.

Oben (von links nach rechts):
8741 Trappstadt. Eine verhältnismäßig einfache Schießscharte, aber mit Schrägwänden.
8802 Flachslanden (oberes Bild). Eine Doppelschießscharte.
F-67 Schleithal (unteres Bild). Aus zwei Steinen bestehende komplizierte Schießscharte für Feuerwaffen.
8701 Winterhausen. Die Ruine eines Rundturms enthält mehrere solche Schießscharten.

Mitte (beide Bilder):
8500 Kraftshof. Verschiedene Schießscharten und Schartenformen ermöglichen eine Rundumverteidigung.

Unten:
8802 Flachslanden. Schießscharten im Restmauerwerk, das eine neue Abdeckung erhalten hat.
8541 Landerzhofen. Tiefe Schlüsselschießscharte (bei der Renovierung verputzt).
8802 Flachslanden. Zugemauerte Schießscharte (an sich typisch für viele Chortürme), hier in der alten Wehrmauer.

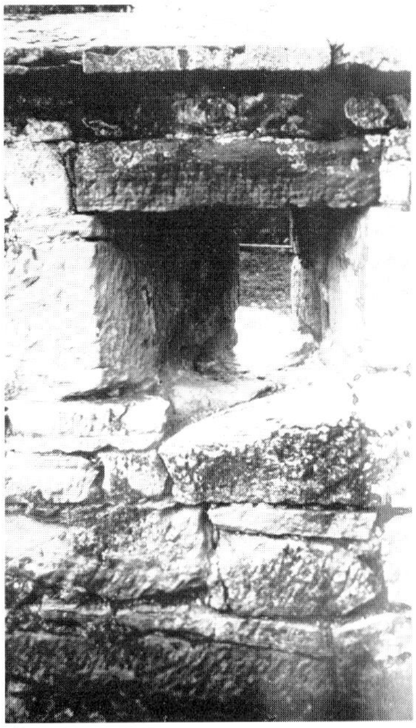
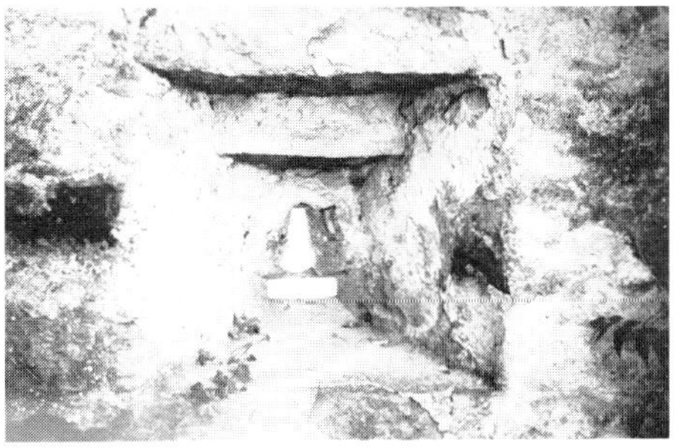
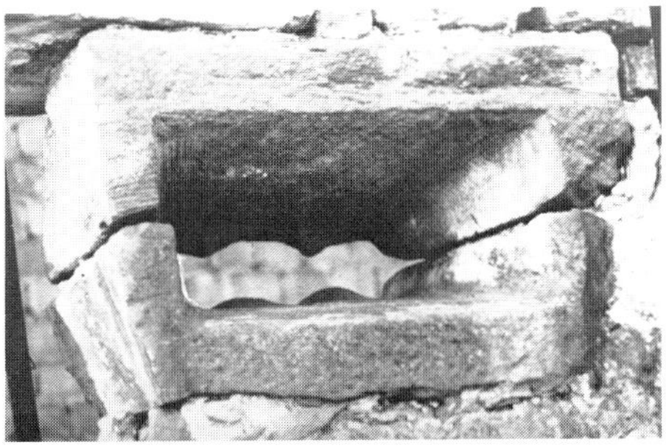
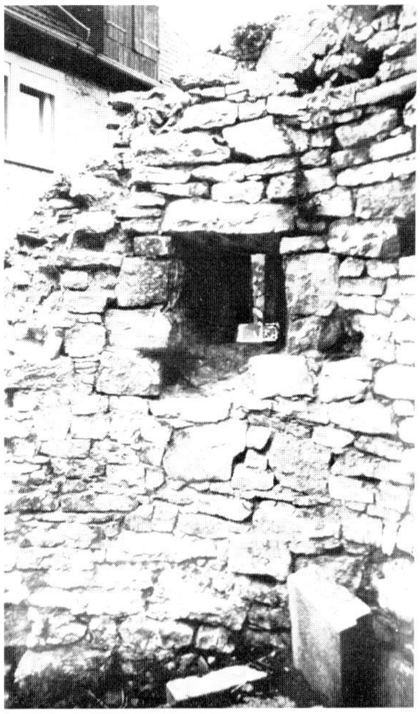
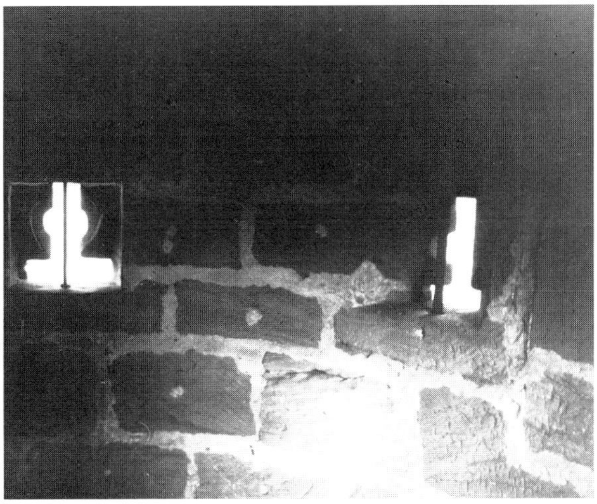
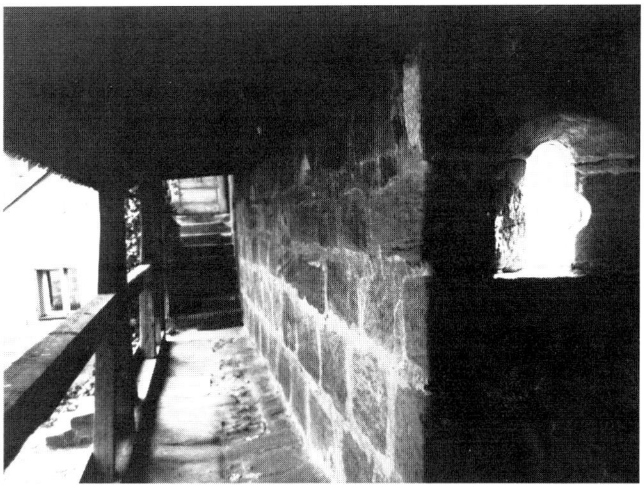
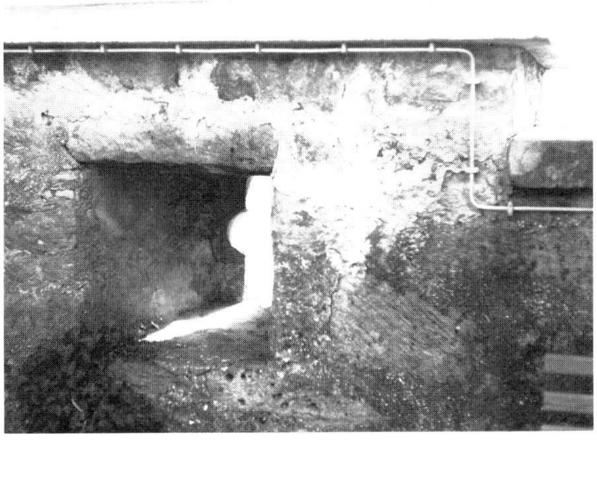
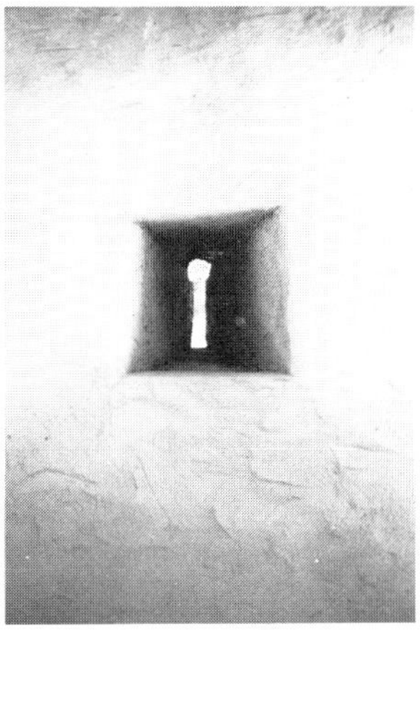
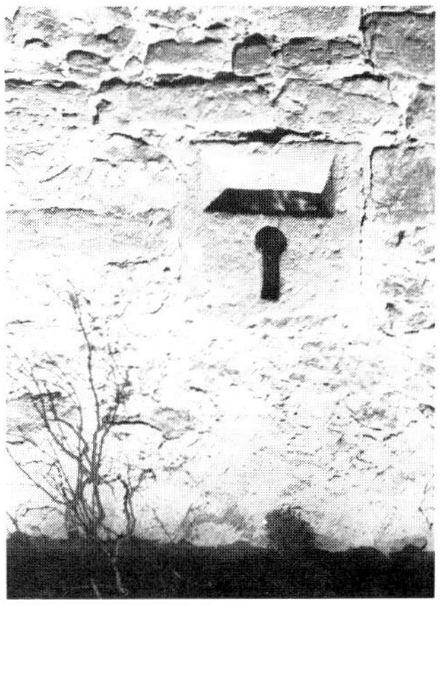

Worterklärung

Apsis (Apsiden)	= Kleiner, halbrunder Vorbau (Vorbauten) als Chorabschluß.
Basilika	= Bei den Römern Hallen, in denen Markt oder auch Gericht abgehalten wurde. Vom Christentum als Bezeichnung für drei- bis fünfschiffige Hallenkirchen mit überhöhtem Mittelschiff übernommen.
bastide	= Wehrdorf.
beffroi	= Entspricht etwa dem Bergfried.
Bering	= Mantelmauer, Ringmauer einer Kirchenburg.
Bulle	= Päpstliche Urkunde.
Burgstall	= Ruine einer Burg oder Platz einer völlig beseitigten Burg.
donjon	= Bewohnter Bergfried, turmartiges Schloß.
église fortifée	= Befestigte Kirche.
Gebück	= Unterholz, das den Schutz von Wall und Graben erhöhte.
Gießerker	= (Gußerker) ein Erker, durch dessen Bodenluke heißes Pech, siedendes Wasser, Pfeffer usw. auf einen angreifenden Feind geschüttet werden konnte.
»Inventare«	= siehe: »Kunstdenkmäler«.
Kampanile	= Freistehender Glockenturm, der mit der Kirche keine Einheit bildet.
Keeptower	= Siehe: donjon.
Kirchenschiff	= Siehe: Langhaus.
»Kunstdenkmäler«	= »Inventare« = Abkürzung für Bücher, in denen die »Bau- und Kunstdenkmäler« jeweils einer Stadt oder eines Landkreises inventarisiert sind. Siehe auch Literaturverzeichnis.
Langhaus	= Kirchenschiff: Innenraum der Kirche zwischen Fassade und Chor = Raum für die Gläubigen.
Maschikulis	= Ausgußöffnungen (siehe Gießerker) zwischen den Konsolsteinen des Wehrgangs. In Frankreich und Italien spezielle Architekturform.
Merian	= Zeichner vieler Städtebilder.
mezarabisch	= Maurisch beeinflußter Stil in Spanien.
Midi	= Südfrankreich.
Palisade	= Befestigung aus Pfählen.
Pfefferbüchse	= Siehe: Gießerker.
Refuges souterraines	= Unterirdische Schlupfwinkel.
Scharwachturm	= Turm für die Streifenwache.
Scharwachtürmchen	= Ecktürmchen an Stadt- oder Kirchtürmen, die für einen Wachposten bestimmt waren, aber zugleich auch Gießerker sein konnten, wenn sie genügend weit die Mauer überragten.
Synode	= Kirchenversammlung.
Zitadelle	= Hauptverteidigungsanlage einer Festung.
Zwinger	= Bereich zwischen Vor- und Hauptmauer einer Burg.

Zu den fränkischen Wehrkirchen und Kirchenburgen

Wenn wiederholt festgestellt wurde, daß zweifellos jede Chorturmkirche Wehrkirche war, so ergibt sich daraus, daß im nachfolgenden Katalog kein Anspruch auf Vollständigkeit erhoben werden kann. Man wird bei anderen Autoren für das eine oder andere Gebiet mehr und weniger Ortsnamen finden.

Alle Angaben haben darüber hinaus nur zeitlich begrenzte Gültigkeit; denn jede neue Fahrt zu den Wehrkirchen bringt Überraschungen. Einiges ist verschwunden, anderes restauriert, manchmal bis zur Unkenntlichkeit, anderes vorbildlich konserviert. Selbst ganze Kirchen werden abgerissen, neue entstehen.

Bei einigen Anlagen wird auf alte Berichte zurückgegriffen, um solche Veränderungen deutlich zu machen. Im ganzen wurde aber Wert darauf gelegt, den heutigen Zustand zu zeigen und nicht das, was sich aus alten Urkunden ergibt.

Das gilt auch für die Zeichnungen aus der Vogelschau. Sie geben ausnahmslos den heutigen Zustand der Kirchenburgen wieder. Zur Zeichnung mußte Zuflucht genommen werden, weil selbst durch Flugzeugaufnahmen kein solch deutliches und anschauliches Bild hätte vermittelt werden können. So leicht man eine Anlage wie Großwallstadt überschauen kann, so schwierig dürfte es sein, sich etwa in Geroldsgrün zurechtzufinden. In manchen Orten wurde der Grundriß gegenübergestellt, um in besonders schwierigen Fällen (etwa Mönchsondheim), das zu ergänzen, was selbst aus der Vogelperspektive unklar bleibt. Diese Zeichnungen veranschaulichen die Situation schneller, als es ein umfangreicher Text vermöchte. Zugleich vermitteln sie in ihrer Gesamtheit eine Vorstellung vom Zentrum eines mittelalterlichen Dorfes. Sie beweisen aber auch, daß mehr erhalten blieb, als man oft vermutet.

Auch bei der textlichen Beschreibung liegt das Hauptgewicht auf dem heutigen Zustand. Berichte über die ursprüngliche Anlage wurden nur in den seltensten Fällen aufgenommen. Von Erffa, Scheven, Weber usw. haben dagegen Orte aufgenommen, die gemäß Urkunde oder Überlieferung eine Wehrkirche gehabt haben müssen, von denen aber nichts übriggeblieben ist. Zählt man all die dazu, wird man die Tatsache bestätigt finden, daß nahezu jeder Ort eine mehr oder weniger befestigte Kirche besaß.

Ausgeklammert in dieser Liste sind alle Städte und befestigten Klöster, ebenso Schlösser, die eine Kirche bargen.

Daß die Abgrenzung zwischen großem Dorf, Markt und Stadt nicht immer einfach ist, liegt auf der Hand, zudem sind die meisten Orte erst später befestigt worden oder erhielten ihr Marktrecht, die Kirche aber war wie in Greding schon Jahrhunderte zuvor wehrhaft. Eine besondere Stellung nehmen die (heute) einsam liegenden Wallfahrtskirchen ein, die an kein Kloster angelehnt waren. St. Kunigund wurde für diese Art der Anlagen als Beispiel ausführlich beschrieben.

Rein technisch hat sich das Auffinden alter Wehrkirchen durch die Eingemeindungen und Kreiszusammenlegungen erheblich erschwert. Überall dort, wo der Ortsname auch am Ortsschild erhalten blieb und erst darunter die Gemeinde genannt wird, zu der er heute gehört, ergeben sich fast keine Probleme. Überall dort aber, wo man umgekehrt beschriftet hat, wird es manchmal schwierig.

In der nachfolgenden Liste werden alle alten Bezeichnungen gewählt und jeweils die Postleitzahl davorgesetzt. Das soll nicht nur die Suche vereinfachen, sondern zugleich die gleichnamigen Orte unterscheiden. Es wäre unmöglich, z. B. Eichel, Urphar, Waldenhausen, Dertingen usw. unter »Stadt Wertheim« aufzuführen (oder etwa all die Orte mit Wehrkirchen, die heute zu Iphofen gehören). Um aber auch dieser Situation gerecht zu werden, wurde die neue Zugehörigkeit zu einer Großgemeinde überall dort jeweils in Klammer vermerkt, wo es notwendig erschien.

Ähnliche Schwierigkeiten ergeben sich bei der Benutzung der »Kunstdenkmäler« (Inventare). Nicht nur die alten (Vorkriegsausgaben) sind nach den ehemaligen königlich-bayerischen Bezirksämtern eingeteilt, sondern auch die neuen (wie Scheinfeld). Notgedrungen mußte man bei dieser Einteilung bleiben, wenn man sowohl Lücken wie Überschneidungen vermeiden wollte. In beiden Fällen dürften die Postleitzahlen helfen, die sich weder an alten noch an neuen Kreisen orientieren und die zudem die Ortszusammengehörigkeiten deutlich machen. Das gleiche gilt für die Orte an der Zonengrenze, die in alten Bänden der thüringischen Kunstdenkmäler behandelt wurden.

Wehrkirchen im Raum Fulda

6441 *Bieberhausen.* Neben der neuen Kirche der massive alte Turm mit Schlitzscharten und vier erneuerten Scharwachtürmchen.

6411 *Dietershausen.* Kath. Pfarrkirche St. Bartholomäus. Der wehrhafte westliche Turm ist älter als die spätgotische Kirche. Rechts am Turm runder Treppenturm. Die Kirchhofbefestigung mit Mauerstützen ist an zwei Seiten erhalten.

6411 *Florenberg,* Gemeinde Künzell (früher Engelhelms). Kath. Pfarrkirche St. Flora und St. Kilian. Der älteste Teil ist der mächtige romanische Turm, der zur Zeit des Kirchenbaus 1501–1515 im Untergeschoß gotische Fenster erhielt. Die Kirchhofbefestigung – wohl ursprünglich ein Rundling – ist zum Teil erhalten.

6402 *Großenlüder.* An einem Chorturm, der mit seinem halben Sechseck mehr als Turm erscheint denn als Chor, hängt das kleine Kirchlein, eine in ihrer Art einzigartige Wehrkirche, die nur in Krailshausen eine allerdings einfachere Parallele hat.

6411 *Habel.* Die heutige ev. Filialkirche stammt aus dem Barock (1781/82). Von der wehrhaften Kirchhofmauer der früheren Kirche sind Reste am Kirchberg erhalten.

6401 *Haimbach.* Kath. Pfarrkirche St. Markus. Das kellerartige Gewölbe unter dem Altarraum gehörte möglicherweise zur Krypta des karolingischen Gründungsbaus. Romanischer Westturm aus dem 12. Jahrhundert, Langhaus gotisch. Die Mauer des Wehrfriedhofs um die Kirche ist völlig erneuert.

6411 *Hofbieber.* Kath. Pfarrkirche St. Georg vom Ende des 19. Jahrhunderts. Von der alten Kirchhofbefestigung stehen noch geringfügige Reste und das »Totentor. Das in alten Berichten genannte Langenbieber besitzt keinerlei Wehranlagen mehr.

6401 *Kämmerzell.* Die neue kath. Pfarrkirche St. Godehard (1802–1804) ist von Resten einer Kirchhofbefestigung mit Mauerstreben umgeben.

6419 *Kirchhasel,* Kreis Hünfeld. War ursprünglich Würzburger und später fuldaischer Besitz. Zunächst galt die St. Georg geweihte Kirche als Filiale von Rasdorf (der benachbarten klösterlichen Kirchenburg). Durch die 1947/50 gebaute neue Georgskirche, die sich unmittelbar an den alten Bau anlehnt, wurde vieles verändert. Auch von der alten Wehrmauer sind nur noch Reste am Hang erkennbar. Dennoch behauptet sich auch in der neuen Umgebung der wuchtige alte Turm. Die alte Kirche, die nicht breiter als der Turm ist, wurde Jugendheim, der alte Turm Sakristei. Die Umbauten haben die Fundamente einer Apsis zutage gefördert, und zwar an der Stelle des Turms. Das bedeutet, daß der wehrhafte Turm aus dem 13. Jahrhundert schon einen Vorgängerbau hatte.

6411 *Lahrbach.* Die kath. Pfarrkirche St. Johann Baptist besitzt einen wehrhaften Turm (in den oberen Stockwerken von 1523) mit später hinzugekommenem eigenartigem Dach. Reste der Kirchhofbefestigung erkennbar. Möglicherweise gehörte ursprünglich die steinerne Bogenbrücke mit zur Anlage (»Larbach« = Wiesenbach).

6401 *Löschenrod.* Kath. Filialkirche St. Bartholomäus – ein kleiner seltener Bau von 1386 im Fuldaer Land. Balkenlöcher zum Vorraum wie die Beschaffenheit des Turms lassen eine Wehrkirche vermuten. Löschenrod gehörte zu Florenberg.

6411 *Lütter.* Kath. Pfarrkirche zum Heiligen Kreuz. Anfang 20. Jahrhundert. Das gotische Turmuntergeschoß war früher Altarraum. Die gewaltigen, später hinzugefügten Stützen lassen den Turm besonders wuchtig erscheinen. Von der alten Wehrmauer des Kirchhofes sind, zusammen mit einem offenen Rundturm westlich der Kirche, bis zu 4 Meter hohe Reste erhalten. Die Anlage um die Kirche wurde zu einem kleinen Park umgestaltet.

6401 *Maberzell.* Das Langhaus der alten kath. Pfarrkirche St. Vinzenz (neben dem Neubau) stammt von 1847. Der zweigeschossige mittelalterliche Wehrturm besitzt Schlitzfenster. Im Turmuntergeschoß – ehemals Altarraum – mit Tonnengewölbe blieb noch eine gotische Sakramentsnische erhalten. Die Kirchhofbefestigung mit starken Mauerstützen wurde 1953 zum Teil erneuert.

6411 *Marbach.* Kath. Pfarrkirche St. Aegidius von 1922/23. Der breite Wehrturm mit einfachen Schlitzfenstern stammt aus dem Mittelalter. Geringe Reste der alten Wehrmauer sind erhalten.

6411 *Margretenhaun* am Margretenberg (heute Teilgemeinde von Petersberg). Kath. Pfarrkirche St. Margarete, ein Bau vom Ende des 15. Jahrhunderts. Der Chor hat Stützpfeiler, von denen einer die Jahreszahl 1487 trägt. Der vermutlich ältere Turm steht an der Nordostseite der Kirche. Dachaufsatz aus späterer Zeit. In der westlichen Giebelwand der Kirche sitzen zwei Schießscharten und zwei Einsteinfenster. Absätze im Kirchenschiff lassen den für die Schießscharten notwendigen Umgang vermuten. Die Kirchhofbefestigung mit starken Mauerstützen an der Süd- und Ostseite ist gut erhalten. Schrifttafel und Ornamentsteine (eine Gans) sind mit eingemauert. Eine Tafel von 1689 nennt zwei »Bauleut«. An einer anderen ist die Jahreszahl 1789 zu erkennen, die Zeit, in der auch die Madonna auf die Kirchhofpforte kam.

6411 *Niederbieber.* Heute steht nur noch der ehemalige Wehrturm mit zehn Schlitzscharten wie ein Kampanile allein in einer kleinen Parkanlage. Auf die andere Seite des Baches wurde das moderne Kirchengebäude gestellt.

6411 *Niesig.* Kath. Filialkirche St. Ottilia von 1900/08. An der Ostseite der Kirche sind Teile der alten Wehrmauer erhalten.

6401 *Oberbimbach.* Kath. Pfarrkirche St. Laurentius. Ein Bau aus dem Jahre 1843, besitzt einen mittelalterlichen Wehrturm mit romanischem Einsteinfenster. Im Untergeschoß zwei zugemauerte Rundbogenfenster. Um die Kirche ist die Mauer des alten Wehrfriedhofes und ein runder Eckturm teilweise erhalten. Ein weiterer Turm auf der Nordseite (»Burgrain«) wurde um 1850 abgerissen. Neben dem erhaltenen Turmrest unter dem Haus Nr. 37 wurde ein gewölbter Keller, der sich bis unter den Friedhof hinzieht, zugemauert. Dort stand auch ein viereckiger Turm, der 1868 abgebrochen wurde, vielleicht ein Rest einer früheren, mit dem Wehrfriedhof verbundenen Burg.

6441 *Rasdorf.* Diese sehr interessante und oft genannte Anlage liegt nicht nur räumlich (wie das 5 km nördlich liegende Soisdorf) außerhalb des Gebiets, sondern ist als ehemalige Klosterburg unter anderen Voraussetzungen entstanden.

GOCHSHEIM

6411 *Ried*. Kath. Filialkirche St. Kilian aus dem Jahre 1933. Von der damals abgerissenen mittelalterlichen Wehrkirche blieb der wehrhafte Turm mit Schießscharten erhalten. Die Kirchhofbefestigung mit rundbogigem Tor hat allerdings nicht mehr die ursprüngliche Höhe. In der Mauer ringsum Nischen für Kreuzwegstationen (siehe auch Sulzfeld und Bischberg).

6401 *Rückers*. Kath. Pfarrkirche Mariä Himmelfahrt, ein Bau von 1892/93. An der Ost- und Südseite der Kirche sind kleine Reste der Kirchhofbefestigung mit Schlitzen erhalten.

6427 *Bad Salzschlirf*. Kath. Pfarrkirche St. Vitus von 1728. Turm und Teil des Schiffes stammen von einem Dientzenhoferbau aus dem Jahre 1702. Die Kirchhofbefestigung mit Stützmauern ist am Steilhang erhalten, sonst z. T. durch neue Anlagen ersetzt.

6419 *Schwarzbach*. Die kath. Pfarrkirche St. Maria vom Berge Karmel (1912/14) besitzt noch den alten wehrhaften Chorturm, mit neuer Bedachung. Im massiven Unterbau wurde jetzt die Taufkapelle eingerichtet.

6411 *Schmalnau*. Kath. Pfarrkirche St. Martin von 1754–1757. Die Kirchhofbefestigung ist teilweise erhalten. (Steinmetzzeichen an den Portalen.)

6411 *Simmershausen*. Kath. Pfarrkirche St. Johann Baptist. Ein einfacher Bau von 1597–1613, der Turm stammt aus dem Jahre 1887. Die Wehrmauer des Kirchhofs nur noch teilweise erhalten. An ihrer südlichen Außenseite ist eine einfache steinerne Sakramentsnische mit Spitzbogen und Jahreszahl 1584 eingelassen.

6411 *Traisbach*. Kath. Filialkirche St. Sebastian, ein moderner Bau von 1926/27. »Die alte Dorfkirche blieb in der Ortsmitte erhalten und bietet eines der wenigen Beispiele spätmittelalterlicher Dorfkirchen im Fuldaer Land. Der wehrhafte eingezogene Ostturm mit... der Innenraum ist leider dem Verfall preisgegeben«, so ist es in einem alten Inventar zu lesen. Übriggeblieben ist heute nur noch der Wehrturm.

Wehrkirchen im Raum Neustadt (Saale)

8740 *Brendlorenzen* (bei Bad Neustadt/Saale). Kath. Pfarrkirche Johann Baptist, einer der ältesten deutschen Kirchenbauten karolingischen Ursprungs, der schon 823 erwähnt wurde. Die einschiffige, kreuzförmige Chorturmkirche, deren Vierung und Langhaus flach gedeckt und heute gleichhoch sind, ist vorromanisch. Die alte Wehrmauer ist größtenteils einer modernen Ummauerung gewichen. Der Torbogen stammt von 1600. An den alten Wehrcharakter erinnert nur noch eine Schlüsselscharte im Turm und die kleinfenstrige Nordwand des Langhauses. Brendlorenzen war Urpfarrei für 16 Tochterpfarreien, zu denen die Kirchen bis Mittelstreu im Norden und Geroda im Süden gehörten. Auch Neustadt selbst war eine Tochterpfarrei von Brendlorenzen.

Die Kirche St. Laurentius am Ortsausgang in Richtung Leutershausen besitzt eine sehr hohe kürzlich restaurierte Wehrmauer, die »Kunstdenkmäler« sprechen von »Gnadenmauer«. Der heutige, wohl durch die übliche Vergrößerung des Langhauses sehr eng gewordene Platz um die Kirche, läßt das nicht vermuten. Spitzbogenpforte, daneben kreisrunde Schießscharten in niedriger Höhe, wie für Kanonen geschaffen.

8741 *Filke*. Nordwestlich des Dorfes liegt in einer sumpfigen Senke unmittelbar an der jetzigen Zonengrenze die Ruine Bischofs oder Mauerschedel. Von dem ehemaligen Rundling mit ungefähr 35 m Durchmesser sind nur bis 1 m hohe und 1,10 m starke Mauern übriggeblieben. Zweifellos besaß dieser Rundling im Innern Gaden. Zwölf sind noch deutlich erkennbar. Der Chorturm der Kirche ist als etwa 10 m hohe Ruine erhalten, ebenso kleine Reste des Langhauses. Das Mauerwerk aus bearbeiteten Steinblöcken und Bruchsteinfüllwerk dürfte aus dem 12. Jahrhundert stammen, ebenso die Reste der Ringmauern. Urkundlich wird bereits im Jahre 1424 von einer Ruine gesprochen. Ob in Verbindung mit der befestigten Kirche ein Dorf bestanden hat, ist nicht nachzuweisen. Die Gaden sind aber ohne Dorf nicht gut denkbar; denn alle außerhalb eines Ortes liegenden Wallfahrtskirchen hatten keine Gaden, weil sie keine brauchten. Eine Ruine, das Pfaffenhaus, liegt 50 m östlich der Kirchruine. Ihr Name deutet auf einen Zusammenhang mit Mauerschedel.

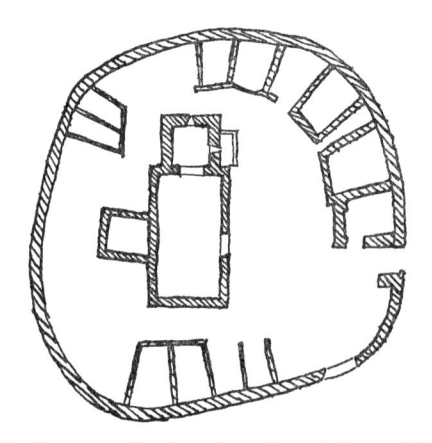

Der heute noch erkennbare Grundriß von Filke

8741 *Heustreu*. Die ehemalige kath. Pfarrkirche Dreikönig wurde durch den Neubau (Hans Schädel) »Zu den heiligen Engeln« abgelöst. Nur der Echter-Turm blieb erhalten. Der Kirchplatz war befestigt und rings vom Wasser umspült. Die Mauer ist noch teilweise erhalten und läßt da und dort die früher angebauten Gaden erkennen. Auch ein Teil des Zwingers ist noch vorhanden. An der Westseite stehen zwei Rundtürme mit Kegeldach, deren Efeuüberwucherung ihnen den Namen »Grüne Türme« eingetragen hat. Die ungewöhnliche Lage – inmitten des Orts – am Wasser ergibt sich aus der historischen Entwicklung. Die Kirche steht inmitten des Wasserschlosses der »Edlen von Heustreu«, die schon früh ausgestorben sein müssen, denn das Kirchturmuntergeschoß stammt aus dem 14. Jahrhundert, darüber ragt ein Julius-Echter-Turm.

Die frühere Pfarrkirche von Heustreu war zweifellos St. Michael auf dem Berg – ähnlich wie heute noch in Dombühl. Das Turmuntergeschoß von St. Michael gehört dem

HERRNSHEIM

14. Jahrhundert an, das Langhaus wurde um 1576 neu erbaut. Der alte Bau muß schon um 1300 ein Holzkirchlein als Vorgänger gehabt haben. Die jetzige Kirche besitzt eine Außenkanzel. Die Kirchhofbefestigung – ein Rundling – ist gut und teils in alter Höhe erhalten, innen

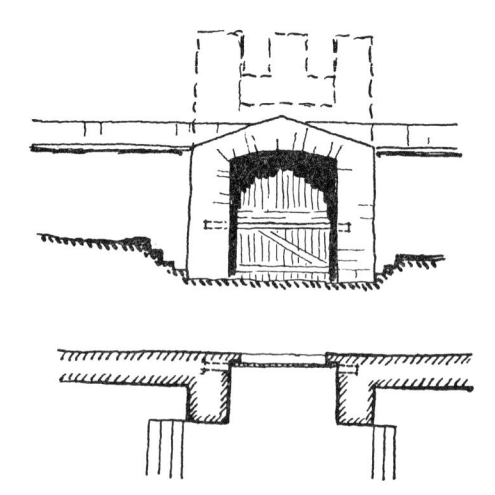

Das heute von Pflanzen überwucherte Friedhofstor von St. Michael soll früher eine Zinnenbekrönung getragen haben (gestrichelte Linien). Auch Ansätze für einen Wehrgang besitzt die Mauer noch.

etwa eineinhalb Meter, außen drei Meter und mehr. Kragsteine sind die Reste eines Wehrgangs. Das alte Eingangstor soll stark befestigt gewesen sein. Der Michaelsberg ist heute noch Wallfahrtsstätte. Der Friedhof blieb bei St. Michael, als man im Ort die neue Kirche errichtete.

8741 *Hollstadt.* Die alte kath. Pfarrkirche St. Jakob von 1600 wurde durch einen modernen Neubau (van Aaken) ersetzt. Erhalten blieb der Turm von 1610. Um die Kirche befestigter Friedhof, dessen annähernd quadratische Anlage z. T. von einem etwa 6 m breiten Zwinger umgeben wird, den eine starke Bruchsteinmauer umschließt. Die Befestigungsmauer ist etwa 4 m hoch und war an den vier Ecken durch Rundtürme mit T-förmigen Schießscharten verstärkt. In der Mitte der Südseite dreigeschossiger Torturm mit Rundbogentor vom Ende des 16. Jahrhunderts. Das daran anschließende Haus mit Treppengiebel wurde gut restauriert. Der Zwinger wird heute als Friedhof benützt.

8741 *Mittelstreu.* Kath. Pfarrkirche St. Johann Baptist, deren ursprünglicher Chorturm in seinem Unterbau aus der zweiten Hälfte des 13. Jahrhunderts stammt. Das Langhaus wurde im Laufe der Jahrhunderte mehrmals verändert und vergrößert. Um die Kirche haben sich ein Teil der alten Befestigungsmauer und einige Gaden erhalten, die schon 1358 urkundlich erwähnt sind. Die heute erhaltenen dürften aber vom Ende des 16. Jahrhunderts stammen. Zweifellos befinden sich auch noch alte Gadenkeller im Kirchhofterrain. Der Eingang zum Friedhof ging durch die Gadenbauten wie in Oberstreu. Schießscharten beweisen die Verteidigungsbereitschaft. Zum Friedhof gehörte ein Karner.

8741 *Nordheim vor der Rhön.* Kath. Pfarrkirche Johann Baptist. So nützlich die Inventarbände Bayerns für diese Arbeit waren, Hinweise auf Wehrkirchen und Friedhofsbefestigungen kann man in älteren Bänden oft nur indirekt finden. Ein typisches Beispiel sind die Bau- und Kunstdenkmäler des ehemaligen Bezirks Mellrichstadt, der 1921 erschien und außer dem Hinweis, daß es sich ursprünglich um eine Chorturmkirche handelte (heute nicht mehr erkennbar) nichts enthält, was eine Wehrkirche vermuten ließe. Es wird zum Schluß lediglich berichtet, daß »die Ummauerung des Marktes größtenteils erhalten« sei und von »den früheren vier Toren nur noch das untere Tor« stehe, ein Fachwerkbau mit rundbogiger Durchfahrt«. Im beigegebenen Lageplan nach dem Katasterblatt zeichnet sich zwar die alte Kirchenburg ganz deutlich ab, es erfolgt aber keinerlei Hinweis darauf. Elf Jahre später aber schreibt Weber in seiner Dissertation über thüringische Wehrkirchen folgendes (Nord- und Ostheim gehörten früher zu Thüringen):

Die Wandlung, die das Turmdach in Oberstreu im Laufe der Jahrhunderte durchmachen mußte. Peter Pottler hat solche Rekonstruktionen aufgrund der archivarischen Berichte erstellt. Die heutige Form – die welsche Haube – erhielt das Dach nach dem Dreißigjährigen Krieg. Die Zeichnung in der Mitte zeigt den Juliusturm. Ganz rechts dann das Satteldach von 1608, das Pottler aus der Angabe »zwen Gibeln mit Ziegeln bedacht« ableitet. Ein Satteldach mit zwei Giebeln kann man sich aber auch anders vorstellen (Siehe Zeichnung darüber). Selbst wenn die seitlichen Gauben wegfallen, bleiben immer noch zwei Giebel. Dennoch hat Pottlers Vorstellung durchaus ihre Berechtigung, so ungewöhnlich sie im ersten Augenblick aussehen mag. Solche Turmdächer gab es in Franken mit Sicherheit. Allerdings läßt sich nicht mehr feststellen, ob sie weit verbreitet waren. Alle drei Formen sind aber jüngere Konstruktionen. Ihre Vorgänger müßte man sich sicher wehrhafter vorstellen.

MÖNCHSONDHEIM

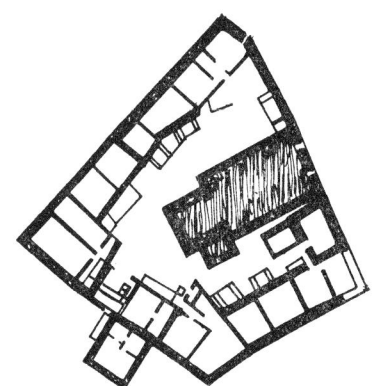

Map

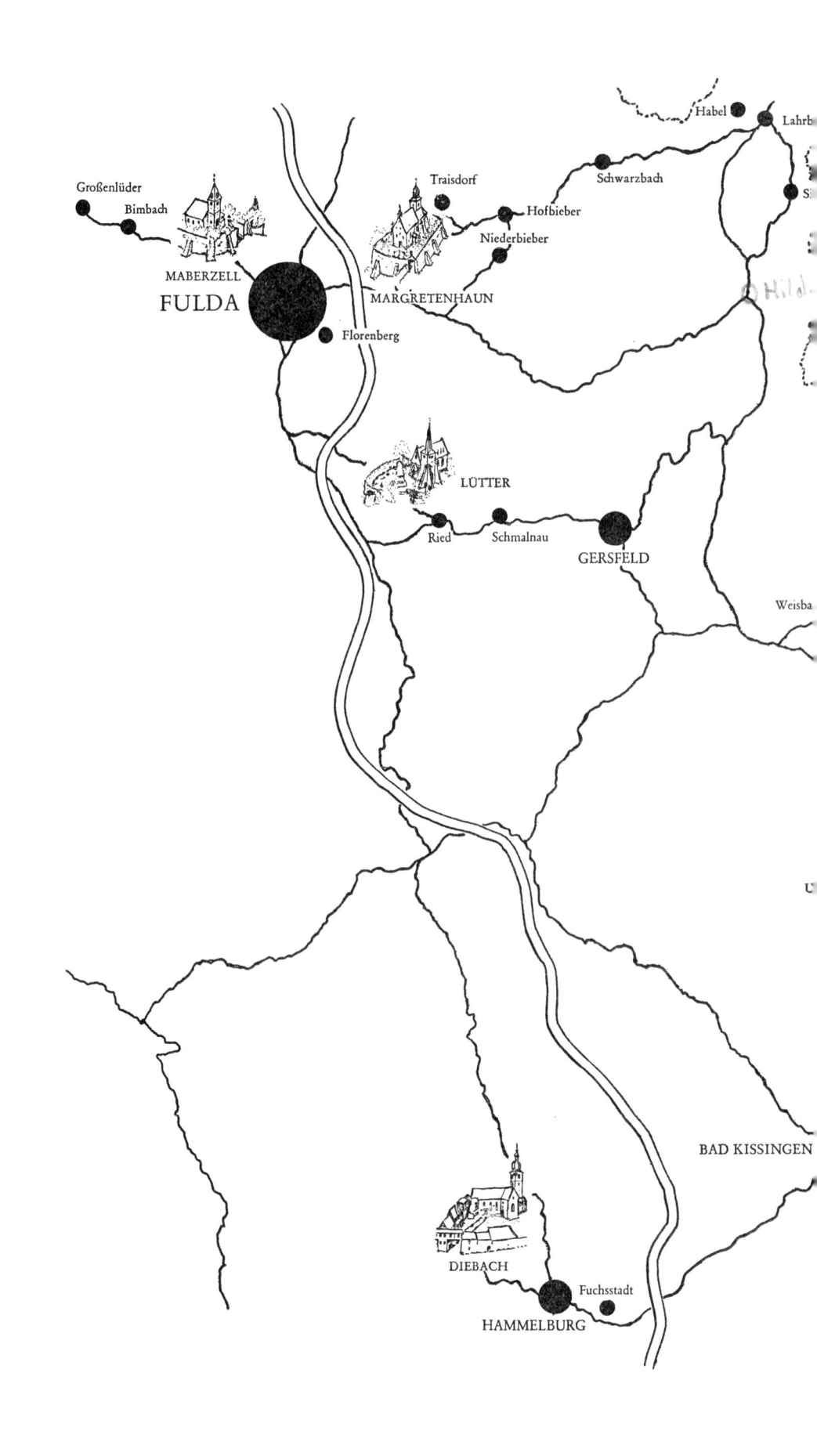

- Großenlüder
- Bimbach
- MABERZELL
- **FULDA**
- Florenberg
- Traisdorf
- Hofbieber
- Niederbieber
- MARGRETENHAUN
- Schwarzbach
- Habel
- Lahrb...
- LÜTTER
- Ried
- Schmalnau
- GERSFELD
- Weisba...
- DIEBACH
- Fuchsstadt
- HAMMELBURG
- BAD KISSINGEN

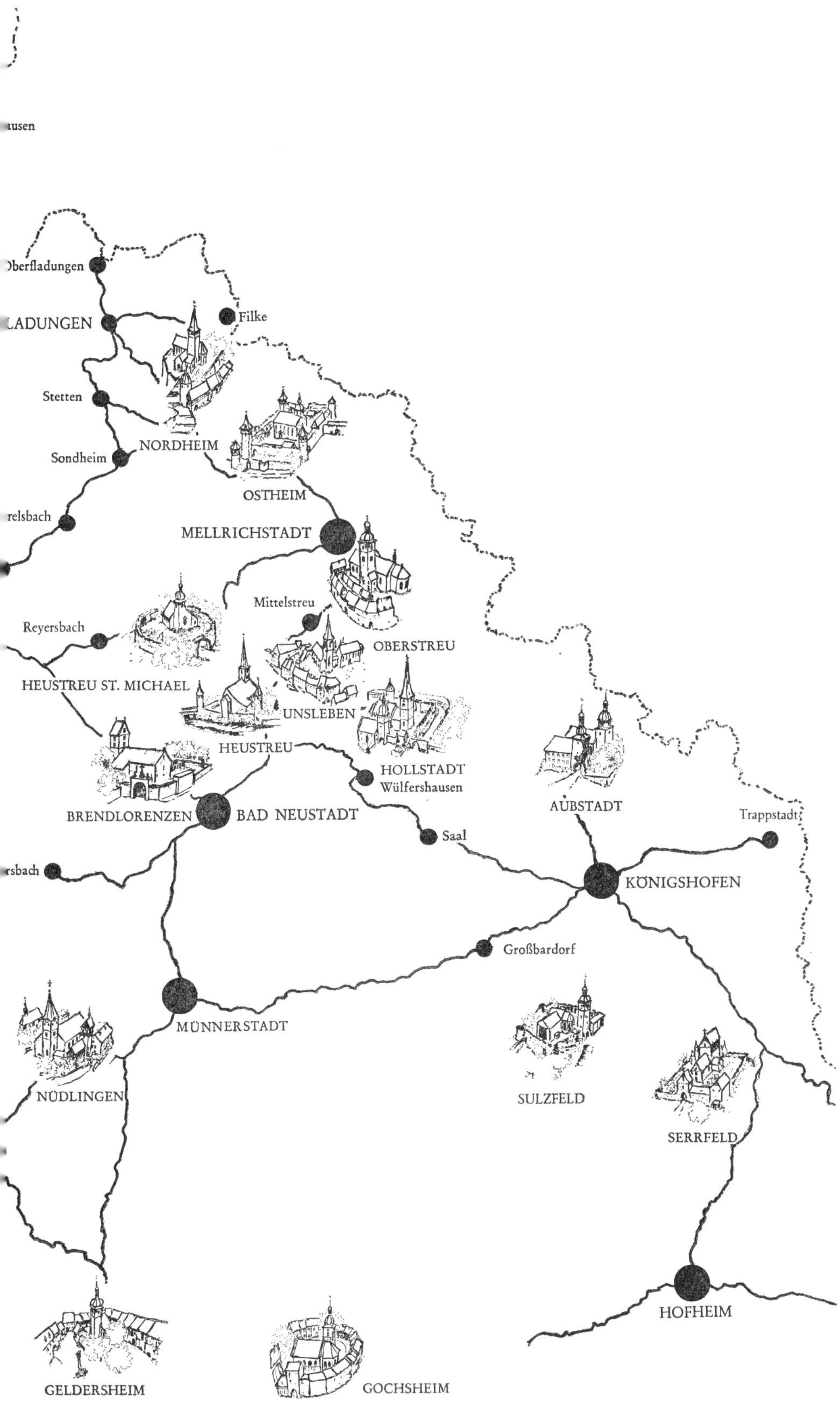

ausen
Oberfladungen
FLADUNGEN
Filke
Stetten
NORDHEIM
Sondheim
OSTHEIM
relsbach
MELLRICHSTADT
Mittelstreu
Reyersbach
OBERSTREU
HEUSTREU ST. MICHAEL
UNSLEBEN
HEUSTREU
HOLLSTADT
Wülfershausen
BRENDLORENZEN
BAD NEUSTADT
AUBSTADT
Trappstadt
Saal
rsbach
KÖNIGSHOFEN
Großbardorf
MÜNNERSTADT
NÜDLINGEN
SULZFELD
SERRFELD
HOFHEIM
GELDERSHEIM
GOCHSHEIM

»Nordheim ist das Nachbardorf von Ostheim/Rhön, streuaufwärts. Die Kirche liegt hoch über dem Dorf. Sie wird im Osten durch eine bis 4 m hohe schartenbesetzte Mauer, einen vorliegenden Zwinger (wie in Vachdorf) und einen tiefen Graben (Kirchgraben), in dem sich Reihen von Gaden befinden, abgeriegelt. Die Nordseite schützt ein normaler Graben und die doppelte Mauer, und im Westen macht ein Steilhang das Anstürmen unmöglich. Der Süden als Anmarschweg zur Kirche an der vorbeiführenden Dorfstraße, wird durch einen vorgeschobenen, noch erhaltenen runden Turm gesichert, der sich an die Mauer anschließt. Der Kirchturm an der Südseite der Kirche beherrscht den gesamten Zugang. Er erweckt ganz den Eindruck eines bewehrten, nur auf Verteidigung eingestellten Turmes, obwohl er bei späteren Bauten und Erneuerungen des Chors und Langhauses sein ehemaliges Aussehen völlig verloren hat.«

Wer heute nach Nordheim kommt, wird diese Situation nicht mehr genauso vorfinden, aber er wird mit Hilfe dieser Beschreibung vieles wiedererkennen.

8741 *Oberfladungen.* In den Resten der Kirchhofmauer sind noch Schießscharten vorhanden.

8741 *Oberstreu.* Die kath. Pfarrkirche St. Andreas besitzt einen Chorturm, dessen Unterbau aus dem 12. Jahrhundert stammt, Oberteil und Langhaus der Kirche wurden im Laufe der Jahrhunderte wiederholt, insbesondere nach Bränden verändert. Diese Kirche ist mit einer Gadenburg bewehrt, von der noch nahezu die Hälfte vorhanden ist. An der Westseite liegt eine doppelte Gadenreihe, so daß ein schmaler Zwinger entsteht. 1358 waren es insgesamt 30 Gaden, die, wie der Chronist damals feststellte, »keine Zierde für Kirche und Dorf« seien. Alle Gaden besaßen oder besitzen ein gemauertes unteres Stockwerk und einen Fachwerkaufbau, außerdem sind sie unterkellert. Nach außen bilden sie eine geschlossene Mauer mit Schlitzen. Die heutigen Gaden entstanden – viele der steinernen Rundbogeneingänge tragen Jahreszahlen – zwischen 1488 und 1600, die meisten vom Anfang des 16. Jahrhunderts. In der Mitte der heute nicht mehr vorhandenen Südseite der Gadenreihe soll ein Torturm gestanden haben, von dem noch geringe Reste vorhanden sind. An der Nordostecke befindet sich ein kleines Gadentor.

8745 *Ostheim.* Ev. Pfarrkirche. Die ganze Anlage gilt als die größte erhaltene deutsche Kirchenburg. Von der alten, kleinen, im Jahre 1410 geweihten Kirche ist nur noch der Unterteil des Turmes und die Sakristei erhalten. Die doppelte Ringmauer um die Kirche ergibt einen Zwinger von bis zu 7 m Breite. Die vier Ecken des inneren Quadrats von etwa 66 m sind mit hohen Türmen besetzt. Zusätzlich hatte auch die äußere Mauer drei Rundtürme, von denen zwei nurmehr als Ruinen vorhanden sind. Man darf ohne weiteres annehmen, daß es früher auch vier äußere Türme waren. Jeweils in der Mitte der äußeren Längsmauern erkennt man halbrunde Schalen, die Verteidigungseinrichtungen getragen haben. Außerdem hatte diese Mauer einen Wehrgang. Reste davon zeigt der erhaltene Turm in der Südwestecke. Er war für schwere Waffen eingerichtet. Einziger Zugang zur Burg war das Torhaus an der Südostecke. Die Kirchenburg enthält heute 70 unterkellerte Gaden, deren Obergeschosse allerdings abgetragen wurden. Vor allem die Keller werden noch benützt, denn der Ortsteil an der Streu kann des Wassers wegen keine Keller bauen.

8741 *Reyersbach.* Der mit Schlitzscharten bewehrte Turm hat das eigenartigste Dach der ganzen Gegend erhalten. Von weitem glaubt man eine drehbare Aussichtsplattform. Von der alten Ummauerung des Kirchhofs sind Reste vorhanden.

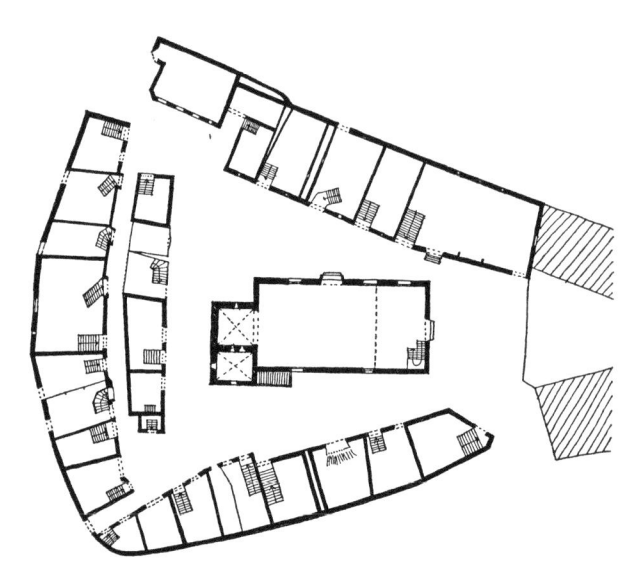

Oberstreu: ursprüngliche Anlage

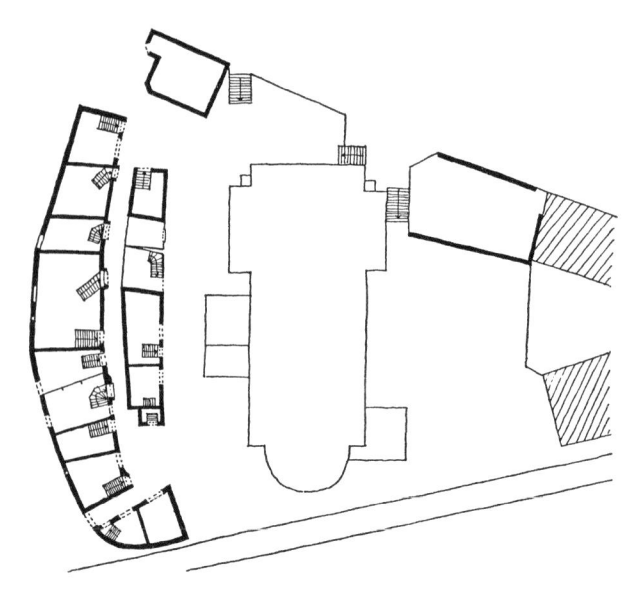

Heutiger Zustand

BURGBERNHEIM

8741 *Saal.* Kath. Pfarrkirche Mariä Himmelfahrt. Ein Gadengürtel zog sich früher um die Kirche. Im Jahre 1766 wird erwähnt, daß die vielen häßlichen Gaden im Friedhof trotz der Anregung des Fürstbischofs nicht beseitigt werden konnten, da Lehensgerechtigkeiten, z. B. des Amtes Sulzfeld und des Klosters Bildhausen, noch darauflagen. Ein dreigeschossiger Torturm mit Rundbogendurchfahrt ist noch erhalten. In einem Fenstergewände findet sich die Jahreszahl 1612, außen am Torbogen das Wappen des Fürstbischofs Julius Echter von Mespelbrunn. Heute steht nur noch das Torhaus und der Turm der Kirche, deren Langhaus aus unseren Tagen stammt.

8741 *Sondheim.* Das Untergeschoß des Turmes, der in gotischer Zeit vier Scharwachttürmchen erhalten hat, ist wie immer der älteste Teil. Von der Ummauerung des alten Wehrfriedhofs sind noch Reste vorhanden. Weber spricht 1932 noch von zwölf vorhandenen Gaden.

8741 *Stetten.* Von der alten Befestigung ist der imposante Kirchturm, Reste der Ummauerung und eines Eckturmes übriggeblieben.

8741 *Unsleben.* Zweifellos war die Kirche von Gaden umgeben, aber es ist heute schwierig, sich ein Bild vom früheren Zustand zu machen. Daß es sich zudem um zwei Kirchengebäude handelt, von denen das eine mit einer Art Torhaus mit dem Kirchturm aus der Echterzeit verbunden ist, macht es nicht leichter. Eine Reihe Häuser sind zweifelsohne als ehemalige Gaden zu erkennen, aus ihnen ergibt sich ein Halbkreis. Alles deutet darauf hin, daß ein zweiter rechteckiger Gadenbereich bestand. Offensichtlich wurde hier vieles in den letzten Jahrzehnten verändert. Jedenfalls dürfte Weber heute kaum mehr davon sprechen, daß »die Anlage gut erhalten« ist »und einen stark befestigten Eindruck macht.«

8741 *Unterelsbach.* Ehemalige Chorturmkirche am steilen Hang. Turm mit senkrechten und waagerechten Schießscharten und erhaltene Reste alter Ummauerung.

8741 *Weisbach.* Kath. Pfarrkirche Petri Stuhlfeier, Turmuntergeschoß mit Chor 14. Jahrhundert, Langhaus 1605. Um den Kirchhof Gadenmauer mit neuem rundbogigem Portal, Echterwappen, 1613.

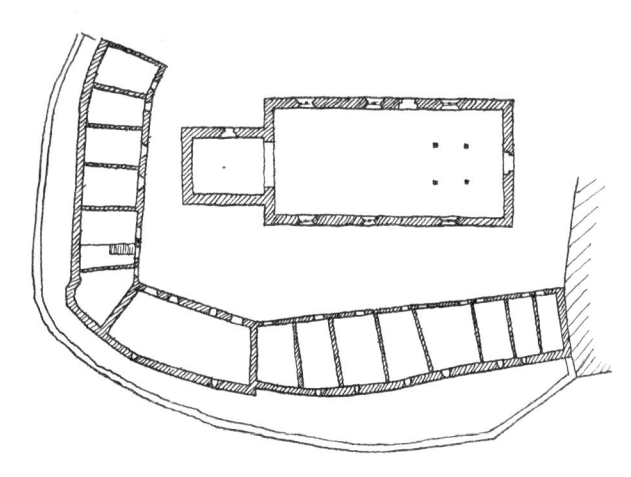

Die beim Kirchenneubau abgerissenen Gaden auf der Dorfseite des Kirchplatzes von Wülfershausen

8741 *Wülfershausen.* Kath. Pfarrkirche St. Veit. Wer nach Wülfershausen kommt und Vorstellungen von einer Gadenkirchenburg mitbringt, wie sie in den »Kunstdenkmälern« von 1921 beschrieben ist, oder die Darstellung von Weber von 1932, der wird außer dem Turm nichts mehr von alldem finden. Zugleich mit der neuen Kirche wurde der Platz um das Gotteshaus neu gestaltet. Die vor dem Neubau noch vorhandenen 19 Gaden wurden zugunsten des Kirchenbaus 1962 eingeebnet.

Wehrkirchen im Raum Hammelburg

8731 *Althausen.* Kath. Pfarrkirche St. Magdalena. Turmuntergeschoß (ehemaliger Chor) spätgotisch, Langhaus von 1748. Um die Kirche zieht sich eine nur noch etwa 150 cm hohe kräftige Mauer der ehemaligen Friedhofsbefestigung.

8781 *Diebach.* Kath. Pfarrkirche St. Georg. Turm und anschließender Chor spätromanisch, erste Hälfte des 13. Jahrhunderts. Langhaus und Querschiff etwas jünger, Fenster Anfang des 16. Jahrhunderts eingefügt. Die Kirche war auf allen Seiten von zweigeschossigen unterkellerten Gaden geschützt, die inzwischen an zwei Seiten unter anderen einem Neubau weichen mußten. Die heutigen Gaden dürften aus dem 17. Jahrhundert stammen, ebenso ist damals sicher erst die breite Zufahrt – durch die Gaden – geschaffen worden. Der bauliche Zustand des verbliebenen Rests läßt befürchten, daß auch sie nach und nach verschwinden werden.

8731 *Euerdorf.* Ehemals befestigter Friedhof aus der Echterzeit, darin die Willibrordkapelle.

8731 *Fuchsstadt.* An der Kirche von 1560 (mit Rokokofassade von Michael Fischer und Kanzel von Materno Bossi) noch an zwei Seiten Kirchgaden. Der Friedhof liegt (heute) außerhalb der hohen Gadenmauer.

8781 *Hundsfeld.* Kath. Pfarrkirche St. Cosmas und Damian. Der Turm stammt wohl noch vom ursprünglichen Bau. Von der alten Kirchhofbefestigung stehen zwar noch an drei Seiten Gaden, aber das ganze Dorf steht inmitten militärischen Übungsgeländes und ist evakuiert.

8731 *Langendorf.* Kath. Pfarrkirche St. Vitus. Turmuntergeschoß 14./15. Jahrhundert, aber Turmumgang aus späterer Zeit. 1915 standen noch wenige Reste der ehemaligen Gaden an der Ost- und Nordseite der Kirche.

8732 *Münnerstadt.* Auf dem der Stadt benachbarten Michaelsberg stehen die Ruinen einer 1806 durch Blitzschlag vernichteten Michaelskirche, einer Anlage, die im 14. Jahrhundert entstanden sein kann. Wie weit sie der Michaelskirche in Heustreu glich, läßt sich an den vorhandenen Resten nicht mehr feststellen.

8731 *Nüdlingen.* Kath. Pfarrkirche St. Kilian. Es wird schwer festzustellen sein, wie die ursprüngliche Anlage ausgesehen haben mag. Geblieben ist eine Kirche, die bauliche Veränderungen bis in jüngste Zeit erfahren hat. Geblieben ist ferner ein imposantes Torhaus, eine Friedhofskapelle und Mauerreste, heute im ganzen eine sehr hübsch renovierte Anlage, aber es läßt sich weder der Verlauf der Mauer feststellen noch die Lage der Gaden, die zweifellos einmal hier zu finden waren.

DETTWANG

8741 *Oberelsbach.* Um die kath. Kirche St. Kilian hohe Mauer mit fränkischem Hoftor.

8741 *Unterebersbach.* Kath. Kirche St. Peter und Paul auf der Anhöhe am Dorfrand, Turm 13. Jahrhundert, mehrfach verändert. Chor im Turmuntergeschoß mit Kreuzrippengewölbe. Der Turm selbst aus regelmäßigem Quaderwerk ist heute verputzt, an der Nord- und Südseite später kräftige Streben angebaut. Im Obergeschoß unregelmäßig angebrachte Rechteckscharten, an der Ostseite zugesetzte Rechteckscharten. Unter dem Dach ist an der Westwand des Turmes der alte Dachanschnitt zu erkennen. Um die Kirche Gadenmauer, höchste äußere Höhe 3 m. Davor liegt, wohl durch den Steilhang bedingt, an der Südseite eine zweite Mauer. Es wird von einem alten »Schleifgang« berichtet, der die Kirche mit dem Edelhof verband (Weber).

8781 *Untereschenbach* (Stadtteil von Neustadt/Saale). Alte Wehrkirche Maria Schnee, eine gotische Anlage des 15. Jahrhunderts. Obergeschoß des Chors Fachwerk. Kein Turm, dafür Dachreiter. Die Sakristei ist unterwölbt, und dieser Unterbau diente wohl als Karner. Es wird vermutet, daß diese Kirche die Kapelle der »Ur-Saaleck« war.

8781 *Weickersgrüben.* Turm der Kirche Rest einer Befestigungsanlage des 16. Jahrhunderts, war früher Gefängnisturm des Thüngerschen Judenschlosses. 1710 wurde das Kirchlein repariert. Chor im Turmuntergeschoß, Obergeschoß Fachwerk.

Wehrkirchen im Raum Königshofen

8729 *Aidhausen.* Kath. Pfarrkirche Peter und Paul. Untergeschoß des Chorturms frühgotisch, um 1565 erhöht, Langhaus im Barock erbaut. An der Nordseite des Turmes viereckiges Treppentürmchen, erst 1565 erbaut. Um die Kirche Reste von Kirchgaden.

8741 *Alsleben.* Kath. Kreuzkapelle, 1431 konsekriert. Der Chor, über dem sich früher der mit einem Satteldach gedeckte Turm erhob, ist verändert. Um die Kirche zieht sich eine starke, mit geböschten Streben gestützte Ummauerung, die auch auf einer Abbildung aus der Zeit um 1700 als kreisrunder Bering deutlich zu erkennen ist.

8741 *Aubstadt.* Ev. Pfarrkirche. Chorturm aus dem 14. Jahrhundert, Langhaus unter Julius Echter gebaut. In älteren Beschreibungen werden »beträchtliche Reste der ehemaligen Kirchhofbefestigung« (Kunstdenkmäler und Weber) und »Grabenspuren außerhalb des Mauerberings« (Weber) festgestellt. Erhalten blieb im wesentlichen nur der dreigeschossige Torturm. Auf den mittelalterlichen Untergeschossen erhebt sich ein barockes Dach mit großer Laterne.

8742 *Breitensee.* Kath. Pfarrkirche St. Michael. Turm spätgotisch, Langhaus kurz vor 1600 erbaut. Halbrunder Treppenturm zu den Obergeschossen. Reste der ehemaligen Friedhofsbefestigung aus dem 16. Jahrhundert, etwa 2 m hoch mit Scharten.

8729 *Gemeinfeld.* Kath. Pfarrkirche Mariä Geburt. Untergeschosse des Turmes gotisch, wohl 15. Jahrhundert. Die Kirche steht anstelle eines alten Schlosses, 1616 wurde das steinerne Torhaus neu gebaut.

8729 *Goßmannsdorf.* Kath. Pfarrkirche St. Margareta. Frühgotisches Untergeschoß des Chorturms vom 13. Jahrhundert, wurde um 1610 um zwei Geschosse erhöht. Schlitzfenster mit nach innen sich öffnendem Schräggewände. Die Kirche liegt auf einer Anhöhe. Von der früher sie umgebenden Mauer sind noch Reste vorhanden, nicht aber die vier rechteckigen Halbtürme. Im Kirchberg zahlreiche Keller, z. T. dreistöckig übereinander, die unter die Kirche führen (siehe: Erdställe).

8741 *Großbardorf.* Kath. Pfarrkirche St. Margareta. Chorturm aus dem 14. Jahrhundert mit Schartenfenstern in den Untergeschossen. Die »Kunstdenkmäler« und Weber berichten noch von einer teilweise 5 m hohen Kirchhofbefestigung mit Scharten. Grabarbeiten für einen Neubau brachten in den letzten Jahren umfangreiche Keller zutage.

8729 *Junkersdorf,* südlich Hofheim. Die Kirche wird von einem mächtigen Chorturm bestimmt, der in den Untergeschossen Schlitzscharten aufweist. Ummauerung erneuert.

8601 *Junkersdorf,* südlich Pfarrdorf. Am mächtigen Chorturm hängt ein kleines Langhaus. In den Untergeschossen Schlitzfenster, Obergeschoß z. T. Fachwerk. Löcher in der Höhe des Fachwerkbeginns lassen vermuten, daß sie für die Tragbalken einer Brustwehr bestimmt waren.

8741 *Mechenried.* Kath. Pfarrkirche St. Nikolaus. Nur Untergeschoß des Turmes alt. Gegenüber der Nordseite der Kirche steht ein Turm an der Grenze der alten Friedhofsmauer, der angeblich zu einem Schloß gehörte und später zum Torturm des befestigten Kirchhofs wurde. Er dürfte im 16. Jahrhundert entstanden sein.

8601 *Pfarrweisach.* Kath. Pfarrkirche St. Kilian, um 1500 entstanden. Turmuntergeschoß war wohl zuletzt Sakristei, früher Kapelle oder Raum für die Patronatsherrschaft, von wo aus sie der Messe beiwohnen konnte. Von der alten Ummauerung noch Teile erhalten. Die »Kunstdenkmäler« führen auch ein Torhaus an.

8729 *Prappach.* Kath. Pfarrkirche St. Michael. Chorturm etwa Mitte 16. Jahrhundert. Der Friedhof um die Kirche besaß im späten Mittelalter eine Befestigungsmauer mit Türmen. Erhalten sind Teile der Mauer und zwei Rundtürme, die zu drei Vierteln vor die Mauerflucht vorspringen und rückwärts offen sind. Sie besitzen zwei Geschosse mit Schlüsselscharten (heute z. T. abgetragen). Das alte unregelmäßige Mauerwerk aus dem 15./16. Jahrhundert wurde rundum erneuert. 1934 ist ein umfangreicher Erdstall entdeckt worden.

8729 *Serrfeld.* Kath. Pfarrkirche St. Maria, eine ehemalige Wallfahrtskirche. Chorturm mit Fachwerkobergeschoß, den man auch als erhöhten Chor bezeichnen könnte, heute z. T. außen verschindelt. Offensichtlich war die Kirchhofanlage, die am Ortsrand liegt, früher stark befestigt. Von der fast quadratischen Ummauerung ist noch der Torturm und in der Ecktürm vorhanden, dazwischen liegt ein Gaden. Schlitzscharten findet man an allen Bauten. Sicher war die Kirche früher von Gaden umgeben. Alle Bauten einschließlich der Kirche sind in ruinösem Zustand.

8741 *Sulzfeld.* Kath. Pfarrkirche St. Bartholomäus mit Kampanile als Torturm. An den alten Chor aus dem 15. Jahrhundert wurde in den letzten Jahren eine moderne Kirche

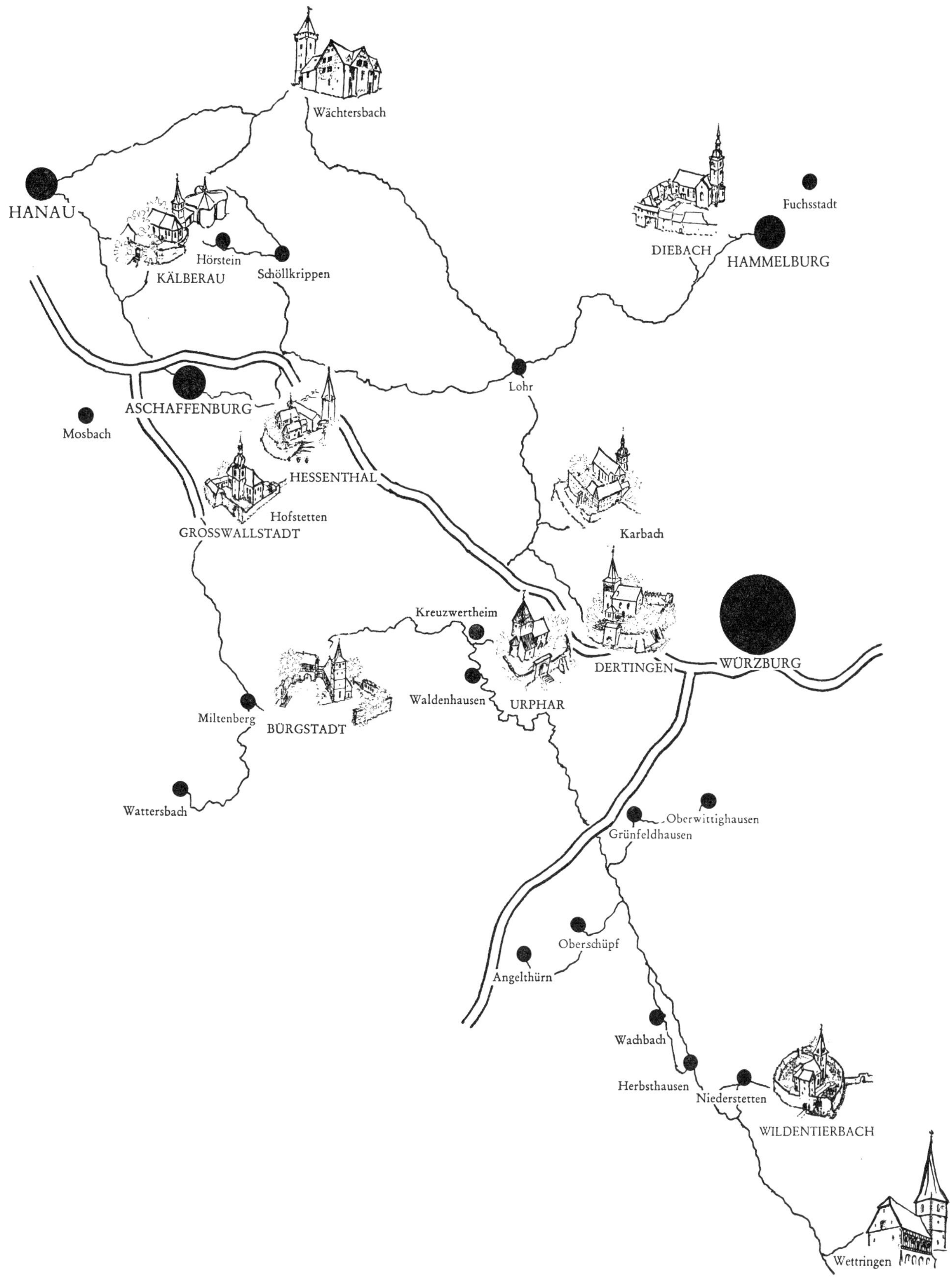
Wächtersbach
HANAU
KÄLBERAU
Hörstein
Schöllkrippen
DIEBACH
Fuchsstadt
HAMMELBURG
Lohr
ASCHAFFENBURG
Mosbach
HESSENTHAL
Hofstetten
GROSSWALLSTADT
Karbach
Kreuzwertheim
URPHAR
Waldenhausen
DERTINGEN
WÜRZBURG
Miltenberg
BÜRGSTADT
Wattersbach
Oberwittighausen
Grünfeldhausen
Oberschüpf
Angelthürn
Wachbach
Herbsthausen
Niederstetten
WILDENTIERBACH
Wettringen

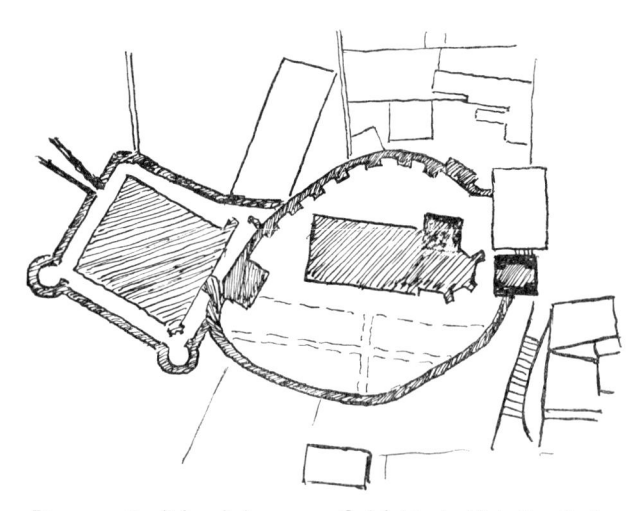

Die ursprüngliche Anlage von Sulzfeld als Einheit mit dem Schloß. Die Mauern um das Schloß sind gefallen (heute Erholungsheim) und die alte Kirche mußte einer neuen Platz machen, aber auch die neue hat keinen Turm. Das schwarz gekennzeichnete: der alte Kampanile.

angebaut. Die Wehrmauer rings um den Kirchhof besitzt Nischen, die früher wohl Kreuzwegstationen aufnahmen. In der Ecke zum ehemaligen Schloß Reste eines Rundturms. Eine Tafel am Torturm besagt, daß unter Julius Echter die »alte Religion« wiedereingeführt und 1614 ein Pfarrhaus und ein Schulhaus erbaut worden sei. Die Kirchhofbefestigung war eine Art Vorbefestigung des Schlosses.

8741 *Trappstadt.* Kath. Pfarrkirche St. Burkard. Chorturmkirche. Turmuntergeschoß spätgotisch, Obergeschoß 1715. Die ehemalige Kirchhofbefestigung ist z.T. 4 m hoch mit Schießscharten erhalten. Das Torhaus wurde weitgehend erneuert.

Wehrkirchen im Raum Aschaffenburg

8751 *Großwallstadt.* Die älteste Kirche soll im 12. Jahrhundert erbaut worden sein. Der Turm der heutigen Kirche mit der Kirchhofbefestigung zweite Hälfte 13. Jahrhundert. Architektonische Teilformen sind denen der Stiftskirche zu Aschaffenburg ähnlich. Im Turmuntergeschoß Kreuzrippengewölbe. Chor und Langhaus 1755–1756. Kuppel mit Laterne um 1755.
Die 2 bis 3 m hohe Bruchsteinmauer um die Kirche geht zum Teil auf romanische Zeit zurück. Hauptportal an der Westecke ebenfalls noch spätromanisch (Mitte 13. Jahrhundert). Auf der Innenseite Laufkanal für den Balkenriegel und Pfannen für Torflügel erhalten. Die Mauer umschließt nördlich die Grabkapelle aus dem 18. Jahrhundert mit alter Schlüsselscharte und Rundbogenfenster. Sie steht anstelle eines Wehrturmes. An der Mainseite ein niedriger viereckiger Turm mit Zinnenabschluß (modern ergänzt), durch den eine Treppe nach oben führt. Wappen der Pfraunheim über dem rundbogigen Eingang, darüber das des Mainzer Fürstbischofs Dietrich von Erbach (1434–1459). Das gleiche Wappen an einer der Zinnen. Im Innern Pfannen für Türflügel. Die »Kunstdenkmäler« schreiben:
»Durch ihr hohes Alter ist die Kirchhofbefestigung von bedeutendem Interesse. Die Anlage stammt aus spätromanischer Zeit, wohl der Mitte des 13. Jahrhunderts. Sie ist, nach den Portalformen zu schließen, etwas älter als der Kirchturm. Den angegebenen Wappen zufolge, wurde sie um Mitte des 15. Jahrhunderts teilweise erneuert.«

8751 *Hessenthal.* Von den ursprünglich drei Kapellen sind zwei geblieben, wobei die eine der neuen Kirche (Hans Schädel) angegliedert wurde und die andere, die Wallfahrtskapelle, wie bisher eine Art Torhaus bildet. Das Ganze war früher von einer Mauer eingeschlossen. Der Gesamtbering steigt unmittelbar hinter der Kirche zum Friedhof steil an. Die Umfassungsmauer besteht aus modern ergänztem Bruchsteinwerk in unregelmäßigen Schichten (bis 4 m hoch) und rechteckigen, schlitzartigen Schießscharten. Gegen Osten ist sie durch Streben gestützt, gegen Norden ist das alte Vorwerk durch eine moderne Treppenanlage ersetzt, die zur Pfarrkirche führt. Die alte Wehranlage stammte aus der Erbauungszeit der Kirche, frühes 15. Jahrhundert. Die alte Außenkanzel steht heute neben der neuen Kirche ebenerdig.

Hörstein, zinnenbewehrter Kirchturm

DOMBÜHL

8751 *Hofstetten.* Ev. Filialkirche (Pfarrei Eschau). Im Unterbau des Turmes ist eine romanische Chorapsis erhalten, der Turm selbst von 1473. An der Nordseite des Turmes ragt die seitliche Apsismauer über die Turmmauer vor. Der romanische, halbrunde Chor im Turmuntergeschoß ist mit einer Halbkuppel gewölbt; südlich davon die gotische Sakristei von 1468. Die im Viereck herumgeführte Umfassungsmauer der Kirchhofbefestigung ist z. T. in einer Höhe von 1 bis 3 m erhalten, wohl aus der Zeit des Turmbaus. Die östliche Mauer springt rechtwinkelig etwas ein. An dem Rücksprung eine kleine ruinöse Toranlage mit einem Rundbogentor. Pfannen für Torflügel und Kanal für die Balkenriegel erhalten.

8731 *Hörstein.* Kath. Pfarrkirche Mariä Himmelfahrt und St. Bernhard. Ehemalige Chorturmkirche. Untergeschoß des Turmes 1449 (der Altar darin 1454 geweiht), 1473 wurde der Turm ausgebaut und 1512 ein neuer Chor angebaut, wahrscheinlich auch ein Langhaus, das 1733 erweitert wurde. Der fünfgeschossige massive Turm mit schmalen Scharten besitzt im Obergeschoß eine wenig vorspringende zinnenbewehrte Brüstung, hinter der der gemauerte Helm (heute verputzt) aufsteigt (ähnlich Schöllkrippen).

8752 *Kälberau.* Kath. Wallfahrtskirche Mariä Geburt. Der älteste Teil der Anlage steckt in der Langhausmauer, Chor und Turm stammen aus der ersten Hälfte 15. Jahrhundert. Heute schließt sich seitlich an die alte Anlage, die noch das erste Gnadenbild birgt, ein weiträumiger moderner Neubau an (Hans Schädel und T. Schneider). Die Kirche umgibt zur Straße hin eine etwa 2 m hohe Mauer mit Schlitzscharten und ein Spitzbogenportal. Neben dem Kirchenportal ein in die Mauer eingelassener Weihwasserkessel und eine Leuchternische (für den Friedhof).

8752 *Keilberg.* Kath. Pfarrkirche Georg und Peter und Paul von 1747. Die Kirche liegt in einer Kirchhofbefestigung nördlich vom Ort auf einer Anhöhe. Der Friedhof ist teilweise von einer Bruchsteinmauer, wohl aus dem 15. Jahrhundert, umgeben, die früher höher war. Ähnlich wie in Kälberau ist der Neubau an die alte Kirche angegliedert.

8751 *Kleinwallstadt.* Von der alten Kirchhofbefestigung ist nur wenig vorhanden.

6111 *Mosbach* (südlich Aschaffenburg). Kath. Pfarrkirche Johann Baptist. Das Aussehen der im 13. Jahrhundert gegründeten Kirche hat sich 1906 mit dem Bau eines neuen Langhauses grundlegend verändert. Der Turm und das alte Langhaus sind jetzt praktisch zum Querschiff geworden. Diesem Bau mußte auch der größte Teil der Kirchhofbefestigung weichen. Heute sind nur Reste und ein zugemauertes Tor übrig.

8752 *Schöllkrippen.* Hier gibt es zwei Kirchen: die kleine St.-Lukas-Kirche und die »Ernstkirchener Pfarrkirche« St. Katharina, die seit 1184 Sitz der Pfarrei »Ernstkirchen« ist. Der heutige Bau, eine Kreuzform mit großem Vierungsturm, erhielt sein verändertes Aussehen erst nach dem zweiten Weltkrieg, als man die Vierungsschiffe anfügte. Die Lukaskapelle dagegen repräsentiert die alte Form einer Wehrkirche, unbeschadet der Tatsache, daß sie ursprünglich zum danebenliegenden ehemaligen Mainzer Centgericht gehörte. An einem großen, massiven Wehrturm hängt ein kleiner Kirchenraum, ursprünglich eine Chorturmkirche, die zusammen mit dem Turm 1449 entstand. Dem heutigen »Kirchenschiff« wurde 1523 ein neuer Chor angefügt. Der Turm hat im dritten Geschoß noch Schießscharten. Die »Kunstdenkmäler« schreiben: »An den Ecken des Obergeschosses achteckige, jetzt innen ausgemauerte Erker. Der eingezogene achtseitige Spitzhelm in regelmäßig geschichteten Bruchsteinen bis zur Spitze aufgemauert. Die zwischen Helmansatz und Obergeschoßkante freie Plattform war wohl ursprünglich mit einer Holzbrüstung versehen. (Bezüglich der Turmform vgl. die ähnliche Lösung in Hörstein.) Die Kirche ist eine der reizvollsten und charakteristischsten Anlagen des Bezirks.

6480 *Wächtersbach.* Ev. Pfarrkirche, ehemals Marienkapelle. Die alte Kirche aus dem späten 14. Jahrhundert erhielt 1702 durch den Anbau zweier Flügel (Nord- und Südflügel) wie zweier chorähnlicher, vortretender Treppenhäuser die »jetzige absonderliche Gestalt« (Bickell). Eine Empore diente bis ins 20. Jahrhundert als Lateinschule (1703–1939). Der Westturm mit einem breiten Durchgang wurde als Wehrturm angebaut, indem er mit einer Seite auf die Giebelwand des Langhauses aufgesetzt wurde. Der Turmhelm bekam erst 1702 seine jetzige Gestalt. Zuvor lag hinter der erhaltenen Brüstung (ursprünglich ein gezinnter Umgang) eine massive, schlanke, achtseitige Turmspitze (ähnlich Schöllkrippen und Hörstein). Die ebenfalls 1702 für die Aufnahme der Uhr angebrachten Gauben wurden 1886 wieder beseitigt. Der Kirchturm ist von der ehemaligen Ringmauer der Stadt 15 m entfernt. Die heute erhaltenen alten Mauerstücke des Kirchhofs lassen keine Rekonstruktion zu. Sicher war der Wehrfriedhof mit der Schloß- und Stadtbefestigung eine Einheit.

Wehrkirchen im Raum Miltenberg-Wertheim

8761 *Bürgstadt.* Kath. Pfarrkirche St. Margareta. Chorturmkirche mit Turm in der Breite des Hauptschiffes, an einer Seite 1607 ein Seitenschiff angefügt. Spätromanische Anlage, im 15. Jahrhundert etwas verändert. Von der ehemaligen Kirchhofbefestigung nur kleine Mauerteile und das zweigeschossige südlich an die Kirche angebaute Torhaus erhalten.

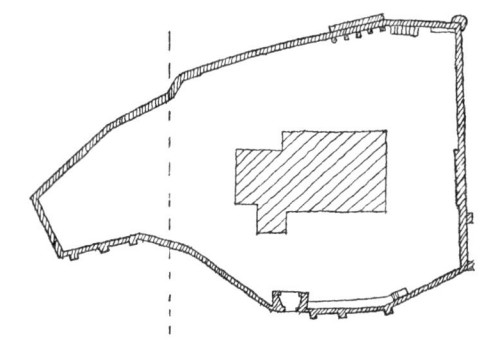

Dertingen: das linke Drittel der Wehrmauer mußte einer Platzneugestaltung weichen.

OBERSULZBACH

6981 *Dertingen* (Stadt Wertheim). Pfarrkirche. Einer der ältesten Orte der Gegend (bereits 854 erwähnt). Die Kirche mit massivem quadratischem Chorturm aus romanischer Zeit, später Umbauten. Der Turm soll früher wie in Eichel zinnenbesetzt gewesen sein. Der befestigte Kirchhof wurde im Jahre 1607 vom Grafen Joachim Dietrich von Löwenstein gegen den Würzburger Bischof erfolgreich verteidigt. Die Befestigungsmauer an drei Seiten erhalten, aber nicht mehr in ursprünglicher Höhe. Vom Wehrgang sind die Tragsteine übrig. Die Schießscharten wurden zugemauert. Die Nase, die die Mauer nach dem alten Plan ursprünglich nach Osten hin bildete, wurde abgerissen. Gut erhalten ist jedoch das kleine zweistöckige Torhaus. An der Südwestecke eine vorspringende Rundbastion erkennbar und in der Ostwand die Auflager einer über die Mauer hinausragenden Bastion, zu der innen Stufen hinaufführen. In der Mauer die Jahreszahlen 1515 und 1550. Eine zugemauerte Öffnung in der Chorwand soll in einen unterirdischen Gang geführt haben, dessen Verlauf unbekannt ist.

6983 *Eichel* (Stadt Wertheim). »Maria zur Eiche« war ein Wallfahrtsort, von dem sich nur die »Prozessionsgasse« erhalten hat. Diese ev. Kirche gilt als eine der ältesten des Main-Tauber-Gebiets (bis ins 14. Jahrhundert bischöflich eichstättisches Lehen). Da an diesem romanischen Bau, soweit ersichtlich, nichts grundsätzlich geändert wurde, handelt es sich hier ausnahmsweise nicht um einen Chorturm. Der Turm steht praktisch neben der Kirche. Er wird wohl eine Kapelle beherbergt haben, bevor der untere Raum Sakristei wurde. Wuchtige Mauerstreben unterstreichen seine Wehrhaftigkeit. Der Turm erhielt ein Zeltdach, und die Zwischenräume zwischen den ehemaligen Zinnen wurden mit Jalousien gefüllt. Von der alten Kirchhof-Ummauerung ist fast nichts mehr vorhanden.

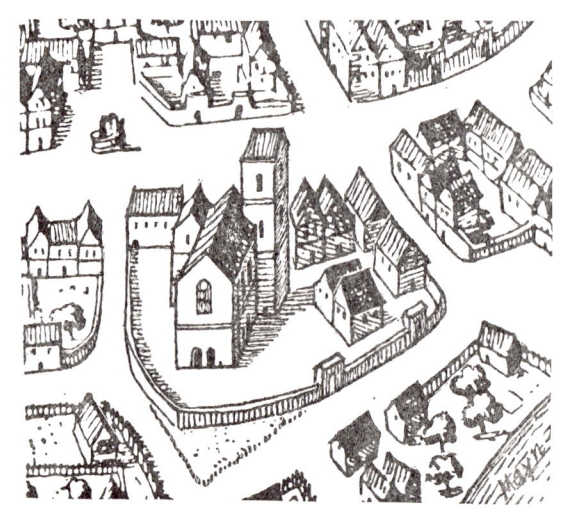

Kreuzwertheim, die Pfarrkirche 1621 nach Merian.

8761 *Heppdiel.* Kath. Pfarrkirche St. Mauritius. Chorturmkirche. Übergang von Romanik zur Gotik (13. Jahrhundert). Im zweiten Geschoß des Turmes Scharten, Friedhof etwa 2 m hohe Mauer, ursprünglich befestigt.

Rekonstruktion des alten Torhauses in Urphar.

8771 *Karbach.* Kath. Pfarrkirche St. Vitus. Turmunterbau romanisch, in der Scherenbergzeit und unter Echter verändert. Die Kirche war befestigt, wie ein Stich von 1547 zeigt. Davon sind noch Mauerreste vorhanden und das Torhaus, das zugleich Schulhaus war und wahrscheinlich der unter Echter als Schulhaus genannte Neubau von 1607 sein dürfte.

6983 *Kreuzwertheim.* Ev. Pfarrkirche, deren ältester Teil der romanische Unterbau des Langhauses ist, die Turmuntergeschosse sind schon frühgotisch. Chor vielleicht von 1443. Zu den Obergeschossen des Turmes gelangt man über eine freitragende Steintreppe an der Südseite des Chores innen. Von der ehemaligen Befestigung sind Teile der Bruchsteinmauer und ein romanisches Tor erhalten. Zu der Kirche soll eine Kreuzwallfahrt bestanden haben (Hans Dünninger).

6983 *Urphar* (Stadt Wertheim). Ev. Kirche. Der massige quadratische Chorturm, der zusammen mit dem Langhaus aus dem 13. Jahrhundert stammt, bestimmt den Wehrcharakter der Anlage. Das Obergeschoß des Turmes kam später hinzu. Der Chorraum schließt mit einer Apsis ab, die eine frühgotische Rosette ziert. Die Sakristei kam 1495 hinzu. (Beachtenswert die gut erhaltenen Fresken vom Anfang des 15. Jahrhunderts im Innern der Kirche.) Zum unter der Kirche liegenden Dorf, an dessen Rand sie gebaut wurde, ist die alte Wehrmauer noch erhalten, zusammen mit einem Tor, dessen massige Strebepfeiler bemerkenswerterweise innen und nicht außen sitzen. Das ist leicht erklärbar. Alte Fotos zeigen eine geschlossene Mauer bis zum Dach. Auch hier stand also ursprünglich ein Torhaus.

GREDING

6983 *Waldenhausen* (Stadt Wertheim). Ev. Chorturmkirche, in den ältesten Teilen romanisch. Turm wurde später aufgestockt. Auch hier bestimmt (wie in Eichel und Urphar) der untersetzte, massige Turm den Wehrcharakter. Ob die heutige Kirchhofmauer da und dort noch Reste der alten Bewehrung birgt, läßt sich nicht mehr eindeutig feststellen. Die ganze Anlage wurde umfassend restauriert.

8761 *Watterbach*. Die kath. Kirche St. Sebastian steht in dem hinter dem Dorf aufsteigenden Berg. Daraus ergeben sich sowohl hinter der Kirche Mauern von 6 m Höhe und vorn abfallend zum Teil noch höhere, die durch Strebepfeiler gestützt werden. Heute führt ein breiter Stufenweg in das Innere des Berings. Man darf annehmen, daß die alte Kirche wesentlich kleiner war, jedenfalls bietet der jetzt verbliebene Platz keinen Raum für einen Kirchhof.

Wehrkirchen im Raum Tauberkreis

6971 *Angeltürn*. Ev. Pfarrkirche. Chorturmkirche des 15. Jahrhunderts. Trotz wiederholter Einsturzgefahr blieb der massige Turm erhalten, der so breit ist wie das kleine Langhaus.

6991 *Archshofen*. Eine der vielen Kirchen dieses Raumes, deren wuchtiger, gedrungener Turm einzige Erinnerung an die alte Wehrhaftigkeit ist.

6991 *Finsterlohr*. Von Erffa stützt sich in seinen Angaben über den Wehrfriedhof und den Rundturm auf Angaben und Vermutungen von Prof. Schumacher. Heute nicht mehr nachprüfbar.

6991 *Herbsthausen*. Alter Wehrturm fast so breit und nicht viel höher als das Langhaus. Durch die Hanglage ergibt sich zudem eine Außentreppe zur Empore.

7187 *Krailshausen* (Schrozberg). An einem kleinen, alten, halbrunden Wehrchorturm von 1400 – aus Schießscharten wurden zum Teil kleine Fenster – ist an dessen flacher Seite der kleine Kapellenraum (St. Martin) angebaut und liegt im ummauerten Friedhof. Das Fachwerk für die Glockenstube wurde später aufgesetzt (siehe Großenlüder).

6991 *Neunkirchen*. Ev. Kirche. Romanischer, in den Obergeschossen veränderter Chorturm mit Schlitzscharten.

6994 *Niederstetten*. Pfarrkirche St. Jakob mit romanischem Kampanile. Bei Grabungen Ende 1974 konnte ein Teil der alten Wehranlage in ihren Zusammenhängen erkannt werden. Der Kampanile war zweifellos (wie in Sulzfeld, Pinzberg usw.) zugleich Torhaus. Er steht heute nurmehr zwei Meter neben der Kirche (sie wurde später errichtet, wobei man die Durchfahrt durch den Torturm zumauerte). Bei den Grabungen 1960 und 1974 stieß man inmitten des Kirchplatzes auch auf Reste des ehemaligen Beinhauses.

6971 *Oberschüpf*. Die alte Wehrkirche liegt, wie so oft, am Ortsrand neben einem Wassergraben und dem Schüpfbach. Wichtige Merkmale zur Verteidigung werden noch in einem Aufsatz des Jahres 1962 Grund zu Vermutungen: Man spricht vom Hochwasser und einer zentralen Lage zwischen Unter- und Oberschüpf; denn die Orte hätten sich erst später getrennt. Wer weiß, wie weit Unterschüpf entfernt ist, kann auf einen solchen Gedanken nie verfallen. Die interessante romanische Chorturmkirche, deren Turm mit dem First des Langhauses (das kaum breiter als der massige Turm ist) endet, ist

Krailshausen

Krailshausen

Map

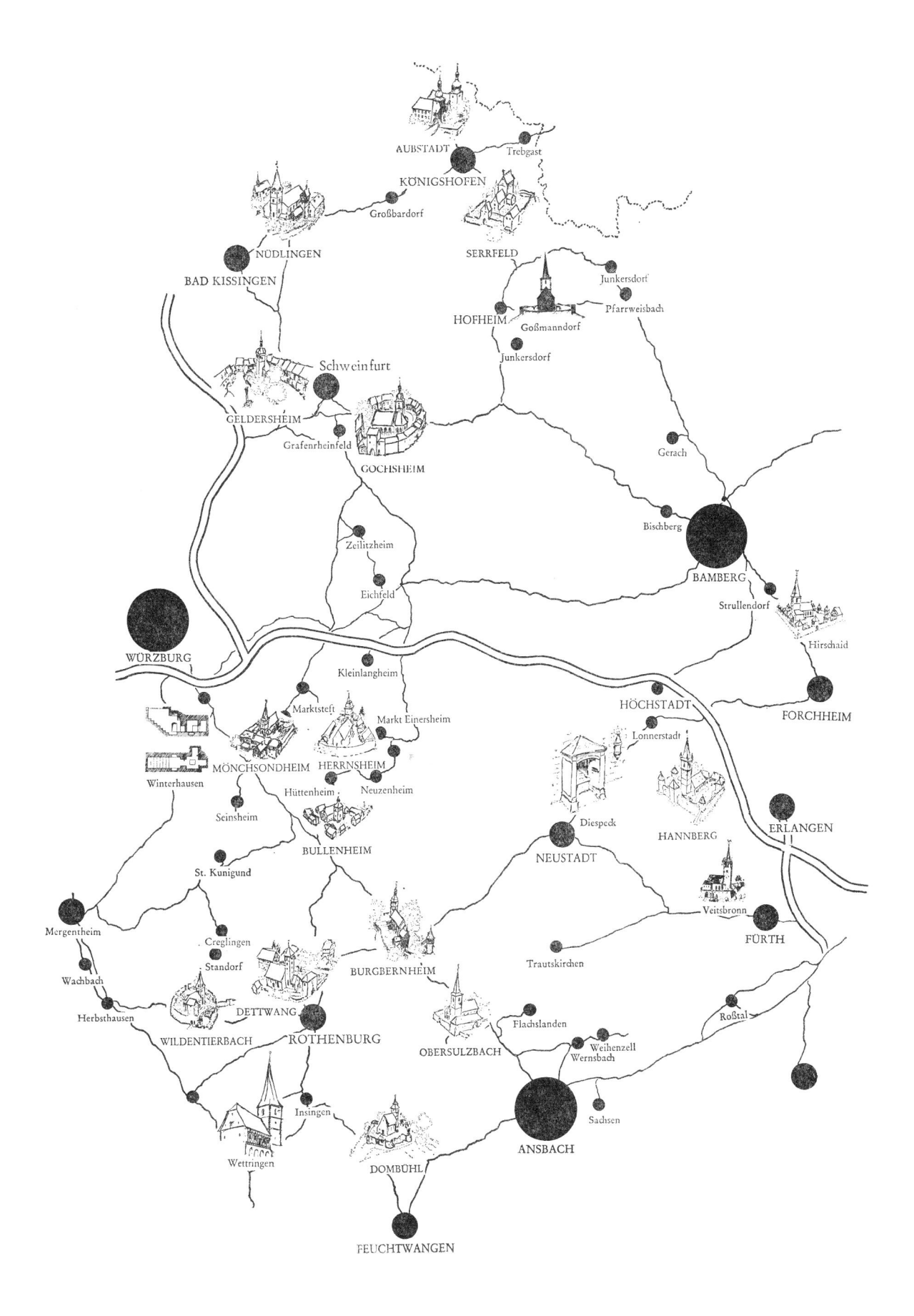

AUBSTADT — Trebgast
KÖNIGSHOFEN — Großbardorf
NÜDLINGEN
BAD KISSINGEN
SERRFELD
HOFHEIM — Junkersdorf, Pfarrweisbach, Goßmanndorf, Junkersdorf
Schweinfurt
GELDERSHEIM — Grafenrheinfeld
GOCHSHEIM
Zeilitzheim
Eichfeld
Gerach
BAMBERG — Bischberg, Strullendorf, Hirschaid
WÜRZBURG
Kleinlangheim
Marktsteft
Markt Einersheim
MÖNCHSONDHEIM
HERRNSHEIM
Winterhausen
Hüttenheim
Neuzenheim
Seinsheim
BULLENHEIM
HÖCHSTADT
Lonnerstadt
HANNBERG
ERLANGEN
St. Kunigund
Diespeck
NEUSTADT
Veitsbronn
FÜRTH
Mergentheim
Creglingen
Standorf
Wachbach
Trautkirchen
Herbsthausen
BURGBERNHEIM
Flachslanden
Roßtal
WILDENTIERBACH
DETTWANG
ROTHENBURG
OBERSULZBACH
Weihenzell
Wernsbach
Insingen
Sachsen
Wettringen
DOMBÜHL
ANSBACH
FEUCHTWANGEN

eine der schönsten der kleinen Wehrkirchen. Außerdem besitzt sie wie Urphar alte, sehr interessante Fresken, die in den letzten Jahren restauriert wurden. Wie wenig man von diesem Bau noch um die Jahrhundertwende hielt, geht aus den »Kunstdenkmälern« von 1898 hervor. Nachdem auf über zehn Seiten die Burgruine detailliert beschrieben wurde, sind ganze zehn Zeilen der kleinen Kirche gewidmet:

»Die kleine Filialkirche, ein altes, unscheinbares und schmuckloses Bauwerk, besteht aus einem einschiffigen, kurzen, flachgedeckten Langhause und einem quadratischen Chor, über dem sich in üblicher Weise (vgl. Urphar, Waldenhausen, Dertingen usw.) der niedrige Glockenturm erhebt. Die Stärke der Mauern, das kleine Rundbogenfenster über der Eingangstür im Giebel, die Form der rippenlosen Kreuzgewölbe im Chor mit den als Stützen dienenden schwerfälligen Konsolsteinen, das derbe Kämpfergesims des Chorbogens, alle diese übereinstimmenden Einzelheiten lassen die Entstehungszeit der Kirche im Zeitalter des romanischen Stiles unschwer erkennen, während ein kleines, gotisches Fenster mit zerstörtem Mittelpfosten auf eine Restauration im 13. Jahrhundert hinweist. Der obere Teil des Turmes erscheint erheblich jünger. Das Fehlen jeden Zierats erschwert hier die Zeitbestimmung. Die innere Ausstattung ohne Kunstwert. In der Kirche befand sich eine alte, hochgeschätzte Marienstatue.«

Der hier erwähnte obere Teil des Turmes besteht aus Fachwerk und könnte zwei Jahrhunderte jünger als der Unterteil sein. Die innere Ausstattung »ohne Kunstwert« hat sich nach der Restauration in »hohen Kunstwert« gewandelt.

6971 *Oberwittighausen.* Vor dem Ort auf der Anhöhe liegt die Sigismund-Kapelle, ursprünglich dem hl. Nikolaus geweiht, zu der auch Wenden und Slawen zum Teil aus Böhmen kamen. Wie viele solcher alleinstehenden Wallfahrtsstätten war diese bekannte Rundkapelle befestigt. Heute sind nur noch niedrige Mauerreste vorhanden. Auch die Gräber, die rings um die Kirche lagen, sind aufgelassen. Der Oberteil der Kirche soll nach dem 30jährigen Krieg erneuert worden sein.

Wie weit auch die benachbarte Achatiuskapelle in Grünsfeldhausen ebenfalls befestigt war, läßt sich nach den vielen Veränderungen rund um die Kirche heute nicht mehr klären.

6993 *Standorf* (heute zu Creglingen gehörend). Ulrichskirchlein. Dieser ursprüngliche Zentralbau, zu dem später ein romanischer Wehrturm hinzukam, war ebenfalls Wallfahrtsstätte und liegt hoch über dem Ort. Von der alten Ummauerung steht noch das Tor.

6991 *Vorbachzimmern.* Kath. Pfarrkirche St. Nikolaus. Erhalten blieb der romanische Turm mit Schießscharten, an den sich heute ein modernes Langhaus anschließt. Von der ehemaligen Befestigung mit den beiden weiteren Türmen ist nichts erhalten.

6991 *Wachbach.* Ev. Pfarrkirche. Ein romanischer Bau, von dessen Turmobergeschoß ein überdachter Holzgang zum benachbarten ehemaligen Pfarrhaus führt.

6991 *Wildentierbach* (gehört heute zu Niederstetten). Ev. Pfarrkirche (St. Maria). Die romanische Chorturmkirche wurde später wiederholt verändert – besonders das Langhaus. Sie ist heute noch vollständig von einer Wehrmauer umgeben, allerdings nicht mehr in alter Höhe. Schießscharten sind noch an verschiedenen Stellen vorhanden, ebenso ein Rest einer Eckbastion. Der massive Torturm ist zweistöckig und hat Schießscharten. Ins Obergeschoß führt eine Steintreppe vom Kirchhof aus. Die ganze Anlage ist gut restauriert. Von der Kirche soll ein unterirdischer Gang zur abgegangenen Burg und von dort in den Wald in den sogenannten Schloßgraben, der eineinhalb Kilometer vor dem Ort liegt, geführt haben.

Wehrkirchen im Raum Würzburg

8701 *Acholshausen.* Die Friedhofsmauer besaß im Mittelalter und bis ins 19. Jahrhundert einen hölzernen abgedeckten Wehrgang, der ringsum lief und eigenartigerweise »Kirchgaden« genannt wurde. Kragsteine für die Tragbalken sind noch zu erkennen. Gegen die tiefer liegende Straße hat die Mauer starke Strebepfeiler.

8702 *Bergtheim.* Lorenz Fries berichtet (in seinem 1544 erschienenen Buch »Historien, Namen, Geschlecht, Wesen, Thaten, gantz Leben und Absterben der gewesenen Bischoffen Würzburg und Hertzogen zu Franken«) von Bergtheim:

»Während dem erhielten sie die Nachricht, daß mehrere Würzburgische Geistliche ihre Vorräte an Gült- und Zehnt-Getreide in die Gebäude des geräumigen und befestigten Kirchhofes in dem im Schweinfurtergau gelegenen und den Herrn von Grunbach gehörigen Dorfe Berchtheim geflüchtet und aufgespeichert hätten.«

8702 *Billingshausen.* Ev. Pfarrkirche. Langhaus romanisches Mauerwerk (12./13. Jahrhundert), Chor 1585 angebaut. Der Kirchhof war früher befestigt, davon Bruchsteinmauer teilweise erhalten. Reste von Gaden, die im Obergeschoß Fachwerk besitzen.

8702 *Birkenfeld.* Kath. Pfarrkirche St. Valentin. Turmunterbau romanisch, 12./13. Jahrhundert, Obergeschosse 1611. Chor und Langhaus 1841. Auf der alten Abbildung von 1547 ist die Kirchhofbefestigung noch gut erkennbar. In diesen Tagen hat man den Putz des Turmes abgenommen. Dabei wurde die große Choröffnung der ehemaligen Chorturmkirche sichtbar.

8701 *Bolzhausen.* Turm der alten Wehrkirche erhalten, Kirche Echterbau von 1614. Schießscharten in der alten nur z. T. erhaltenen Kirchhofmauer. Nach Hans Dünninger bestand hier eine Wallfahrt zu »Maria im grünen Tal«.

8701 *Bullenheim.* Chorturm-Kirche St. Leonhard. Turmuntergeschoß aus dem späten 13. Jahrhundert, 1731 ausgebaut. Das Langhaus (mit Schießscharten) wurde fast in allen Jahrhunderten (1525, 1558, 1812, 1892 usw.) bis in unsere Tage verändert. Rings um die Kirche findet man Reste der alten Befestigung sowie einzelne Gadenhäuser. Es gibt Mauerreste von 4 m Höhe mit Schießscharten, die noch aus der Zeit des Turmbaus stammen können. Es ist zwar unmöglich, den ehemaligen Zustand sicher zu rekonstruieren, aber es hat den Anschein, daß die im Rechteck um die Kirche angeordneten Gadenhäuser, die mit dicken Mauern untereinander verbunden waren, die Befestigung darstellten.

KINDING

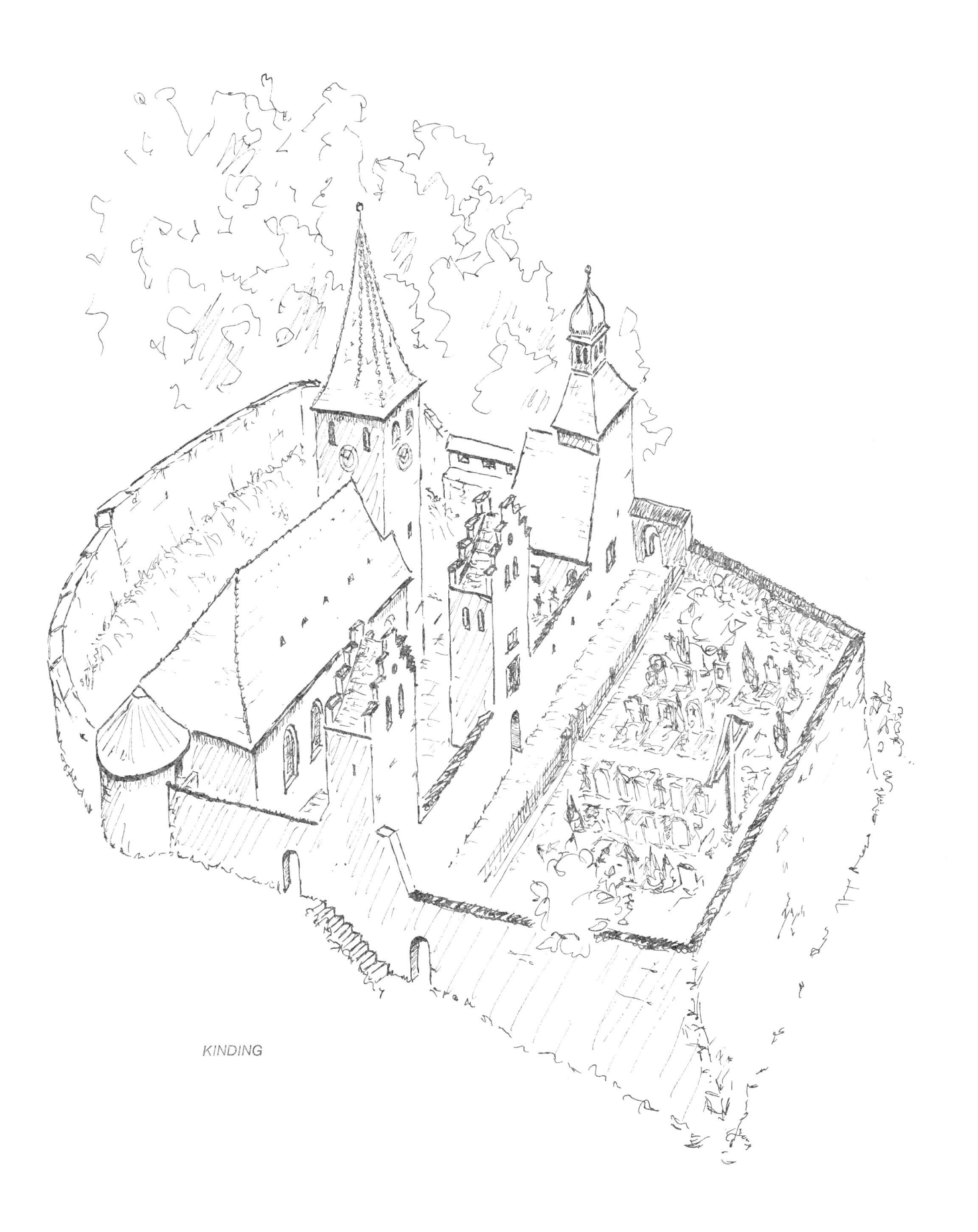

8701 *Eibelstadt.* Vom befestigten Friedhof um die Kirche sind noch Teile der Mauer erhalten, ebenso ein Torturm (13./14. Jahrhundert). Die Kirchhofbefestigung hat sich durch die Stadtbefestigung, die 1575 (1443 Stadtrecht durch Kaiser Sigismund) vollendet war, erübrigt.

8701 *Euerhausen.* Kath. Pfarrkirche St. Nikolaus. Spätmittelalterlicher Turm steht als Kampanile isoliert. Obergeschoß spätes 16. Jahrhundert. Chor und Langhaus 1728. Die »Kunstdenkmäler« schreiben:

»Turm südwestlich von der Kirche, etwa 10 m von dieser entfernt. Ursprünglich Torturm der mittelalterlichen Friedhofsbefestigung. Die Torhalle, in der Tonne gewölbt, erhalten. Der Zugang von Westen jetzt zugesetzt. Gegen Osten Toröffnung im Stichbogen. Die Pfannen für die Torflügel erhalten. In dem über der Torhalle liegenden Raum, zu dem der Zugang östlich über eine hölzerne Freitreppe und Antritt auf zwei Kragsteinen führt, Schlüsselscharte nach Süden. Westlich an der Außenseite unter dem Gurtsims, welches den mittelalterlichen Bau von dem späteren Aufbau trennt, zwei Kragsteine erhalten, die wohl als Träger eines Gußerkers dienten. Unregelmäßiges Bruchsteinmauerwerk, an der Ostseite 1,05 m stark. An der Südostecke des Turmes sind noch bis zu 5 m Höhe Ansätze der Ringmauer zu konstatieren, an der Nordostecke einfacher Strebepfeiler. Obergeschoß über Gurtgesims. Spitzbogige Schallöffnungen mit Fischblasenmaßwerk nach allen vier Seiten. Achtseitiger Pyramidenhelm. An der Ostseite des Turmobergeschosses Sandsteintafel mit dem Wappen der Zobel von Darmstadt. Spätes 16. Jahrhundert. An der Westseite Wappen des Fürstbischofs Julius Echter.«

Da der Turm inzwischen neu verputzt wurde, ist von den Details nichts mehr zu sehen.

8701 *Gnötzheim.* Ev. Pfarrkirche. Ehemaliger Chorturm romanisch, Reste der Befestigungsmauer des Kirchhofs.

8701 *Gülchsheim.* Ev. Pfarrkirche. Der Kern der Chorturmanlage stammt wohl aus der Zeit um 1300, erlebte aber im Laufe der Jahrhunderte zahlreiche Veränderungen. Das Turmobergeschoß wurde 1754/55 aufgesetzt. Reste der alten Friedhofsummauerung.

8702 *Güntersleben.* Kath. Pfarrkirche St. Maternus. Untergeschoß des Turmes romanisch (Wende des 12. Jahrhunderts), um 1602 erhöht. Die »Ringmauer« um den Kirchhof 1620 reparaturbedürftig. Einige Gaden waren damals ebenfalls baufällig. Die Anlage des Beringes noch erkennbar, aber größtenteils beseitigt.

8700 *Heidingsfeld.* In den »Kunstdenkmälern« wird die ehemalige Kirchhofbefestigung ausführlich beschrieben:

»Die ältere Befestigung von Heidingsfeld beschränkte sich, wie häufig, auf den Kirchhof. Der Verlauf des Beringes ist noch wohl konstatierbar, die Mauern sind allerdings größtenteils gefallen. Erhalten geblieben sind zwei Torhäuser, beide im Unterbau romanisch. Südwestliches Torhaus: äußerer Torbogen rundbogig, der Bogen stark gefast, die Fase mit Halbkugeln besetzt. Die Fase begleitet nach außen ein gezackter, angeputzter Bogen. Durchfahrt ursprünglich in der Tonne gewölbt, wie die Ansätze erkennen lassen, jetzt flachgedeckt. Die Seitenwände durch Durchfahrt schließen mit Gesims aus Platten und Schräge, das auch die Ecken der inneren Toröffnung umläuft. Die Schräge ist mit Halbkugeln, Diamanten usw. besetzt. Der Bogen der inneren Toröffnung verändert. Verschlußanlagen fehlen. (Abbildung in Volkskunst und Volkskunde IV [1906], 76.) Nordöstliches Torhaus. Torbögen rundbogig, teilweise gefast. Durchfahrt in der Tonne gewölbt. Die Seitenwände schließen mit Gesims aus Platte und Schräge. Zwei Eisenpfannen für das äußere Tor erhalten. An der inneren Toröffnung eiserne Angelhaken. Die bewohnten Obergeschosse zum Teil barock verändert.« – Von all dem hat sich nichts erhalten. (Fase = durch Abkanten entstandene schmale Fläche anstelle der Kante.)

8701 *Hopferstadt.* Kirchhof mit teilweise alter Ummauerung. An der SW-Ecke Bogenansatz, der wohl einem aufgesetzten Eckürmchen diente. Früher umlaufender Wehrgang.

8701 *Herrenbrechtheim.* Ev. Pfarrkirche. Untergeschoß des Chorturms romanisch. Liegt in Ortsmitte in ummauertem Friedhof, alte Wehrmauer (mit kreuzförmiger Schießscharte) aus dem 15. Jahrhundert zum Teil erhalten.

8701 *Kleinochsenfurt.* Friedhof, starke Ummauerung gut erhalten, auf der Südseite Schießscharten in Form schmaler rechteckiger Schlitze.

8701 *St. Kunigund* bei Burgerroth. Kath. Kapelle St. Kunigundis mit Dachreiter. Ein Beispiel für die einsam stehenden Kapellen, die einer Wallfahrt dienten. Allein Kunigunde sind drei weitere solcher Kapellen geweiht: bei Bullenheim (Ruine), bei Burgumstadt, bei Lauf in Mittelfranken. Manche dieser Kapellen wurden später Pfarrkirchen wie die in Dombühl oder St. Michael in Heustreu. Sie waren alle befestigt. Die Anlage sollte aber nicht nur die Pilger schützen, sondern vor allem das Heiligtum und dessen oft kostbare Reliquien. Wir wissen z. B. aus Frankreich, wo die außergewöhnliche Befestigung der sonst ehemals unbedeutenden Dorfkirche in Venerque nur als Schutz der sehr kostbaren Reliquien zu verstehen ist.

Die Kunigundenkapelle bei Burgerroth war auch als »Altenbergkirche« bekannt, nach einem Höhenvorsprung (dieses Namens) über dem Gollachtal. Über die älteste Geschichte der Kunigundenkapelle ist nichts bekannt. Die Kapelle wurde 1614 unter Fürstbischof Julius Echter restauriert und teilweise umgestaltet. Spätere Renovationen folgten. Der einschiffigen, romanischen Chorturmanlage ist eine halbrunde Erkerapsis vorgelegt.

Der interessanteste Bauteil ist der von außen zweigeschossig wirkende Chor. Er zerfiel ursprünglich in Chor und Krypta, wie aus einer Reihe von Anhaltspunkten hervorgeht. Anläßlich der Renovation von 1614 dürfte die Krypta zugeschüttet und der Chorboden tiefer gelegt worden sein, so daß jetzt die unteren Fenster innen zur Hälfte vom Boden verdeckt werden. In der östlichen Chorwand sitzt die halbrunde Apsis. Das reichgegliederte Äußere der Kapelle hat fast unberührt den romanischen Charakter erhalten.

Die »Kunstdenkmäler« versuchen eine kunstgeschichtliche Würdigung:

»Die Kunigundenkapelle ist ein bedeutendes Denkmal der spätromanischen Baukunst Unterfrankens. Der Stilcharakter der Ornamentik weist auf die gleichzeitigen Baudenkmale im württembergischen Franken, und zwar

LANDERZHOFEN

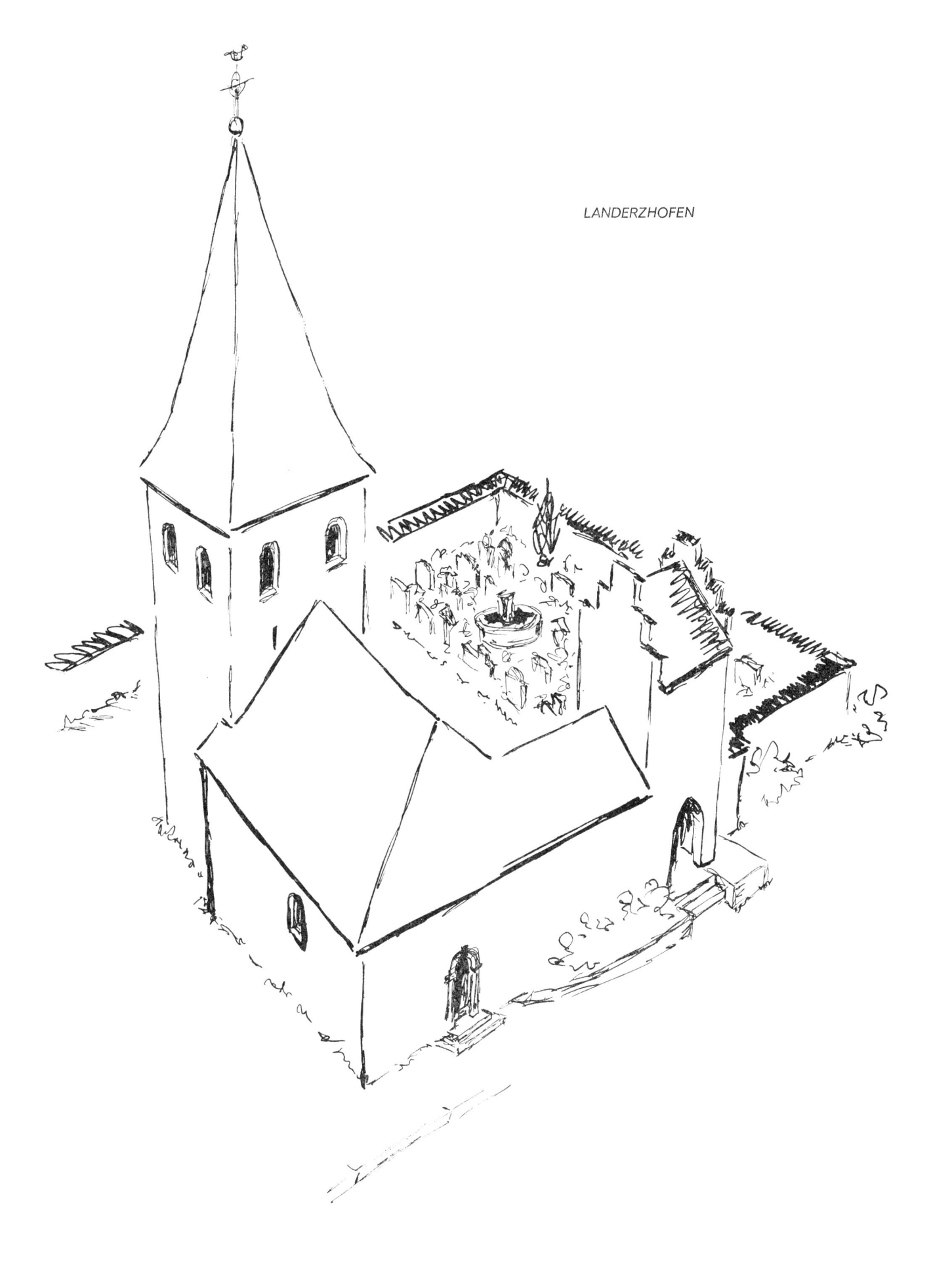

speziell im Gebiet des oberen Tauber- und Kochertals. ... Die Kirche umgibt ein Friedhof, der von einer starken Mauer umfangen wird. Östlich von der Kirche gemauerter Torbau mit rundem Bogen über Kämpfern aus Platte und Schräge. Am Gewände die Pfannen für die alten Tore.
Nach einer Mitteilung des Herrn Konservators Dr. Hock, Würzburg, liegt die Kapelle innerhalb einer vorgeschichtlichen Abschnittsbefestigung, wie aus Scherbenfunden hervorgeht. Von einer mittelalterlichen Befestigung finden sich nordwestlich von der Kapelle außerhalb der Friedhofmauer Reste. Westlich von der Kirche steht auf dem Friedhof eine Linde, die sog. Kunigundenlinde. Umfang ca. 2,50 m.«

8701 *Randersacker*. Kath. Kirche St. Stephan. Spätromanische Anlage mit unverändertem Turm. Der übrige Bau erste Hälfte 16. Jahrhundert. Die Friedhofsbefestigung wurde 1609 errichtet. Der Bering läßt sich noch verfolgen, die Mauern sind jedoch gefallen oder Wohnhäuser angebaut. An der Südwestseite 2 m hoher Rumpf eines halbrunden Turmes mit Renaissancesockelgesims. Das malerische, zweigeschossige Torhaus hat eine Durchfahrt mit Flachdecke (Obergeschoß Fachwerk).

8701 *Sommerhausen*. Ein anschauliches Beispiel für kleine Städte, bei denen die Kirchhofbefestigung der Schwerpunkt der Stadtbefestigung war. Insofern haben sich diese Kleinstädte vom Dorf wenig unterschieden, nur ist es heute dort noch schwerer, die ursrpüngliche Anlage innerhalb der zahlreichen Veränderungen zu erkennen.

8701 *Theilheim*. Frühgotischer Turm, Mitte 13. Jahrhundert. Langhaus vielleicht romanisch, 1737 verlängert. Von der ehemaligen Friedhofsbefestigung an der Nordostecke in beträchtlicher Höhe Mauerreste erhalten. Der Bering war sehr eng. So erklärt sich, daß der Chorturm im Untergeschoß zweigeteilte gotische Fenster hat, im ersten tonnengewölbten Obergeschoß aber Schießscharten.

8701 *Unteraltenbernheim*. Kath. Filialkirche Peter und Paul (Pfarrei Sonderhofe). Turm und Umfassungsmauern des Langhauses Ende 15. Jahrhundert, in der Ortsmitte in wehrhaftem ehemaligem Friedhof, nach Norden modern erweitert.

8701 *Weigenheim*. Neue ev. Pfarrkirche. Ein Mauerrest mit drei Gaden und ein Stück Graben von der mittelalterlichen Kirchhofsbefestigung erhalten.

8701 *Winterhausen*. Ev. Pfarrkirche. Früher Nikolauskapelle wohl aus dem 13. Jahrhundert. Die drei unteren Turmgeschosse romanisch. Die »Kunstdenkmäler« schreiben:
»Eine interessante Anlage ist der Schacht unter der Sakristei. Eine Treppe mit sieben Stufen führt von der Sakristei in einen von zwei Seitennischen flankierten Vorraum, der sich nach Osten zu verengt. Durch eine 60 cm hohe und ebenso breite rechteckige Öffnung, die durch eine in der Mauer laufende Steinplatte verschließbar ist, gelangt man in eine 0,75 x 0,80 m in der Fläche und 0,80 m in der Höhe messende Kammer, die nach Osten und Norden sowie im Boden kleinere Seitenkammern, in gleicher Weise wie der Eingang abschließbar, enthält. Eisentür vor der Hauptkammer mit gekreuztem Bandeisen. Enden lilienförmig: spätgotisch. Die Anlage, wohl aus derselben Zeit, diente vermutlich zur Aufbewahrung der Kirchengeräte in Zeiten der Gefahr.«
Um die Kirche starke Maueranlage der mittelalterlichen Friedhofsbefestigung mit zwei teilweise erhaltenen Treppen aus vorkragenden Steinen. Vorkragung im Mauerwerk lassen einen Wehrgang vermuten. Östlich rundbogiges Eingangstor. In den Ecken Reste von nach innen offenen Rundtürmen mit Schießscharten.

Wehrkirchen im Raum Schweinfurt

8721 *Geldersheim*. Kath. Pfarrkirche St. Nikolaus. Untergeschosse des ehemaligen Chorturms 13. Jahrhundert; Langhaus, Turmobergeschosse und Treppentürmchen 1618, Kuppelbedachung des Turms 1692. Unter dem ehemaligen Chor (im Turm) Krypta, die heute durch den Treppenturm erreicht werden kann. Sie besitzt Gerätenischen und beherbergte früher einen Altar. Die »Kunstdenkmäler« schreiben:
»Die Anlage einer Krypta, wie sie die Geldersheimer Kirche in ihrem spätromanischen Turm besitzt, ist eine ungewöhnliche Erscheinung. In kleineren Kirchen waren Krypten an sich selten, außerdem war der Bau von Unterkirchen im 13. Jahrhundert überhaupt außer Übung gekommen. Was die Geldersheimer Anlage bestimmte, ist völlig dunkel. Sicher ist nur, daß es sich nicht um ein Ossarium handelt, sondern um einen gottesdienstlichen Raum ... Ein verwandtes Beispiel bietet Zeilitzheim ... Es scheint also eine territoriale Gepflogenheit vorzuliegen, worauf auch die Euerbacher Anlagen deuten.«
Die Kirche ist von Gaden umgeben und einer Toranlage. Eine Seite – zur Bundesstraße hin – wurde zugunsten einer parkartigen Anlage (mit Bildstock) abgerissen. Innerhalb des Kirchhofbereichs liegt auch der Chor einer heute profanierten Friedhofskapelle (1612 als Frühmeßkirche erwähnt) von 1576.

8726 *Gochsheim*. Ev. Pfarrkirche. Chor und Turm stammen aus dem Jahre 1511. Am Langhaus Veränderungen bis in unsere Tage. Wenn auch manche Gaden nicht im besten Zustand und neue Teile (allerdings unbedeutend) hinzukamen, so erhält man doch den Gesamteindruck einer im wesentlichen erhaltenen, runden Gadenburg (wie sie Mönchsondheim für eine rechteckige darstellt). Die sie umgebende Mauer ist an manchen Stellen bis zu 5 m hoch. Der dreigeschossige Torturm stammt aus dem 13. Jahrhundert. Zwei Gaden können sogar aus romanischer oder frühgotischer Zeit stammen; es sind sicher die ältesten in Unterfranken, wenn nicht ganz Frankens. Die Gaden sind alle unterkellert.

8722 *Grafenrheinfeld*. Kath. Pfarrkirche Kreuzauffindung. Nach einer Bauaufnahme Balthasar Neumanns bildete der Grundriß der alten Kirche ein griechisches Kreuz. Von den dort verzeichneten Gaden, dem Schul- und Brauhaus ist nur letzteres übriggeblieben. Gefängnisturm, Graben und selbst der Brunnen sind verschwunden.

8721 *Kolitzheim*. Kath. Pfarrkirche St. Stephan. Unterbau des Turmes 14. Jahrhundert. Untergeschosse mit rechteckigen und quadratischen Schartenfenstern. Um die Kirche alte Friedhofsmauer mit rechteckigen Schießscharten. Teilweise ziemlich gut erhalten.

PREITH

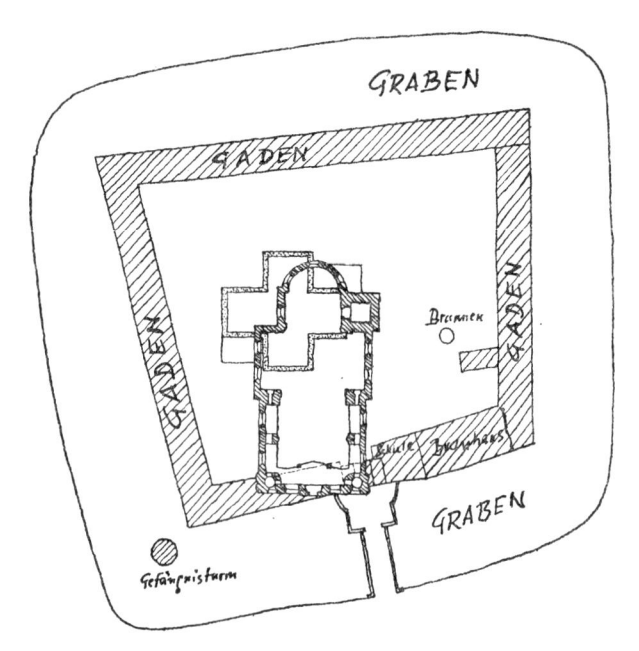

Der Entwurf Balthasar Neumanns für den Neubau der Kirche in Grafenrheinfeld zeigte noch die alte Gadenbefestigung.

8722 *Lülsfeld.* Kath. Pfarrkirche Allerheiligen. Turm, der ehemals den Chor enthielt, geht im Unterbau auf das 14. Jahrhundert zurück. Südlich der Kirche 3 m hohe Reste einer alten Befestigungsmauer, heute in einer Scheune verbaut (1913 errichtet).

8721 *Zeilitzheim.* Ev. Pfarrkirche. Chorturmkirche, 14. oder frühes 15. Jahrhundert, Langhaus im 17. Jahrhundert verändert. Unter dem Chor kryptaartiger Raum. Zugang durch eine Treppe in der Mauerdicke des südlichen Chorbogengewändes. Die »Kunstdenkmäler« schreiben: »Interessant ist der gruftartige Raum unter dem Chor. Eine verwandte ältere Anlage ist in der Mauritiuskirche zu Winterhausen erhalten und in Geldersheim. Bei der verwandten Anlage in Altenschönbach muß man an ein Ossarium denken, weil ein Eingang vom Friedhof aus besteht. In Zeilitzheim dagegen und in den beiden anderen Fällen besteht ein solcher Zugang von außen nicht. Es ist daher fraglich, ob es sich hier um einen Karner handelt.«

Nördlich der Kirche Reste der ehemaligen Friedhofsbefestigung. Die vorhandenen Gaden (an einem Wappen der Herren von Fuchs und Jahreszahl 1787) wurden kürzlich sehr gut renoviert.

8722 *Zeuzleben.* Kath. Pfarrkirche St. Bartholomäus. Untergeschosse des Turms spätes 13. Jahrhundert, wahrscheinlich beherbergte der Turm vor dem Bau des Langhauses 1602 den Chor. Heute ist die Sakristei darin untergebracht. In die Obergeschosse kann man nur mittels Leiter durch eine kleine Türöffnung im Obergeschoß gelangen. Die spitzbogige Öffnung ist lediglich in ihrer Spitze 162 cm hoch und nur 69 cm breit, also ganz auf Verteidigung abgestellt. Zudem konnte sie von innen mit Balken verriegelt werden, die Stützlöcher sind noch vorhanden. Die Schießscharten sitzen an den Ecken.

Wehrkirchen im Raum Kitzingen/Scheinfeld

8711 *Albertshofen.* Reste einer Kirchhofbefestigung, deren Mauern größtenteils überbaut sind.

8711 *Eichfeld.* Ev. Pfarrkirche von 1902. Der viergeschossige Turm 14./15. Jahrhundert. Im Untergeschoß Chor mit Kreuzrippengewölbe. Im zweiten und dritten Geschoß Schlitzscharten. An einer Ecke sind Gaden erhalten. Dazu zählt auch das ehemalige Gemeindehaus (Standesamt), das Pfarr- oder Schulhaus gewesen sein kann, mit einer nicht entzifferbaren Inschrifttafel über dem »Kellereingang« (oder genaugenommen zu den ruinösen Parterreräumen). Alles übrige mußte vor 1902 dem Kirchenneubau weichen.

8715 *Hellmitzheim* (Stadt Iphofen). Ev. Pfarrkirche. Die Chorturmkirche lag innerhalb einer Kirchenburg mit Kirchgaden in der Ortsmitte. Bis auf die Umfassungsmauern der Kirche 1945 alles zerstört.

8711 *Herrnsheim.* Ev. Pfarrkirche. Romanischer Turm 12. Jahrhundert. Das Satteldach des Langhauses steht in der hinteren Ecke über den rund abschließenden Bau hinaus. Konsolsteine halten es. Die Wehrmauer verhinderte wohl eine Bauerweiterung bis in die Fundamente. Die ehemalige annähernd rechteckige Friedhofsbefestigung

Gadenburg Eichfeld vor 1902.

RÖCKERSHOFEN

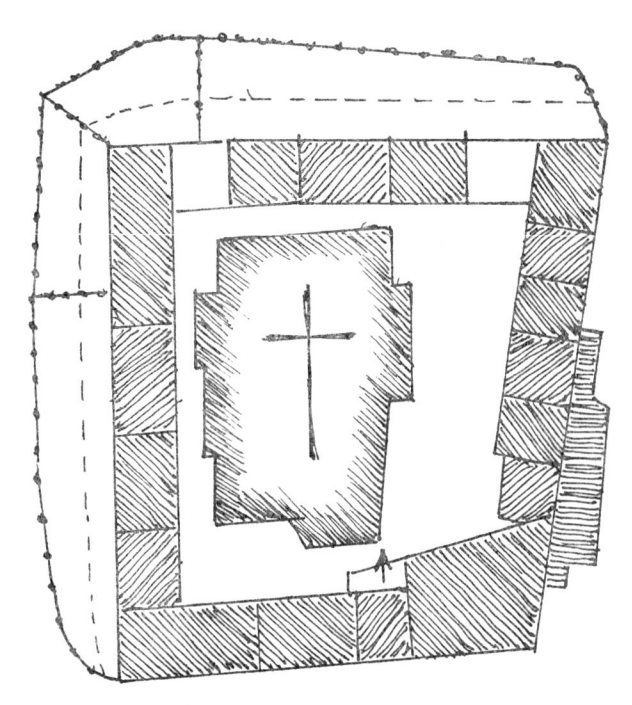

Gadenburg Eichfeld vor 1902.

in Bruchsteinmauerwerk (13. Jahrhundert) zwischen 3 und 6 m hoch. Südseite spitzbogiges Tor. Innen an der Mauer unterkellerte Gaden angebaut; gut renoviert.

8711 *Hüttenheim.* Ev. Pfarrkirche. Romanischer Turm, frühes 13. Jahrhundert. Schlitzfensterchen. Von der ehemaligen Friedhofsbefestigung noch Bruchsteinmauerwerk bis zu 5 m hoch, Tor von 1596. Die Gaden sind fast alle baufällig, die Keller noch benützt. Auffällig daran ist die getrennte Anlage von Gadenbau und Keller, eine Form, die auch einige benachbarte Gadenkirchburgen aufweisen. Die Keller haben einen vom übrigen getrennt stehenden schrägen Eingangsvorbau.

8711 *Kleinlangheim.* Ev. Pfarrkirche. Turm (ehemals Chorturm) um 1300, Langhaus 15. Jahrhundert, um 1600 nach Süden erweitert. Die Friedhofsbefestigung aus dem 12./14. Jahrhundert mit Mauern von 6 m Höhe noch erhalten. Neben dem Tor ein Halseisen. Früher lief ein Graben rund um die Mauer. 1461 nahm Bischof Johann III. von Würzburg im Krieg gegen Markgraf Albrecht Achilles den Friedhof ein. Rundum noch die alten Gaden erhalten, auch wieder mit getrennten Kellern.

8711 *Mainsondheim.* Kath. Kuratiekirche Mater dolorosa, 15. Jahrhundert. Um 1577, 1705 usw. verändert. Runder Treppenturm am Langhaus von 1583.

8711 *Markt Einersheim.* Ev. Pfarrkirche St. Matthäus. Chorturm aus dem 13. Jahrhundert, im 14. Jahrhundert erhöht. 1414 Torturm. In die unterkellerten Kirchgaden ist das Rathaus miteinbezogen. Dieser viereckige Kirchhof liegt erhöht auf einer Hügelnase. Die alte Wehrmauer wurde 1734/35 gründlich erneuert; heute noch zum Teil übermannshoch erhalten. Ein Gaden mit 1596 bezeichnet. Aus der ehemaligen Seelenmeßkapelle mit Beinhaus im Untergeschoß wurde 1960 eine Garage. Nachbarhäuser sind z. T. auf den Kellern der ehemaligen Gaden aufgebaut.

8711 *Marktsteft.* Ev. Pfarrkirche. Bau von 1623 und 1911. Kirchgaden und Kirchhofmauer von 1593, dreigeschossiger Torturm (jetzt Rathausturm).

8715 *Mönchsondheim (Stadt Iphofen).* Ev. Pfarrkirche St. Bonifatius. Die Kirchgadenanlage, in deren Mitte die Chorturmkirche liegt, gilt als eine der am vollständigsten erhaltenen Gadenburgen. An der Kirche haben viele Jahrhunderte gearbeitet, nachdem 1638 Turm und Kirche eingestürzt waren. Das zweigeschossige Torhaus wurde 1698 erbaut. Die meisten erhaltenen Gaden entstanden im 18. Jahrhundert. Sie wurden z. T. auf alten Resten und Kellern errichtet. Die Kirchenburg dürfte aber im 15. Jahrhundert entstanden sein. Brunnentrog am Hang außen. Die Enge – möglicherweise durch Kirchenerweiterungen – läßt keinen Platz für Gräber erkennen. Obwohl an manchen Teilen dieser Anlage der beginnende Verfall deutlich ins Auge springt, ist sie im ganzen gesehen ein so schönes Beispiel einer rechteckigen Gadenburg, wie sie Gochsheim für eine runde darstellt.

8715 *Nenzenheim (Stadt Iphofen).* Ev. Pfarrkirche. Nur Turmuntergeschosse alt. Barocke Zwiebelkuppel 1945 durch ein Zeltdach ersetzt. Diese rechteckige Kirchenburg wurde bereits 1370 erwähnt. Außenmauern heute noch meterdick, in 3 m Höhe Schießscharten, innen mit unterkellerten Kirchgaden besetzt. Nordflügel der Anlage wurde 1910 zugunsten des Kirchbaues abgebrochen. Das 1594 erbaute Torhaus wurde zugleich Rathaus (1697 verändert). Einer der Gaden enthält eine Kelter. Der linke Teil der Gaden ist eingestürzt oder wurde als baufällig abgebrochen, soll aber wieder aufgebaut werden. Die Keller werden aber nach wie vor benützt.

8711 *Obernbreit.* 1462 nahm Fürstbischof Johann III. von Würzburg im Krieg mit Markgraf Albrecht Achilles den befestigten Markt samt der Friedhofsbefestigung nach viertägiger Belagerung.

8711 *Obereisenheim.* Ev. Pfarrkirche. Chor und Turmunterbau aus dem 15. Jahrhundert. Am südlichen Langhausportal »1496«. Turm dreigeschossig, im zweiten Geschoß Schlitzscharten. Um die Kirche noch teilweise die alte Kirchhofmauer des 15. bis 16. Jahrhunderts (stellenweise 2 m hoch) mit Schießscharten. Östlich der Kirche Rundbogenportal von 1744.

8711 *Segnitz.* Turm, 13. Jahrhundert. Kirchhofmauer teilweise erhalten. An der Südwestecke viereckiges, zweigeschossiges Befestigungstürmchen. Der heutige Friedhof liegt außerhalb.

8711 *Seinsheim.* Vor dem Ort Kirchhof, laut Inschrifttafel 1552 befestigt. An der Ecke zur Durchgangsstraße zwei große Schlüsselscharten. Um den Kirchenneubau alte Gaden und freistehende Keller.

8711 *Willanzheim.* Kath. Pfarrkirche St. Martin. Turm aus dem 14. Jahrhundert, im 18. Jahrhundert verändert. Kirchhofbefestigung mit Gaden, im Süden noch Teile aus dem 14. Jahrhundert. Ehemals zwei Tore, nur das östliche erhalten (gänzlich verwitterte Reliefdarstellung). Darunter Reste des Halseisens, wohl eines ehemaligen Prangers. Schlitzfenster (Wappen des Herzogtums Franken und Jahreszahl 1619).

LEINBURG

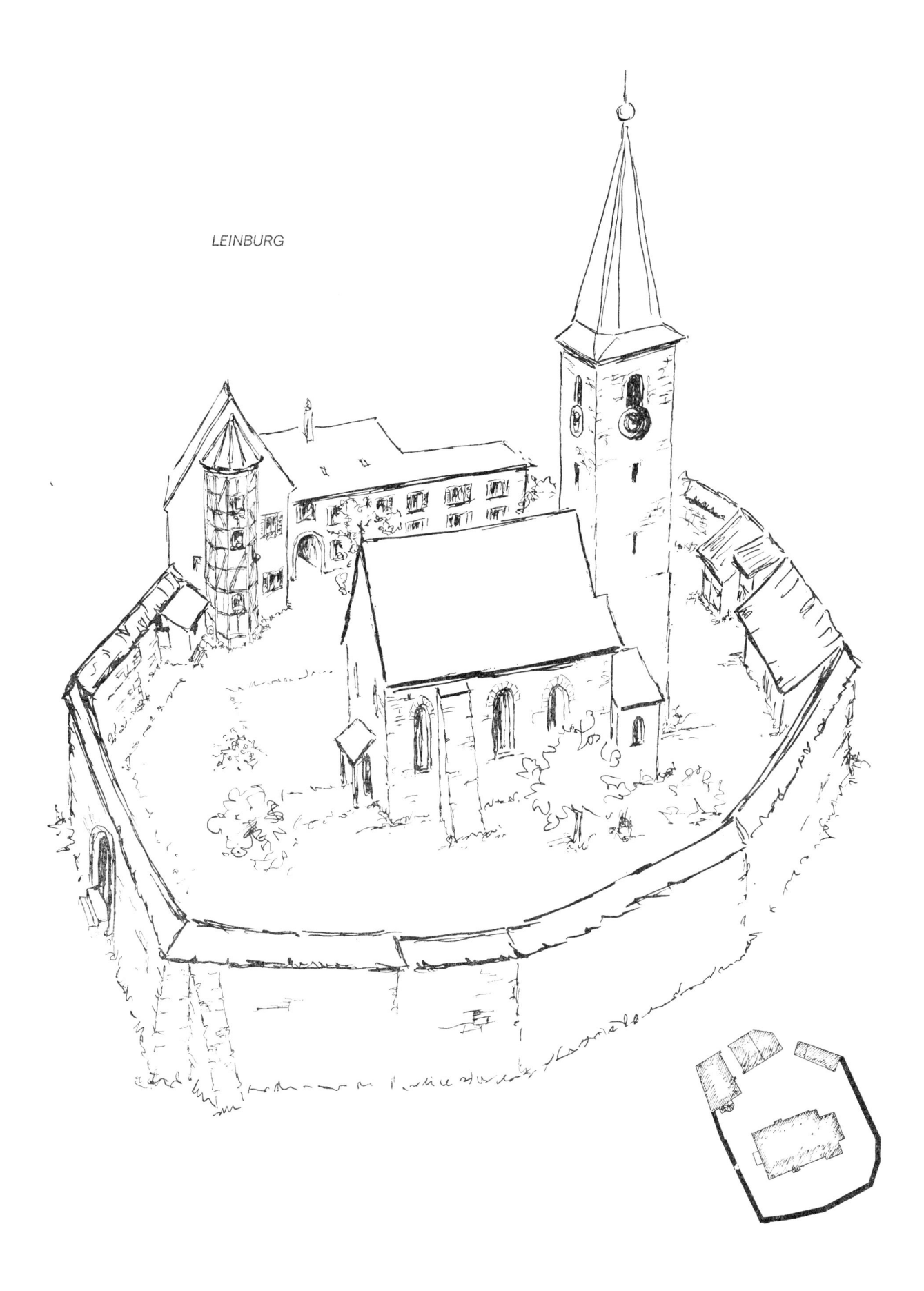

pfar

1530

Fritz fuchs der Elter
Stiffter diese Kirchen
zu Sanndt Georgen
Im 1305 Jare

Die Kirchen zu Krafftshof ist von Herrn

1620

1908

KRAFTSHOF

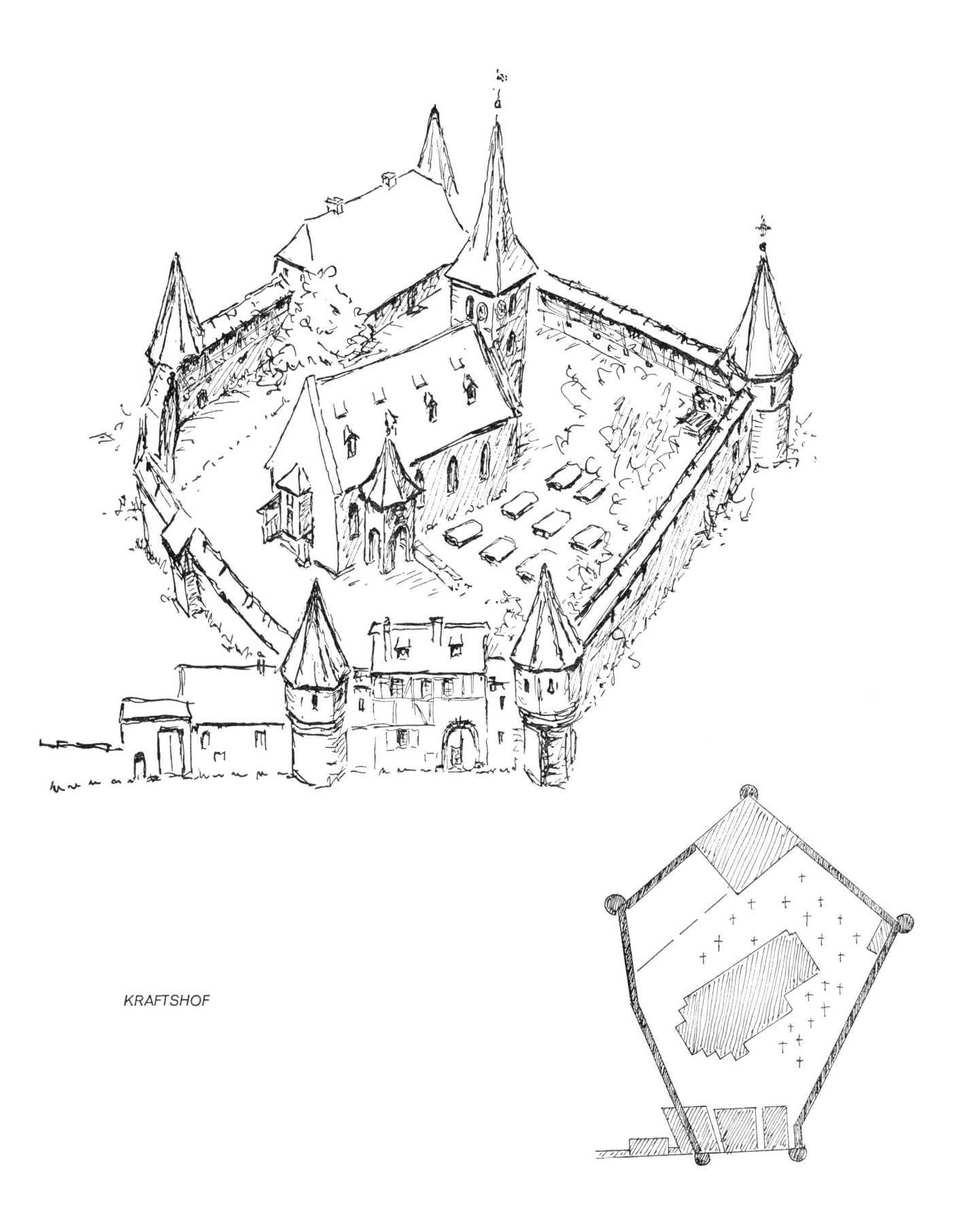

Wehrkirchen im Raum Rothenburg

8801 *Adelshofen.* Ev. Pfarrkirche St. Nikolaus. Früher zu Gattenhofen gehörig. 1716/18 vollständiger Neubau, liegt in ummauertem Friedhof mit rundbogiger Pforte von 1528.

8801 *Altenbernheim.* Die Verbindung zwischen Kirche und Schloß ist in diesem Gebäudekomplex so eng, wie sie sonst kaum mehr anzutreffen ist.

8801 *Bellershausen.* Kath. Kuratiekirche St. Laurentius. Chorturmkirche in ummauertem Friedhof, Turmuntergeschoß und Umfassungsmauern hochmittelalterlich (romanische Anlage war Kilian geweiht).

8801 *Bettenfeld.* Ev. Pfarrkirche hl. Wendel und Heilig Kreuz, Chorturmkirche erhöht in ummauertem Friedhof, Umfassungsmauern zweite Hälfte 13. Jahrhundert.

8801 *Bettwar.* Ev. Pfarrkirche St. Georg. Chorturmkirche, zweite Hälfte 13. Jahrhundert. In ummauertem Friedhof. Obergeschoß des Turmes Fachwerk.

8801 *Burgbernheim.* Ev. Stadtpfarrkirche Johann Baptist. Hoch über der Stadt in einer ehemaligen »Fliehburg«, wie am Eingang zum Torhaus zu lesen ist, die stattliche Stadtkirche, Turm um 1300. Beim Neubau des Langhauses 1876 romanisches Portal wieder verwendet. Der Dachboden des Langhauses war noch im 17. Jahrhundert Getreidespeicher. Die Anlage, ursprünglich doppelt ummauert, die Innenmauer mit Wehrgang, davor der Zwinger, barg das Propsteihaus, den Karner und wie man aus Kirchenrechnungen weiß, Gaden. Die Ecken waren wie in Ostheim mit Wachtürmen bewehrt. Ein Rundturm (Seilerturm) und das Torhaus (1545) sind erhalten. Eine Steinbrücke führt zur Anlage, vor der Brücke war ein weiteres Tor.

8801 *Cadolzhofen.* Ev. Tochterkirche Heilig Kreuz. Erhöht in ummauertem Friedhof. Untergeschoß des Chorturms und Umfassungsmauern romanisch.

8803 *Dettwang* (Stadt Rothenburg). Ev. Kirche Peter und Paul. Romanische Chorturmkirche, in der Gotik quadratische Totenkapelle an den Turm anstelle der Apsis angebaut. Zugang zum Turm über den Kirchendachboden. Fachwerk (verputzt) – Obergeschoß des Turmes 1767 erneuert. Das erhaltene romanische Torhaus ist wuchtiger Zeuge und Rest der früheren Befestigung. An der Außenwand der Kirche eine schöne Totenleuchte. In den Befestigungsbereich war sicher sowohl »das Klösterle« (ein ehemaliges Frauenklosterpriorat) wie auch eine Mühle einbezogen.

8801 *Dombühl.* Ev. Pfarrkirche St. Veit. Kleine Chorturmkirche, liegt auf beherrschendem Hügel in einer Kirchhofbefestigung des 14. Jahrhunderts. 1449/50 von den Rothenburgern erstürmt. Nach dem Bauernkrieg wurde die Festung geschleift, die ovale Brockenquadermauer blieb jedoch in etwa halber Höhe erhalten, die Reste eines rechteckigen und von vier runden Türmen erkennen lassen. Das spitzbogige Tor der Südseite ist zugesetzt. Das westliche Tor mit gezimmertem Sturz ist jüngsten Datum. Zu dieser Kirche bestand eine protestantische Karfreitags-Wallfahrt. Die Anlage erinnert an St. Michael in Heustreu.

8801 *Erzberg.* Ev. Pfarrkirche St. Gallus. Die Chorturmkirche, 15. Jahrhundert, liegt erhöht in ummauertem Friedhof.

8801 *Faulenberg.* Ev. Tochterkirche St. Sixtus. Chorturmkirche (14. Jahrhundert). Turm nur bis in Höhe des Langhauses erhalten, in ummauertem Friedhof.

8801 *Gattenhofen.* Ev. Pfarrkirche St. Michael. Chorturmkirche, deren älteste Teile aus der Zeit um 970 stammen sollen (bei Restaurierung gefunden), liegt in ehemals befestigtem Kirchhof (Tore neu).

8801 *Gebsattel.* Kath. Pfarrkirche St. Laurentius. Chorturmkirche (um 1250), erhöht in Friedhof, dessen spätmittelalterliche Befestigungsmauer weitgehend abgetragen ist. Massives rundbogiges Tor.

8801 *Geslau.* Ev. Pfarrkirche St. Kilian. Ehemalige Chorturmkirche (um 1400; heute Ostturm der Markgrafenkirche) in ehemals befestigtem Friedhof.

8801 *Habelsee.* Ev. Pfarrkirche St. Michael. Die Chorturmkirche (14. Jahrhundert) hinter dem Schloß in ummauertem, ehemals befestigtem Friedhof.

8801 *Insingen.* Ev. Pfarrkirche St. Ulrich und Sebastian. Chorturmkirche (1489), zur Straße hin mit hoher alter Stützmauer gesichert. Das Kirchendach des Langhauses besaß einen Aufzug für Getreidesäcke, deren Inhalt auf dem Dachboden gelagert wurde.

8801 *Leuzenbronn.* Ev. Pfarrkirche St. Andreas. In der Mitte des Orts in ehemals befestigtem Friedhof. Langhausmauern 11./12. Jahrhundert, darunter (1950) Reste eines alten Chorturmes ausgegraben.

8801 *Mosbach.* Ev. Pfarrkirche Unsere Liebe Frau und Maria Magdalena. Chorturm von 1489; 1614 ausgebrannt, mit weniger Stockwerken wiederaufgebaut. Langhaus wiederholt restauriert und verändert, in teilweise erhaltener Kirchhofbefestigung aus dem 15. Jahrhundert, 1833 auf Brusthöhe abgetragen. Sockel einer Rundbastion erhalten.

8801 *Neunstetten.* Kath. Pfarrkirche St. Veit. Turm 1482. Langhaus öfters verändert. Als 1891 die Wehrmauer auf Brusthöhe abgetragen wurde, entfernte man auch das Torhaus mit der Kapelle und schüttete den Graben zu.

8801 *Ohrenbach.* Ev. Pfarrkirche St. Johannes Baptist. In der Mitte des Orts in ummauertem Friedhof gelegene Chorturmkirche (hochmittelalterlich).

8801 *Ottenhofen.* Ev. Pfarrkirche St. Gumbertus und Urban vom Anfang unseres Jahrhunderts, nicht mehr im alten Friedhof. Das romanische Kirchenportal des 12./13. Jahrhunderts blieb im alten Kirchhof als Friedhofportal in der mit Schießscharten versehenen Wehrmauer. Sie besitzt ein weiteres spätgotisches Portal.

8801 *Preuntsfelden.* Ev. Tochterkirche St. Nikolaus. Im Kern romanische Chorturmkirche in ummauertem Friedhof.

8801 *Reichardsroth.* Ev. Filialkirche (Pfarrei Langensteinach), Johann Baptist. Rest einer ehemaligen romanischen Pilgerspitalkirche, von der Vierungsturm und Chor übriggeblieben sind. Alle anderen Baureste stammen von dieser Pilgerspitalanlage, die unter Kaiser Friedrich I. am Platz einer Zelle des Einsiedlers Reichard († um 900) errichtet wurde.

8803 *Rothenburg.* Die Wolfgangskirche ist in die Befestigungsanlage der Klingenbastei einbezogen.

8801 *Sommersdorf.* Ev. Pfarrkirche. Die alte und die neue Kirche waren unmittelbar in das Verteidigungsvorwerk des Wasserschlosses einbezogen, das dem Benediktinerkloster Herrieden gehörte.

EFFELTRICH

8801 *Steinach* an der Ens. Ev. Pfarrkirche St. Maria. Von der alten, in der ersten Hälfte des 14. Jahrhunderts erbauten Kirche sind Turm und Chor erhalten. Sie liegt auf dem höchsten Punkt des Orts in einem ehemals befestigten, jetzt noch ummauerten Kirchhof.

8801 *Stettberg.* Ev. Pfarrkirche St. Nikolaus. Chorturmkirche 12. Jahrhundert) liegt erhöht in der Ortsmitte in ummauertem Friedhof.

8801 *Tauberscheckenbach.* Ev. Pfarrkirche St. Johann Baptist. Chorturmkirche (14. Jahrhundert) in ummauertem Friedhof.

8801 *Unterwörnitz.* Ev. Pfarrkirche St. Martin. In ummauertem Friedhof gelegene Chorturmkirche (1519).

8801 *Weissenkirchberg*, Gemeinde Brunst. Ev. Pfarrkirche St. Wenzel. Auf der höchsten Erhebung zwischen den Ortsteilen Brunst und Netzweiler in ehemals befestigtem Friedhof gelegene Markgrafenkirche. Turm und Chor stammen noch von dem spätmittelalterlichen Bau, wie die Wehrmauer 1885 auf halbe Höhe abgetragen und stellenweise noch bis an die ursprüngliche Mauerkrone (mit Schlüsselscharte).

8801 *Wettringen.* Ev. Pfarrkirche Peter und Paul von 1447. Eine der wenigen erhaltenen Chorturmkirchen, deren Langhaus noch ein ausgebautes Dachgeschoß von 1545 besitzt: ein Dachboden mit Gaube für den Aufzug des Getreides, darunter ein Stockwerk mit Abteilungen und vielen kleinen Fenstern, die mit Holzläden verschlossen werden. Ob dieser Teil nur mit einer Leiter über die in luftiger Höhe liegende kleine Türe zu erreichen war oder ob diese ebenfalls zum Aufzug von Materialien diente oder ob ein Holzgang wie in Wachbach zum ehemaligen Pfarrhaus führte, ist nicht mehr feststellbar. Die »Kunstdenkmäler« (Kurzinventar von 1967) sehen in diesem Dachboden nur eine Art Zehntscheuer. Das trifft sicher für den oberen Dachboden zu, nicht aber für das unmittelbar über dem Langhaus liegende Geschoß; denn für einen reinen Getreidespeicher wären die vielen Fensterluken nicht nötig gewesen. Übrigens besaß das benachbarte Insingen eine ähnliche Einrichtung, ebenfalls mit Gaubentüren und Aufzug für die Getreidesäcke.

Ein kräftiges Tor mit tonnengewölbtem, überdachtem Durchgang – wohl früher ein Torhaus von 1688 – schützt den Eingang der ummauerten Anlage. Von der ehemaligen Befestigung dürfte nur die abgestrebte Mauer zur Straße hin – allerdings nicht in ursprünglicher Höhe – erhalten sein.

8801 *Wildenholz.* Die ehemalige Chorturmkirche (ev. Pfarrkirche St. Jakob) – um 1300 – in ummauertem Friedhof.

Wehrkirchen im Raum Ansbach

8802 *Auerbach.* Ev. Pfarrkirche St. Maria. Gotischer Chorturm mit barockem Saalbau, Friedhof Bruchsteinmauer mit großem Rundbogenportal, Jahreszahl 1576, daneben hölzerner Ziehbrunnen.

8802 *Elpersdorf.* Ev. Pfarrkirche St. Laurentius. Spätgotischer Chorturm mit Sakristei, Saalbau von 1907 (südliche Längswand alt). Schlußstein im Chor Relief des hl. Laurentius. Niedriges Turmobergeschoß 18. Jh. aus Fachwerk mit vierseitigem Pyramidendach. Friedhof bis ins 18. Jahrhundert mit hoher Wehrmauer.

8802 *Flachslanden.* Ev. Pfarrkirche St. Laurentius. Chorturm 13. Jahrhundert. Alte Friedhofsmauer nur an der Ostseite mit Schießscharten im Quadersteinmauerwerk erhalten; außen gotisch profilierte Nische.

8802 *Götteldorf.* Ev. Filialkirche St. Leonhard (Pfarrei Dientenhofen) Wehrkirche spätes 13. Jahrhundert. Chorturm und Saalbau. Auf dem Türsturz des Außeneinganges der Sakristei Leonrodsches Wappen bez. 1584. Gumbertusbrunnen.

8802 *Großhaslach.* Ev. Pfarrkirche St. Maria. Turmneubau bez. 1497; Langhaus 1783, Turm 1824 ausgebrannt. Innerhalb ehem. Wehrfriedhof, vielleicht an Stelle eines bezeugten »castrums«. Weit um die Kirche herumgeführt, einst auch das Pfarrhaus umschließende hohe Quadersteinmauer nur in geringen Resten erhalten. Neben dem kleinen Bahrhaus (Portal mit Eselsrücken) an der Westseite großer Reliefstein mit Apostelkreuz (Radkreuz) eingemauert.

8802 *Kirchenbirkig.* Chorturmanlage in ummauertem ehemaligem Friedhof.

8802 *Kleinhaslach.* Ev. Pfarrkirche St. Martin. Spätgotischer Chorturm, barocker Saalbau. Friedhofbefestigung mit doppeltem, terrassenartig übereinander gestuftem Mauerring mit Strebemauern und Rundbogenportal.

8802 *Lehrberg.* Ev. Pfarrkirche St. Margareta (St. Maria und Heilig Kreuz) an der Durchgangsstraße. Ehem. Wallfahrts- und Eichstätter Eigenkirche, inmitten des Ortes auf dem »Kirchenbuck«. Gotischer Chorturm (Sandsteinquaderwerk) und barocker Saalbau. Zwei Turmobergeschosse von 1785. Alter Friedhof mit zum Teil sehr hoher Bruchsteinmauer. Grabkapelle aus der Mitte des 18. Jahrhunderts.

8802 *Mitteldachstetten.* Ev. Pfarrkirche. Chorturm 14./15. Jahrhundert, mit Schießscharten. Saalbau Mitte 18. Jahrhundert. Ehem. Wehrfriedhof mit Schießscharten und erneuertem Holzpfostenportal mit Ziegelabdeckung von 1776.

8802 *Moratneustetten*, Gemeinde Haasgang. Ev. Filialkirche St. Martin (Pfarrei Weihenzell). Frühgotisch, spätes 13. oder frühes 14. Jahrhundert, 1726 und 1865 renoviert. Chorturmkirche im ehemaligen Wehrfriedhof.

8802 *Neunkirchen.* Ev. Pfarrkirche. Gotischer Chorturm, barockes Langhaus. Von der Friedhofsbefestigung an der West- und Nordseite hohe Bruchsteinmauer übrig.

8802 *Neustetten.* Kath. Filialkirche St. Jakob (Pfarrei Virnsberg). Gotische Chorturmkirche mit barockem Saalbau in Friedhofsbefestigung mit starker hoher Mauer, Spitzbogenportal über steiler Treppe.

8802 *Obersulzbach.* Ev. Pfarrkirche St. Maria. Turm und Chor wohl noch 14./15. Jahrhundert, Langhaus 1728 umgestaltet. Turmuntergeschoß ehem. Taufkapelle. Friedhofsbefestigung aus starker, ursprünglich noch höherer Bruchsteinmauer. Großes Rundbogenportal im Torhaus.

8802 *Petersaurach.* Ev. Pfarrkirche St. Peter. Gotischer Chorturm mit Langhaus von 1878. Unter dem Glockenstuhlgeschoß des Turmes vermauerter Zugang zum Dachboden der alten Kirche.

HANNBERG

8802 *Sachsen.* Ev. Pfarrkirche St. Alban. Romanischer Bau erste Hälfte 13. Jahrhundert, nach Brand 1449/50 Turmneubau, 1804 Umbau und Verlängerung des Langhauses. An der Giebelwand neben dem Turm mit Schießscharten alte Anschlußsteine sowie alter zugemauerter Zugang zum Dachboden des Langhauses vom Turm aus. Ehem. Wehrfriedhof mit großenteils erhaltener hoher Bruchsteinmauer und Strebemauern wohl von der Vergrößerung von 1323. Unter der modernen Gefallenen-Gedächtnis-Kapelle südlich der Kirche Krypta der ehemaligen Sebastiankapelle von 1491, ein kurzer, tonnengewölbter Raum mit kleinen Spitzbogenfenstern und Spitzbogenportal.

8802 *Markt Triebendorf*, Gemeinde Betzendorf. Ev. Filialkirche (Pfarrei Bürglein). Spätromanische Chorturmkirche 13. Jahrhundert. Im Turmgeschoß schmale hohe Schießscharten.

8802 *Veitsaurach.* Kath. Pfarrkirche St. Vitus, früher Wallfahrtskirche. Ehem. Wehrkirche mit spätgotischem Turm und mehrfach verändertem Langhaus. Im ersten Turmobergeschoß Schießscharten. Kirchhofbefestigung mit Verteidigungsturm bei der Friedhofserweiterung von 1879 weitgehend abgetragen.

8802 *Weihenzell.* Ev. Pfarrkirche St. Jakob. Turmuntergeschoß 14./15. Jahrhundert inmitten eines Friedhofs mit ehemaliger Wehrmauer, durch die eine tiefe, steile Treppe von der Straße in den Kirchhof führt.

8802 *Wernsbach* bei Ansbach. Ev. Pfarrkirche St. Johannes, an Stelle einer anderen Marienkapelle von 1168. Chorturmkirche (15. Jahrhundert) mit Bahrhaus, Langhaus und Chor barock umgestaltet. Dreigeschossiger Turm mit schmalen, jetzt zugesetzten Spitzbogenschlitzen. Friedhofsbefestigung mit einer hohen Bruchsteinmauer mit tiefem, doppeltürigem, abgedecktem Tor südlich der Kirche.

8802 *Wernsbach* bei Windsheim. Ev. Filialkirche St. Laurentius (Pfarrei Neuendettelsau). 1295 von Konrad, Burggraf zu Nürnberg, an das Chorstift St. Nikolaus in Spalt geschenkt; Mauerwerk des Langhauses wohl noch 13. Jahrhundert. Chorturm-Unterteil 14./15. Jahrhundert mit Schießscharten inmitten eines ehem. Wehrfriedhofes. Nach Brand von 1724 Wiedererrichtung unter Verwendung erheblicher alter Mauerreste.

Wehrkirchen im Raum Eichstätt

8831 *Erlingshofen.* Kath. Kirche Mariä Heimsuchung. Filiale zu Altdorf. Im Mittelalter Wallfahrtskirche. Chorturmkirche, aber 1711 fast vollständig neu gebaut. Von Kirchhofbefestigung nur Mauerreste erhalten.

8541 *Eysölden* (über Schwabach). Ev. Pfarrkirche Thomas und Ägidius. Unterteil des Turmes noch mittelalterlich. Vom befestigten Friedhof ein zweigeschossiger Halbrundturm mit Schlüssel- und Rechteckscharten erhalten.

8541 *Greding.* Wenn ausnahmsweise eine zu einer Stadt gehörende Kirche erwähnt wird, so rechtfertigt das die Lage außerhalb der Stadt und die Entstehungszeit (11. Jahrhundert) vor der Stadtbefestigung (14. Jahrhundert): Kath. Kirche St. Martin im Gottesacker. Fünf untere Geschosse des Turmes 11. Jahrhundert mit Schlitzfenster, die Basilika im Kern 12. Jahrhundert. Der zweigeschossige Karner St. Michael 12. Jahrhundert, einer der seltenen aus romanischer Zeit, dessen Untergeschoß heute noch Beinhaus ist. Der Eckwehrturm im Obergeschoß Zugang zum abgebrochenen Wehrgang, noch viele Auflager. Die starke Befestigung mit mehreren Türmen wurde später in die Stadtbefestigung einbezogen.

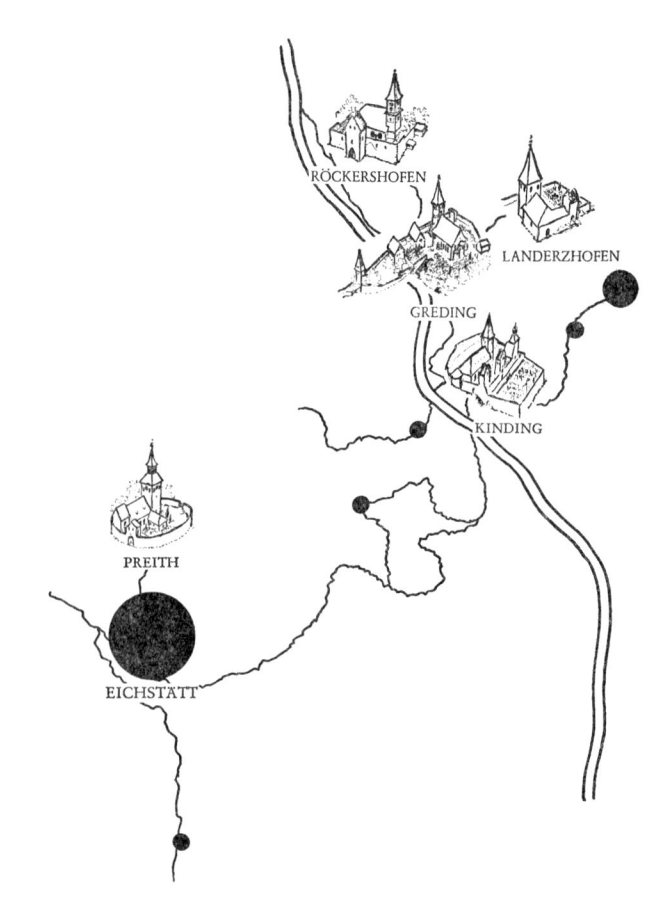

8831 *Irfersdorf.* Kath. Pfarrkirche St. Margareta. Mittelalterlich, 15. Jahrhundert, in Wehrfriedhof, der Gaden und einen Torturm besaß. Teil der Mauer in bescheidener Höhe erhalten.

8831 *Kinding.* Kath. Pfarrkirche Mariä Geburt. Untergeschoß des Turmes romanisch, 16. und 17. Jahrhundert Weiterbau. Langhaus 1357 eingeweiht. Die Kirchhofbefestigung, größte des Bistums Eichstätt, entstand gleichzeitig, Türme später erhöht. Öffnungen in den Türmen, Schießscharten und Absätze zeigen die Lage des ehem. Wehrgangs. Vor der Südmauer mit den drei Türmen (einer gehört zur Friedhofskapelle mit ehem. Beinhaus) zweiter Bering für neuen Friedhof, ursprünglich wohl eine Art Vorbefestigung. Kleine Tore führen in die Festung. Ehem. Sakramentsnische an der Friedhofskapelle wurde später Lichtnische. Da diese komplette kleine vieltürmige Burg nahezu in den Berghang gebaut ist, ergeben sich hangseitig Mauer- und Geländehöhen von innen 10–12 m, die außen aber nur mit 1–2 m sichtbar werden, früher aber wesentlich höher gewesen sein sollen.

144

PINZBERG

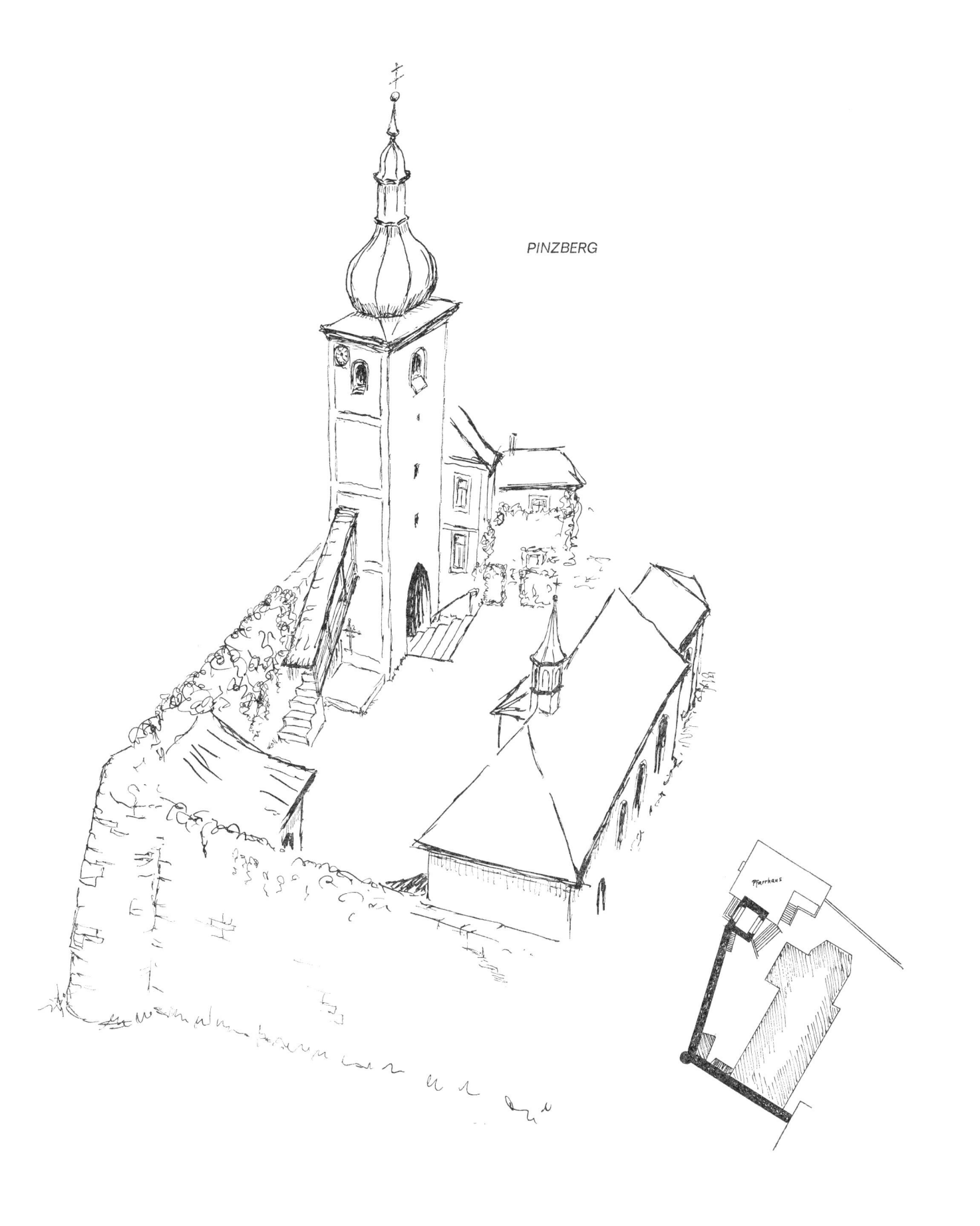

8541 *Landerzhofen.* Kath. Kirche St. Thomas (Filiale von Greding). Romanische Anlage 12./13. Jahrhundert. Chorturm später innen, wie die Kirche, barockisiert. Der zweigeschossige Torturm durch die barocke Verlängerung des Langhauses mit der Kirche eine einheitliche Mauerfront. Der Turmdurchgang besitzt eine tiefe Schlüsselscharte, ebenso dessen Obergeschoß. Friedhofsbefestigung nicht in ursprünglicher Höhe erhalten (umfassend restauriert).

8831 *Pfahldorf.* Ehem. Wehrkirche in früher befestigtem Friedhof. Turmuntergeschoß mittelalterlich. Torturm bestand noch 1862, war aber 1928 nicht mehr vorhanden. Friedhofsummauerung neu.

8831 *Pfalzpaint.* Kath. Pfarrkirche St. Andreas. Chorturmkirche. Untergeschoß des Turmes mittelalterlich, Langhaus 1707, damals Turm erhöht. Im Obergeschoß zwei Schießscharten.

8831 *Pfraundorf.* Kath. Chorturmkirche Peter und Paul. 1723/24 barock ausgebaut, weitere Veränderung 1891/93. Heutige Ummauerung des Kirchhofs neu.

8831 *Preith.* Kath. Kirche St. Brigida. Mittelalterlicher Turm, barockes Obergeschoß. Die Ringmauer der Friedhofsbefestigung nicht in ursprünglicher Höhe erhalten. Zweigeschossiger Torturm mit zwei Schlüsselscharten vermittelt gute Vorstellung von der ehem. für den Raum Eichstätt typischen Befestigung. Die Steinpfannen für das Tor sind erhalten. Kirche so vergrößert, daß sie mit der erneuerten Ummauerung des Friedhofs Einheit bildet.

8831 *Rehlingen.* Chorturmkirche. Massiver Turm mit Schießscharten und kleinem turmbreitem Langhaus. Da Ummauerung restauriert und verputzt, lassen sich keine Vermutungen über den ursprünglichen Zustand anstellen.

8541 *Röckenhofen.* Kath. Pfarrkirche St. Ägidius (früher Filiale von Greding). Mittelalterliche Chorturmkirche. Die Kirchhofbefestigung an der Südseite mit drei Schlüsselscharten in voller Höhe erhalten, an der anderen Seite noch Absätze für den Wehrgang. Der Torturm mit seitlichen Schießscharten ähnlich dem von Landerzhofen.

8831 *Walting.* Kath. Pfarrkirche Johann Baptist. Turmuntergeschosse romanisch, ehem. befestigt. Der Graben an der Nordseite noch zu erkennen. Generalvikar Priefer berichtet Anfang 17. Jahrhundert, daß die Volksüberlieferung von mit der Kirche verbundenem Schloß wußte, damals auch noch ein Torturm vorhanden. Von Kirchhofmauer nur noch Reste.

8831 *Wolkertshofen.* Kath. Kirche St. Quirinus (Filiale von Nassenfels). Untergeschoß des Turmes romanisch, 1689 Turm und Friedhofsmauer repariert. Mauer des befestigten Friedhofes nicht in alter Höhe erhalten. Torturm zweigeschossig mit Satteldach. Zum Obergeschoß führte innen steinerne Freitreppe.

Wehrkirchen im Raum Nürnberg/Fürth

8501 *Allersberg.* Alte kath. Pfarrkirche Allerheiligen. Romanische Chorturmkirche 12./13. Jahrhundert. Oberteil des Turms und Langhaus später umgebaut. Die mittelalterliche Kirchhofbefestigung nur in geringer Höhe erhalten.

8501 *Entenberg.* Ev. Pfarrkirche Peter und Paul. Chorturmkirche erstes Drittel 14. Jahrhundert, Langhauskern bereits 13. Jahrhundert, Innenraum 1723. Von dieser Kirche ist die seltene Nachricht erhalten, daß 1812 »das schadhafte Turmkranzgeschoß« abgetragen wurde. Friedhofbefestigung 1714 neu errichtet.

8501 *Großhabersdorf.* Ev. Pfarrkirche St. Walburg. Drei untere Turmgeschosse und separater Chor 14. Jahrhundert, Langhaus vermutlich 15. Jahrhundert. Der untere Teil der Kirchhofmauer von spätmittelalterlicher Anlage. Ehem. Torhaus 1922 und nach dem 2. Weltkrieg erneut Kriegsgedächtnisstätte.

8501 *Heroldsberg.* Scharwachtürme am alten Wehrkirchturm erwähnt, aber abgegangen. Kirchhofmauer nicht in ursprünglicher Höhe erhalten.

8501 *Kalchreuth.* Frühere Kirchhofbefestigung mit Torturm grenzte an das ehem. Schloß (heute Schloßgaststätte).

8501 *Kirchfembach.* Ev. Filialkirche St. Veit (Pfarrei Hagenbüchach). Chorturm- und Langhaussockel romanisch. Turm mit Schlitzscharten und Schießkammern. Obergeschoß 1519. Bedachung barock. Von ehem. Kirchhofbefestigung noch Teile, Eingang barock.

8500 *Kraftshof (Nürnberg).* Ev. Pfarrkirche St. Michael (früher auch Maria und Heilig Kreuz). Chorturmkirche, 1315 eingeweiht, alle Jahrhunderte verändert oder renoviert, zuletzt 1952, nach Kriegseinwirkung (ausgebrannt) von 1943. Turm mit Schlitzscharten. Langhaus im Dachstuhl Speichergeschoß mit Giebel- und Schleppgauben (siehe auch: Wettringen und Insingen). Friedhofsbefestigung erhielt heutige Form zwischen 1505 und 1510. Eingangsbefestigung von 1709. Schulhaus erst 1821, Kraftshof und Effeltrich einzige Kirchenburgen in Bayern mit weitgehend erhaltenen Wehrgängen. Die fünfeckige Anlage des Kraftshofs zeigt Mauerhöhen von 8 m mit Schießscharten. In den Ecken geht der Wehrgang in Wehrtürme mit verschieden geformten Schießscharten über. Ein Eckturm seit Kriegszerstörung 1634 Gruft der Familie der Kress zu Kressenstein. Ein besonderes Gepräge erhält der Friedhof durch 37 sarkophagähnliche Steine, von denen einer auch einen Kress zu Kressenstein birgt, sonst aber Gastwirte, Bäcker, Bierbrauer, Metzger usw. und deren Ehefrauen.

8501 *Leinburg.* Ev. Pfarrkirche St. Leonhard. Spätmittelalterliche Chorturmkirche (Turmkranzgeschoß 16. Jahrhundert) in befestigtem Kirchhof, mit Mauern in 3-4 m Höhe; stellenweise die Wehrgangauflagen erhalten. Doppelhaus des Kantors und Mesners zugleich Torhaus (z. T. 17., z. T. 19. Jahrhundert). In der Ecke Treppenturm. Möglich, daß neben dem Mesnerhaus an Stelle der heutigen Schuppen Gaden standen. Ursprüngliche Anlage vielleicht der in Effeltrich und Kraftshof ähnlich, deren Befestigung nicht durch Gaden, sondern durch Wehrgänge gesichert war. Eines schließt im allgemeinen das andere aus.

8501 *Obermichelbach.* Ev. Pfarrkirche Hl. Geist (früher St. Jakob). Chorturmkirche 15. Jahrhundert. Langhaus nach Brand 1660 erneuert. Spätmittelalterliche Befestigung noch zum größten Teil erhalten.

8501 *Mögeldorf.* Zusammen mit Pfarrkirche 1415 Kirchhofbefestigung, Teile erhalten. Am Steilhang Türe. Die Befestigung war mit Hallerschlößchen verbunden.

KÖNIGSFELD

8501 *Oberferrieden.* Ev. Pfarrkirche St. Maria. Spätmittelalterlicher Chorturm, Langhaus von 1712. Auf beiden Seiten des Turmes Treppentürmchen. Die heutige Kirchhofmauer, vielleicht 17. Jahrhundert, steht anstelle der alten Befestigung.

8510 *Poppenreuth* (Fürth eingemeindet). Ev. Pfarrkirche St. Peter und Paul, eine der ältesten Kirchen des sog. Knoblauchlandes, Mutterpfarrei von St. Sebald in Nürnberg. Turmunterteil mit Schlitzscharten noch 12. Jahrhundert. Die spätmittelalterliche Befestigung des Kirchhofs entlang der Ortsstraßen in etwa eineinhalb bis zwei Meter Höhe erhalten.

8501 *Rasch.* Ev. Pfarrkirche St. Michael. Chorturmkirche. Schlitzscharten im Turm, Obergeschoß Fachwerk. Torturm 1884 abgebrochen. Der Kirche unmittelbar benachbart die sog. Schäferkapelle St. Sighard, die heute als Leichenhalle dient.

8501 *Roßtal.* Ev. Pfarrkirche St. Lorenz. Früher zum Kloster Heilsbronn gehörig. Besitzt alte Krypta und spätromanischen Turm, unten 250 cm, oben 170 cm starke Mauern und über 50 m hoch. Schießscharten zugemauert. Die ausführliche Beschreibung dieses Ortes von Adolf Rohn (Heimatbuch von Roßtal und Umgebung 1928) enthält keinen Satz über eine befestigte Kirche. Die jetzige, in wesentlichen Teilen erhaltene Kirchhofmauer kennzeichnet weitgehend den später verkleinerten Verlauf der mittelalterlichen Befestigung der schon 954 belagerten »urbs horsadal«. Die Gadenhäuser (eines davon das ehemalige Gefängnis) des 14./15. Jahrhunderts mußten z. T. Neubauten Platz machen. Torhaus mit Fachwerkobergeschoß und Dachreiter, anschließend kurzes Mauerstück mit Treppe zum Torhaus-Obergeschoß. Beim Pfarrhaus Rundbogentor.

8501 *Seukendorf.* Ev. Pfarrkirche. Heutiger Chor und Turm zweite Hälfte 15. Jahrhundert. Spätmittelalterliche Kirchhofmauer bereits 1503 erwähnt, über 2 m allseitig noch aufrecht, teils erneuert, rundbogiges Südtor barock.

8501 *Unterschlaubach.* Ev. Filialkirche St. Andreas (Pfarrei Seubersdorf). Langhaus und Chorturmuntergeschoß erste Hälfte 14. Jahrhundert. Ursprünglich Wehrkirche, Friedhofsummauerung durchschnittlich noch bis in 2 m Höhe, spätmittelalterlich, nur Nordseite erweitert. Rundbogiges Friedhoftor Rest eines ehemaligen Torhauses. Zahlreiche Wetzrillen.

8501 *Veitsbronn.* Ev. Pfarrkirche St. Veit (früher Wallfahrtskirche). Heutige Chorturmkirche zählt »durch die gut erhaltene Kirchhofbefestigung und durch die hervorragende Altarausstattung zu den bemerkenswertesten Kunst- und Baudenkmälern der Gegend«. Spätmittelalterliche Befestigung mit Teilen der Wehrgangmauer mit rechteckigen Schießscharten; in der Mitte des Nordabschnittes die ursprüngliche Steintreppe zum Wehrgang. Die Ansicht von 1759 zeigt das 1827 eingelegte Torhaus. Heute noch führen über 100 Stufen zum Kirchberg.

8501 *Vincenzenbronn.* Ev. Filialkirche (Pfarrei Großhabersdorf). Turmuntergeschoß spätes 13. Jahrhundert. Obere Geschosse 1473. Langhaus nach dem 30jährigen Krieg. Spätmittelalterlicher Befestigungsring um den Kirchhof allseitig bis etwa 2 m Höhe. Spitzbogentor als Friedhofseingang 1892 völlig erneuert.

Wehrkirchen im Raum Erlangen/Lauf

8561 *Bühl* (Gemeinde Hüttenbach). Kath. Pfarrkirche St. Maria. Von alter Kirche nur Unterteil des Turmes und die zweistöckige tonnengewölbte Sakristei mit darüberliegender gewölbter Schatzkammer und gewölbtem Nebenraum. Ehemalige Kirchhofbefestigung von neuer Mauer ersetzt.

8521 *Dormitz.* Kath. Pfarrkirche Mariä Verkündigung. Chor und Turm erste Hälfte 15. Jahrhundert. Langhaus nach dem Markgrafenkrieg verändert. Damals erhielt Turm ein Treppentürmchen ins Obergeschoß, der sogenannten Schatzkammer (mit Kreuzgewölbe), über viertem Geschoß Maßwerkfries mit dahinterliegendem Umgang. Das deshalb zurückspringende fünfte Geschoß 1776 erneuert. Die Kirchhofbefestigung vom 15. Jahrhundert 1823 zum größten Teil abgebrochen und 1886 der Torturm. Ein kurzes Mauerstück und Unterteil eines runden Eckturms vorhanden, daneben alter Brunnen.

8521 *Effeltrich.* Kath. Pfarrkirche St. Georg. Ursprünglich Chorturmkirche 13. Jahrhundert. Jetzige Kirche zusammen mit der Befestigung des Kirchhofs Ende 15. Jahrhundert. Chor um 1500. Uhrerker am Turm 1797. Langhaus 1759 barockisiert. Kirchenburg Effeltrich hat sich wie Kraftshof alten Wehrgang erhalten (ein kleiner Teil 1835 abgetragen). Bau aufgrund der üblen Erfahrungen im Markgrafenkrieg. Nürnberger »Horden« hatten 300 Stück »Hauptvieh« mitgenommen. Figurengeschmücktes Torhaus so schräg gestellt, daß aus einer quadratischen Anlage von etwa 50 m Seitenlänge eine fünfeckige wird. Drei runde Türme (10 bis 11 m hoch) und ein quadratischer (erneuert). Westturm mit »Aborterker« (Gießerker). Die Wehrmauern mit Schießscharten sind bis zu 8 m hoch. Die gute Erhaltung von Effeltrich dürfte mit Pflege dörflicher Tradition zusammenhängen: »Trachtendorf«, Abhaltung des »Georgi-Ritts«, »Effeltricher Sänger«, »Trachtentanzgruppe« und nicht zuletzt das »Fasaleggen«. Zum Fasaleggen« wird am Fastnachtssonntag in Effeltrich und dem benachbarten Baiersdorf mit einem »Strohbären« der »Winter« ausgetrieben. Schauplatz dörflichen Lebens ist der vor der Kirche stehende berühmte riesige Lindenbaum, der, rundum gestützt, 800 bis 1000 Jahre alt sein soll.

8520 *Erlangen-Büchenbach.* Kath. Pfarrkirche St. Sixtus. Turm und Langhaus im Kern frühes 15. Jahrhundert. Kirchhofbefestigung zwar geschlossen erhalten, mußte aber an einer Seite 1937 nach Einsturz erneuert werden. Rundbogentor des 19. Jahrhunderts.

8521 *Hetzles.* Kath. Pfarrkirche St. Laurentius. Von mittelalterlicher Kirche der ehemalige viergeschossige Chorturm erhalten. Die Kirchhofbefestigung – wie im nahen Effeltrich – zweite Hälfte 15. Jahrhundert. 1832 östlicher Teil eingerissen, Rest beim Neubau der Kirche 1884/86. Ein Brunnen westlich der Kirche, über dem sich ehemals viereckiger Turm erhob. Mauer mit weiteren drei Türmchen umzog die Kirche in Form eines Vielecks. (1947 von J. M. Kaupert nach einem Plan von 1884, nach ergrabenen Resten und nach Angaben der Dorfbewohner gefertigtes Modell im Pfalzmuseum zu Forchheim.) Am Kirchturm zwei Konsolsteine als Auflager für Holzbrücke vom Turm zur Wehrmauer bzw. Wehrgang.

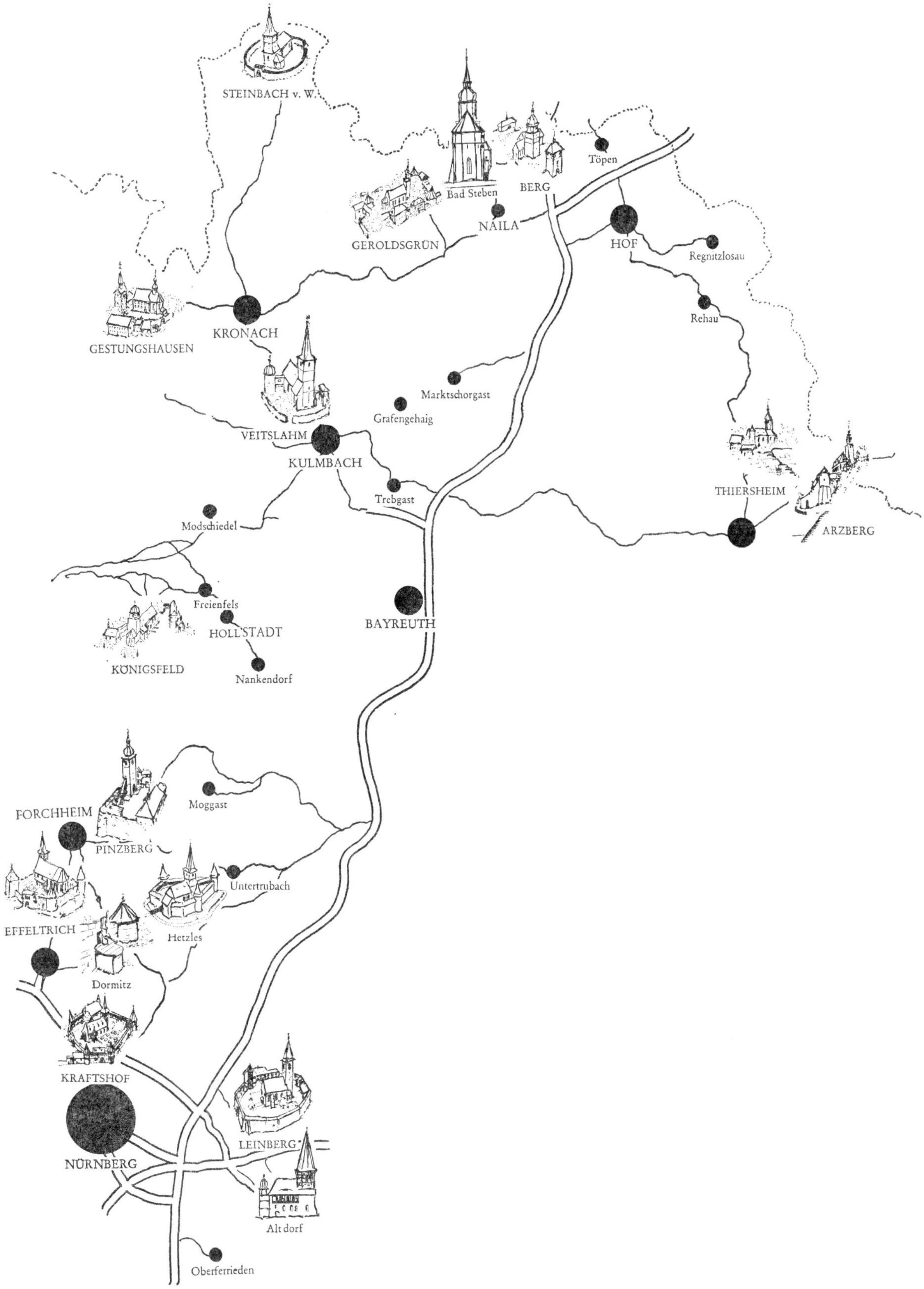

STEINBACH v. W.
Töpen
Bad Steben
BERG
NAILA
HOF
GEROLDSGRÜN
Regnitzlosau
Rehau
GESTUNGSHAUSEN
KRONACH
Marktschorgast
Grafengehaig
VEITSLAHM
KULMBACH
Trebgast
THIERSHEIM
ARZBERG
Modschiedel
Freienfels
BAYREUTH
HOLLSTADT
KÖNIGSFELD
Nankendorf
FORCHHEIM
Moggast
PINZBERG
Untertrubach
EFFELTRICH
Hetzles
Dormitz
KRAFTSHOF
NÜRNBERG
LEINBERG
Altdorf
Oberferrieden

Hetzles, Rekonstruktion

8521 *Kriegenbrunn.* Chorturmkirche (mehr Turm als Kirche) 14. Jahrhundert, Langhaus erste Hälfte 15. Jahrhundert. Ehemalige Kirchhofbefestigung in etwa 3 m Höhe bis zum Wehrgang erhalten.

8561 *Kirchröttenbach.* Kath. Pfarrkirche St. Walburgis. Von alter Kirche nichts erhalten. Befestigter Friedhof 1421 von bayerischen und markgräflichen Truppen geplündert, dabei Kirchenbau beschädigt. Heutige Kirche 1922/25. Turmuntergeschoß (Jahreszahl 1513) alt. Die Mauer der auf Terrasse liegenden Kirchhofbefestigung größtenteils erhalten, aber nicht in alter Höhe.

8521 *Langensendelbach.* Kath. Pfarrkirche St. Peter und Paul. Kern des ehemaligen Chorturms von 1433. Friedhofsbefestigung von 1554 teilweise abgebrochen. 1904/06 und 1913 letzte Reste beseitigt.

8521 *Möhrendorf.* Ev. Pfarrkirche. Chorturmkirche erste Hälfte 15. Jahrhundert. Langhaus wiederholt verändert. Friedhofsbefestigung wich zum größten Teil der Friedhofserweiterung – an der Geländeabstufung erkennbar.

8561 *Neunhof.* Ev. Chorturmkirche Johann Baptist. Zwischen 1470 und 1490 erbaut, später verschiedentlich verändert. 1902 neue Turmspitze. Von alter Wehranlage, einst auch »Groß- und Kleinvieh Schutz gewährend« (Brief Willibald Pirkheimers an Bernhard Adelmann von Adelmannsfelden 1521), Mauern zum Teil erhalten. Wehrturm und Schützenauftritt verschwunden. Ursprünglich Kirchenburg und Welsersche Burg eine Verteidigungseinheit.

8561 *Neunkirchen am Sand.* Kath. Pfarrkirche St. Maria. Nördlicher Chorturm und Westturm. Kern aus 14. Jahrhundert (vom romanischen Vorgänger nichts vorhanden). Letzte Veränderungen am Außenbau 16. Jahrhundert. Von Kirchhofbefestigung Mauer noch in ihrem Umfang, nicht aber in ihrer Höhe zusammen mit sechs alten Stützpfeilern erhalten. Die Nischen für die Kreuzwegbilder erst 1740/42. Sie zogen sich innen als kleine Häuschen rings um die Mauer (Vorbild war der Schnaittacher Kalvarienberg), Mitte 19. Jahrhundert beseitigt. Friedhofportal von 1717.

8561 *Ottensoos* (bei Lauf). Ev. Pfarrkirche St. Veit. Gotische Hallenkirche. Unterer Teil des Chorturms 13. Jahrhundert. Im ersten Markgrafenkrieg brannten 1450 (30. Juni) Kirche und Dorf nieder. Beim Wiederaufbau wurde Kirchhofbefestigung an drei Seiten mit zweiter Mauer (an einer Seite ein Graben) verstärkt und ein weiterer Wachturm mit vier Scharwachtürmchen errichtet. Der Ausbau erfolgte mit Nürnbergs Hilfe als Stützpunkt gegen die Festung Rothenberg. Die Tore besaßen Wachkammern. Festung war sogar mit 12 Kanonen bestückt, aus denen »zwölflötige Bleikugeln« (Schnellbögel) geschossen werden konnten.

8571 *Untertrubach.* Kath. Chorturmkirche St. Felicitas. Mitte 13. Jahrhundert, im ummauerten Friedhof. Flachgedecktes Langhaus springt wenig über Turmfront vor. Sakristei im Untergeschoß des Turmes war ursprünglich Chor. Renovierung 1936 brachte bei der Kanzel vermauerten, ca. 3 m breiten alten Chorbogen zum Vorschein.

8521 *Uttenreuth.* Ev. Pfarrkirche St. Matthäus (ehemalige Kunigundenkapelle) von 1766 in ehemaliger Kirchhofbefestigung. Nordmauer jetzt in Wirtschaftsgebäude der Schloßgaststätte einbezogener Torpfeiler.

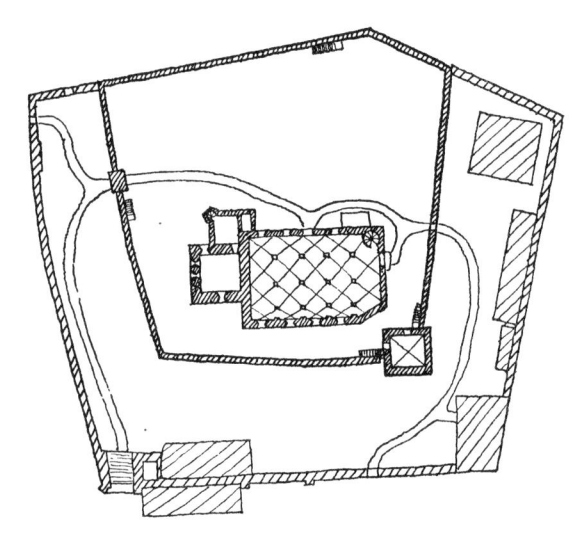

Mauern, Zwinger und Wassergraben schützen die ehemalige Kirchenburg Ottensoos.

Wehrkirchen im Raum Forchheim/Neustadt (Aisch)

8531 *Altheim.* Ev. Pfarrkirche St. Maria, Simon und Judas. Chorturmkirche z. T. 12. Jahrhundert. Kirchhofbefestigung und profanes Dachgeschoß über dem Langhaus 15. Jahrhundert (siehe Wettringen und Insingen). Dachboden bei Barockisierung durchbrochen und Emporengeschoß ein-

GESTUNGSHAUSEN

gezogen. Reste der Wehrmauer des Kirchhofs 15. Jahrhundert.

8531 *Baudenbach*. Ev. Pfarrkirche St. Lambert. Chorturmkirche Ende 15. Jahrhundert. Wiederholte Veränderungen. Turm mit Schlitzscharten, Obergeschoß Fachwerk. Die Kirchhofbefestigung in geringer Höhe mit einigen Schießscharten.

8551 *Burk*. Kath. Pfarrkirche Dreikönig. Anstelle eines Burgstalles. Turm und Kern des Langhauses von der 1406 genannten Kirche. Friedhofbefestigung 16. Jahrhundert, teilweise erhalten (Schießscharten). Rundbogige Toreinfahrt und Fußgängerpforte zweite Hälfte 18. Jahrhundert.

8531 *Diespeck*. Ev. Pfarrkirche Johann Baptist. Turm erste Hälfte 15. Jahrhundert. Von mittelalterlicher Kirchhofbefestigung Teile mit Stützen für Wehrgang und Schießscharten vorhanden. In der Ostmauer rundbogige Tür.

8531 *Dietenhofen*. Ev. Pfarrkirche St. Andreas. Chorturm Ende 15. Jahrhundert mit vier Scharwachtürmchen. Kirchhofummauerung barock angebaut.

8551 *Eggolsheim*. Kath. Pfarrkirche St. Martin. Kern des Turmes 1405. Spätmittelalterliche Kirchhofbefestigung 1632 zerstört. Nur ein Keller vorhanden, über dem sich (nach Erffa) ein Gaden befand, sowie ein kurzes Mauerstück.

8551 *Gremsdorf*. Rest einer Friedhofleuchte.

8531 *Hagenbüchach*. Chorturmkirche im Kern Ende 15. Jahrhundert, wiederholt verändert. Kirchhofmauer mit korbbogigem Portal Anfang 18. Jahrhundert.

8551 *Hannberg*. Pfarrkirche Mariä Geburt und Katharina. Eine der besterhaltenen Kirchenburgen aus dem 15. Jahrhundert. Untergeschosse des Chorturms aus dieser Zeit, Langhaus 1721. Vier Scharwachtürmchen. Ein Torhaus, drei auf die Wehrmauer aufgesetzte Rundtürme, ein quadratischer Turm gegenüber dem Kirchturm sowie ein ebenfalls auf die Mauer aufgesetztes Pfarr- und Schulhaus mit Dachreiter für kleine Glocke stellen eine geschlossene Burg dar, bei der auch noch die Auflager für den Wehrgang und zahlreiche Schießscharten vorhanden sind. Ein Wehrturm zur Kriegergedächtnisstätte ausgebaut.

8551 *Hausen*. Kath. Pfarrkirche St. Wolfgang. 1468 von Peter Holler gestiftet. Er hat sich gegenüber dem Bamberger Bischof verpflichtet, beim Bau der Kirche keine Befestigung anzulegen. Ein heute noch erhaltenes 10 m langes Mauerstück aus teilweise gebuckelten und mit Zangenlöchern versehenen Sandsteinquadern ist kaum anders denn als Überrest einer wenigstens begonnenen Befestigung zu deuten.

8551 *Kersbach*. Pfarrkirche St. Johann Baptist und Ottilia im bis 1744 befestigten Friedhof. An der Stelle des einstigen Wehrgangs heute Ziermauer. Unterteil des Chorturms alt.

8551 *Kirchenehrenbach*. Kath. Pfarrkirche St. Bartholomäus. Turmunterbau um 1200. Vom gotischen Oberbau stammen vier Scharwachtürmchen. Kirchhofmauer mit hohen Stützmauern und flachen Vorlagen von 1770.

8551 *Kirchrüsselbach*. Ev. Pfarrkirche St. Jakob. Von Kirche des 14./15. Jahrhunderts Unterteil des Chorturmes, von der Friedhofbefestigung des 16. Jahrhunderts Wehrmauer mit zwei Schießscharten. Als Verbindungsbau zum Pfarrhaus (im Kellergeschoß Schießscharten), nördlich ein rundbogiges Tor des 17. Jahrhunderts, an der Innenseite von einem Fachwerkbau in der Art eines Wehrganges überbaut. In der nördlichen Friedhofsmauer ein weiteres rundbogiges Tor.

8531 *Lonnerstadt*. Ev. Pfarrkirche St. Matthäus und Oswald. Chorturmkirche, Langhaus und Turmobergeschoß öfters verändert. Am Turm Treppentürmchen. Von spätmittelalterlicher Befestigung ein Torhaus und einige Mauerreste. Das ehemalige Beinhaus des 16. Jahrhunderts z. T. umgestaltet. Schießscharten zeigen, daß es unmittelbar an die Wehrmauer angebaut war. Unterhalb der Kirche (an der Dorfseite) ein alter Kellerzugang.

8551 *Moggast*. Kath. Pfarrkirche St. Stephan. Chorturm Ende 15. Jahrhundert. Kirchenneubau von 1921, Chorausstattung barock erhalten. Befestigungsmauer z. T. in geringer Höhe erhalten, überdachtes, rundbogiges Tor.

8551 *Nankendorf*. Kirche St. Jakob und Martin (früher: Alte Martinskirche) am steilen Hang. Hohe Stützmauern und Rundturmrets (um 1500).

8531 *Neidhardswinden*. Ev. Pfarrkirche St. Johann Baptist. Chorturmkirche im ummauerten Kirchhof, dessen Mauer 1729 neu errichtet wurde.

8551 *Pautzfeld*. Kath. Pfarrkirche Mariä Himmelfahrt. Gotischer Chorturm (15. Jahrhundert) mit Schlitzfenstern und Schießkammern. Wehrmauer mit Auflage für Wehrgang und geringe Reste der Brustwehr.

8551 *Pinzberg*. Kath. Pfarrkirche St. Nikolaus mit Dachreiter ohne Turm. Torturm der Befestigung zugleich Kampanile mit Zugang zum Wehrgang. In der SW-Ecke Konsole für rundes Wachtürmchen, hier hat die Mauer eine beträchtliche Höhe zur Straße hin.

8531 *Reinhardshofen*. Barocke, ev. Filialkirche St. Kilian (Pfarrei Gutenstetten). Reste der mittelalterlichen Kirchhofbefestigung mit Auflagen für Wehrgang und rundbogigem Tor.

8531 *Schauerheim*. Ev. Pfarrkirche St. Katharina. Von ehemaliger Chorturmkirche Anfang 16. Jahrhundert Untergeschosse des Turms mit Schlitzscharten erhalten, Langhaus von 1732. Der Friedhof um diese erhöht liegende Kirche wurde aufgelöst.

8551 *Schnaid*. Pfarrkirche St. Peter und Paul. Kirchhof war mit Mauer und Wehrgang umgeben.

8531 *Trautskirchen*. Ev. Pfarrkirche St. Laurentius. Die Chorturmkirche liegt am südlichen Ortsrand im ehemals befestigten Friedhof. Fachwerktorhaus von 1577 (Obergeschoß 1698 umgebaut) Wehrgangabsätze, Mauer modern abgedeckt.

8531 *Uhlfeld*. Ev. Pfarrkirche St. Jakob. Unterteil des massigen Turmes 14./15. Jahrhundert. Chorturmkirche im ehemals befestigten Kirchhof, Torhaus 1854 abgetragen, Teil der 4 m hohen Wehrmauer erhalten. 1736 hatte man Fundamente der 1480 erbauten Galluskapelle ausgegraben, die Tauf- und Friedhofkapelle war.

8531 *Unternesselbach*. Ev. Pfarrkirche St. Bartholomäus, Chorturmkirche in befestigtem Kirchhof, dessen Mauer einschließlich Fensternischen und Schießscharten bis zu 4 m steht. Von über 30 Gaden ein einziger erhalten. Torhaus mit Glockentürmchen wiederholt umgebaut.

8551 *Willersdorf*. Chorturmkirche, im Turm Schlitzfenster. Von spätmittelalterlicher Kirchhofbefestigung spärliche Reste.

STEINBACH v. W.

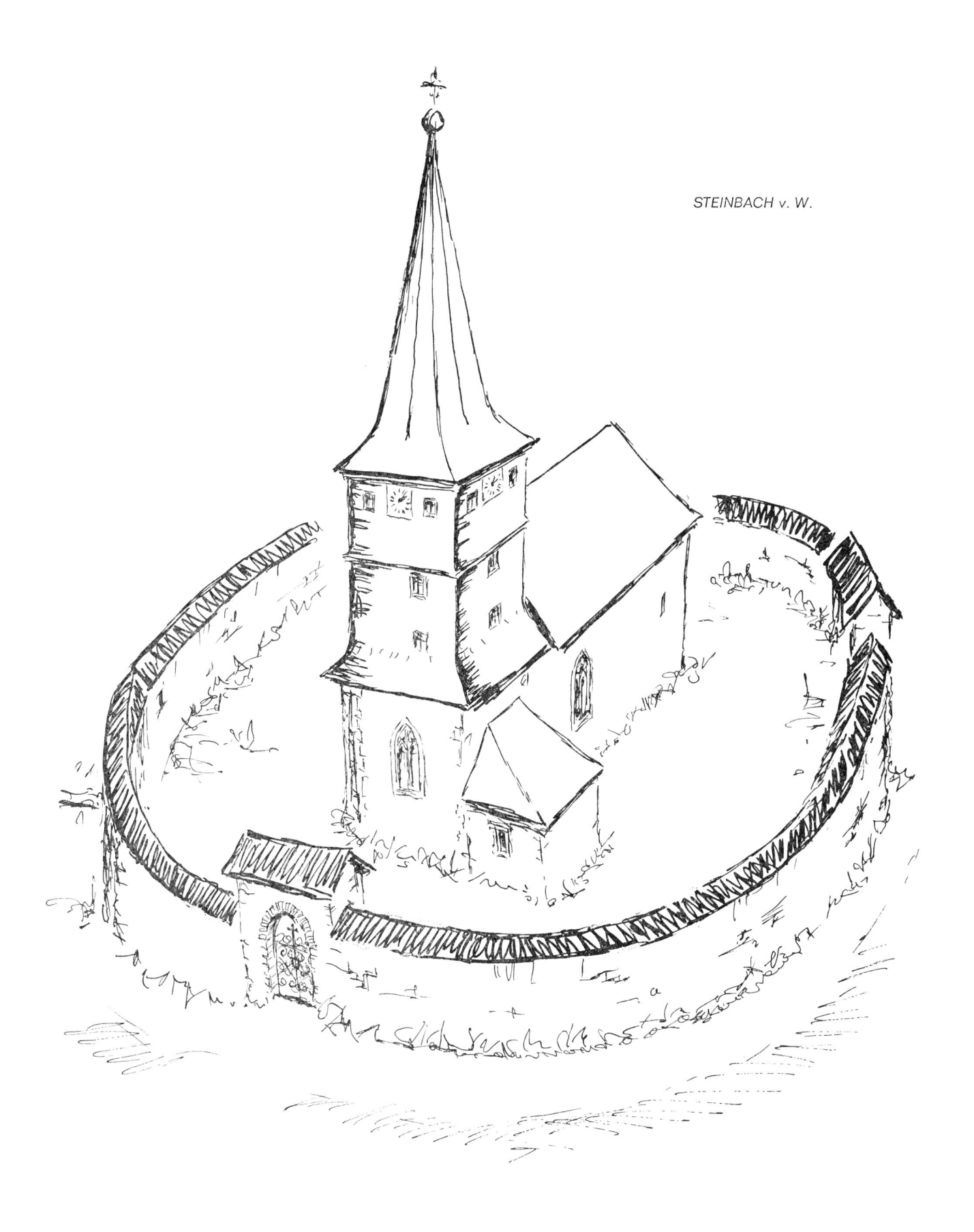

Wehrkirchen im Raum Bamberg

8601 *Ailersbach.* Pfarrkirche St. Martin mit Chorturm und ehemaliger Friedhofsbefestigung.

8602 *Ampferbach* (Pfarrei Burgebrach). Friedhofbefestigung mit Toren und Türmen 1907 beseitigt.

8601 *Bischberg.* Chorturm, im Obergeschoß Schlitzscharten. Kirchhofbefestigung mit Nischen wie Sulzfeld und Ried.

8601 *Breitengüßbach.* Pfarrkirche St. Leonhard. Chorturm mit vier Scharwachtürmchen.

8602 *Buttenheim.* Pfarrkirche St. Bartholomäus. Mittelalterlicher Chorturm. An Sakristeimauer gotische Friedhofsleuchte, daneben ein Brauthäuslein aus dem 17./18. Jahrhundert, dessen kleiner Altar mit Aufsatz, der wohl bemalt war, wird oben schmäler und schließt mit einem Halbmond ab, der ein schmiedeeisernes Kreuz aufnimmt. Das Brauthäuslein ist heute hinter einer hohen Hecke fast unzugänglich versteckt.

8601 *Ebing.* Kath. Pfarrkirche St. Jakob. Chorturmkirche, massiver Turm mit Schlitzscharten, wiederholt verändert, in ummauertem, ehemals befestigtem Kirchhof, auf dem Platz eines abgegangenen Ansitzes der Herren von Ebing. Nach 1857 Torhaus und Graben beseitigt und Schulhaus errichtet. Runder Torbogen in z. T. kräftig abgestrebten Mauerresten.

8601 *Eichelsee.* Der Kirchturm beherrscht mit seiner Masse

Die »14 Häuser der Kirchenburg Hirschaid« können so wie die in Herf (in Thüringen) ausgesehen haben und wären dennoch in Franken eine Rarität.

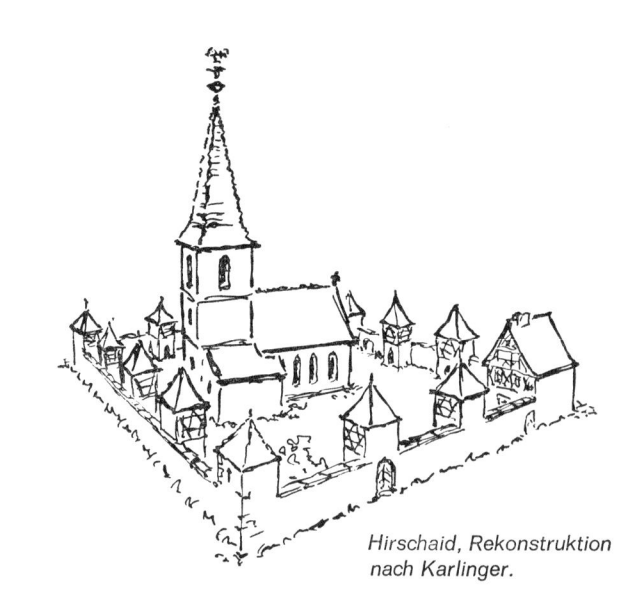

Hirschaid, Rekonstruktion nach Karlinger.

und Wehrhaftigkeit die Anlage ähnlich wie in Dietersdorf.

8601 *Freienfels.* Die Pfarrkirche war als Schloßkirche in die Befestigung des Schlosses einbezogen.

8601 *Frensdorf.* Pfarrkirche Johann Baptist. Chorturmkirche, hatte einst ein hölzernes Obergeschoß und fünfspitzigen Abschluß (Scharwachtürmchen).

8602 *Geisfeld.* Pfarrkirche St. Magdalena. Chorturm, mit kleinen Schlitzfenstern aus dem 14./15. Jahrhundert und geschieferte Scharwachtürmchen.

8601 *Gerach.* Chorturmkirche St. Veit. Romanischer Quaderbau, 13. Jahrhundert, einer der ältesten des Gebietes. Von den Steinmassen des Turmes erhält man innen beim Übergang vom Langhaus in den Chor eine imposante Vorstellung. Durch den Zusammenstoß beider entsteht eine Mauerstärke von 250 cm. Turm mit Schlitz- und Schlüsselscharten. Alte Kirchhofbefestigung teilweise erhalten. In der Stützmauer zur Hauptstraße noch acht Kellereingänge, die unter die Kirche führen. Vor dem Ort zahlreiche weitere Felsenkeller.

8606 *Hirschaid.* Pfarrkirche St. Veit. Seit 1410 von befestigtem Kirchhof mit »14 Häusern« umgeben, nur der Turm erhalten. Karlinger hat aufgrund urkundlicher Angaben eine Rekonstruktionszeichnung angefertigt, die in allen Veröffentlichungen über Hirschaid reproduziert wurde. Die etwas unwahrscheinliche Anordnung der »14 Häuser« rings um die Kirche, die nach 1410 gebaut wurde, dürfte auf die allzu wörtliche Rekonstruktion Karlingers zurückzuführen sein. So entstand eine Mauer mit 14 Türmen, was keineswegs den Tatsachen entsprochen haben kann, denn es wird ausdrücklich darauf hingewiesen, daß das Pfarrhaus mit Gärtchen und Hofraum innerhalb der Mauern stand. Ein Vergleich mit allen noch erhaltenen Anlagen in Franken läßt vermuten, daß nur die Ecken, sofern die Anlage viereckig war, was ebenfalls nicht feststeht, mit Türmen versehen war, während die Gaden nach innen abfallende Pultdächer hatten, so daß ein anderer Eindruck entstanden sein dürfte. Jedenfalls wäre eine Anlage dieser Art in Franken ein Unikum, und man darf sagen: nicht nur in Franken. 14 Häuser, sprich Gaden, sind nicht viel und sie wären leicht z. B. in Mönchsondheim zu finden, allerdings ganz anders angeordnet.

VEITSLAHM

8601 *Hohenpölz.* Filialkirche St. Laurentius (Pfarrei Königsfeld). An der Kirchhofmauer Schießscharten erhalten.

8601 *Hollfeld.* St. Gangolf, eine Propstei des Gangolfstifts in Bamberg, gehörte zur Ortsbefestigung. Romanische, aus Feldsteinen gebaute Apsis erhalten, sonst frühbarock ausgestattet. Westturm mit hölzernem Umgang (Wahrzeichen von Hollfeld).

8602 *Kirchaich.* Kirche St. Ägidius. Romanischer Chorturm mit Schlitzscharten.

8604 *Kirchschletten.* Pfarrkirche Johann Baptist. Romanischer Turm 12. Jahrhundert. Im Untergeschoß springt halbrunder Erker auf Konsolstein des Chores vor. Der Apsiserker entspricht dem von St. Kunigund bei Burgerroth.

8601 *Königsfeld.* Kath. Pfarrkirche St. Jakob und Katharina. Frühgotischer Chorturm, erhielt nach dem 30jährigen Krieg einen achteckigen Aufbau. Langhaus barock, erste Hälfte 18. Jahrhundert. Z. T. erhaltene Kirchhofbefestigung mit Torhaus und Mauer von beträchtlicher Höhe mit Auflager für einen Wehrgang. An diese Mauer schließt sich die Annenkapelle (von 1664) an. Am Ende des Treppenaufgangs vom Ort her eine weitere kleine Kapelle (wohl von der Jahrhundertwende) neueren Datums.

8601 *Ludwag.* Pfarrkirche St. Johann Baptist. Romanischer Chorturm und jüngeres Oberteil mit vier Scharwachtürmchen.

8602 *Mistendorf.* Pfarrkirche Mariä Himmelfahrt. Gotischer Chorturm (auf romanischem Chor) des 15. Jahrhunderts mit Scharwachtürmchen.

8601 *Mürsbach.* Kath. Pfarrkirche St. Sebastian. Reste des spätgotischen Baues im Chor (seit 1453 Pfarrkirche). Schmale Scharten an den drei unteren Turmgeschossen, am dritten Geschoß als Schießscharten. Friedhof ursprünglich befestigt. Quadermauerreste in einer Höhe von 4 m noch an drei Seiten sowie Rundturm mit vorkragendem Obergeschoß und Schießscharten. Vor der Ummauerung dieser Anlage des 15./16. Jahrhunderts sind Spuren eines Grabens erkennbar. Keller im daneben liegenden Hohlweg, die unter die Kirche führen.

8601 *Oberhaid.* Pfarrkirche St. Bartholomäus (früher: St. Maria). Von den in einem Streit zwischen Ober- und Unterhaid erwähnten »Graben, Mauern, Türmen und Torhäusern« sind außer dem schweren Chorturm nur geringfügige Reste übrig. Der letzte Turm fiel dem Schulhausneubau zum Opfer.

8601 *Pfarrweisach.* Spätgotische Pfarrkirche St. Kilian. Turm von 1499. Im Friedhof ein romanisches, gotisch umgebautes Beinhaus, Reste der Kirchhofmauer und Torhaus von 1609.

8602 *Seußling.* Pfarrkirche St. Sigismund. Der vierstöckige Westturm zugleich die Nordwestecke der Befestigung mit Wehrgang. Der Turm hatte Schießkammern und Scharwachtürmchen.

8602 *Strullendorf.* Von alter Kirchhofbefestigung Mauerrest und ruinöse Kapelle übrig. Vielleicht diente dieses Bauwerk mit der gotischen Bogenöffnung auch einem anderen Zweck, denn auf beiden Seiten sind zugemauerte große Rundbögen erkennbar, so daß es eine offene Kapelle oder ein Torhaus gewesen sein kann.

8601 *Untermerzbach.* Simultane Pfarrkirche, spätmittelalterlicher Chorturm mit Schlüsselscharten.

8601 *Wattendorf.* Pfarrkirche St. Barbara. Chorturm aus dem 14./15. Jahrhundert, der bis 1728 vier Scharwachtürmchen trug.

Wehrkirchen im Raum Coburg/Lichtenfels

8631 *Ahorn.* Die mit vier Scharwachtürmchen bestückte Kirche ist in das Verteidigungssystem des Schlosses miteinbezogen.

8621 *Altenkunstadt.* Kath. Pfarrkirche Mariä Geburt. Hallenkirche, 16. Jahrhundert. Die spätmittelalterliche Friedhofbefestigung aus Sandsteinquadern teilweise erhalten.

8631 *Dietersdorf.* Kirche mit wuchtigem, mit Schießscharten bewehrtem Turm, an dem kleines Langhaus hängt. Chor nachträglich angebaut. Zur Straße hin abfallend noch von Mauer umgeben, die einer umfassenden Platzneugestaltung z. T. weichen mußte.

8621 *Döringstadt.* Kath. Pfarrkirche St. Martin. Festungsartiger Chorturm, lt. Inschrift von 1412, mit vier Scharwachtürmchen. 1553 Zerstörung des Langhauses durch Truppen des Markgrafen Albrecht Alcibiades. Teilweise noch mittelalterlich ummauerter Friedhof. Ob die Mauer einen Wehrgang besessen hat, läßt sich bei der geringen Höhe der erhaltenen Reste nicht mehr feststellen. Mauerstück mit dem Treppenaufgang aus dem 18. Jahrhundert.

8621 *Ebensfeld.* Pfarrkirche Mariä Verkündigung, Neubau von 1911. Reste einer gotischen Befestigung südlich der Kirche.

8632 *Ebersdorf* bei Coburg. Chorturmkirche besitzt alten Wehrturm mit Schlüsselscharten für Feuerwaffen.

8631 *Elsa.* Früher zu Rodach gehörend. Pfarrkirche St. Johannes war ehedem befestigt.

8631 *Fechheim.* Ehemals bischöflich-würzburgisch, später zu Stift Haug gehörend. Besitzt vom befestigten Kirchhof noch beachtliche Reste bis zu 3 m Höhe.

8621 *Gärtenroth.* Ev. Pfarrkirche St. Maria, Petrus und Paulus. Chorturmkirche (13./14. Jahrhundert) in ummauertem Friedhof inmitten des Orts.

8621 *Gestungshausen.* Der Ort war bis zum 30jährigen Krieg bedeutender Marktflecken mit Sitz der Gerichtsbarkeit. Im Jahre 1612 brannte das ganze Dorf samt Kirche bis auf den heute noch stehenden Torturm und die Kirchhofmauer nieder. Die Kirchhofmauer in 2–3 m Höhe ist zum Teil noch erhalten. Der gotische, verteidigungsmäßig ausgebaute Torturm enthält im Obergeschoß nach drei Seiten Schießscharten, letztes Geschoß später aufgesetzt. Anschluß an die Mauer noch erhalten. Schulhaus auf Resten früherer Mauern an den Torturm angebaut. Die

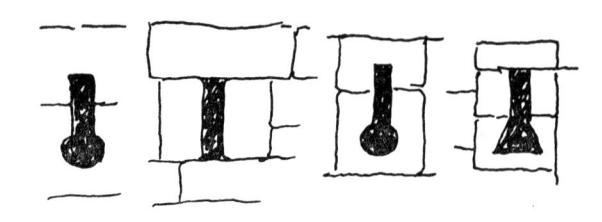

Schießscharten am alten Chorturm von Ebersdorf.

ARZBERG

heutige Kirche stammt aus der Zeit nach 1700. Da die Kirche nur einen Dachreiter besitzt, ist der Torturm mit Uhr wohl als Kampanile anzusprechen.

8621 *Geutenreuth.* Kath. Filialkirche St. Erhard (Pfarrei Weißmain). Chorturmkirche zweite Hälfte 13. Jahrhundert. Im Turm Schlüsselscharten.

8621 *Großbirkach.* Ev. Pfarrkirche (früher: Johann Baptist). Chorturm und Langhaus romanisch im ummauerten Kirchhof. Alte Befestigung 1734 erneuert. Runder Torbogen und Teile der Mauer erhalten.

8621 *Großheirath.* Chorturm erste Hälfte 15. Jahrhundert. Langhaus von 1463. Beide im 17. Jahrhundert erhöht. Turm mit Schlitzscharten.

8620 *Lichtenfels.* Kath. Stadtpfarrkirche Mariä Himmelfahrt. Steht am Ortsrand der Altstadt. Turm frühes 15. Jahrhundert. Von spätmittelalterlicher Kirchhofbefestigung etwa 35 m erhalten.

8631 *Meeder.* Kirche war ehedem befestigt, Reste erhalten, ebenso von Gaden, Kirche besitzt von alters her zwei nebeneinanderstehende Turmdächer, wie sie auch für Ostheim vermutet werden.

8621 *Metschenbach.* Kath. Pfarrkirche St. Maternus. Chorturmkirche des 13. Jahrhunderts. Ehemalige Friedhofbefestigung (1784 noch mit hohen Warttürmen) bruchstückhaft vorhanden.

8621 *Mitwitz.* Ev. Pfarrkirche. Kern spätmittelalterlich, in ummauertem Friedhof.

8621 *Modschiedel.* Kath. Pfarrkirche St. Peter und Paul und Johann Baptist. Chor und Turm 1494–1508, letzterer mit Schießscharten. Von der alten Befestigung steht ein wiederholt verändertes überdachtes Tor und Teil der mit Schießscharten und Resten einer Brustwehr versehenen Mauer sowie das Unterteil eines unten offenen Turmes.

8621 *Neudorf.* Kath. Filialkirche St. Johann Baptist, zugleich Wallfahrtskirche zum hl. Clemens (Pfarrei Modschiedel). Eine turmlose Kapelle bestand schon 1617. Kirche ein 1734 errichteter Neubau, in ummauertem Friedhof des 18. Jahrhunderts. Sandsteinmauer mit Platten abgedeckt. Eines der beiden Tore überdacht.

8631 *Neundorf.* Kath. Pfarrkirche Mariä Geburt. Von Chorturmkirche des 14. Jahrhunderts Reste in Untergeschossen des Turmes und in der Langhausmauer. Ovaler Bering aus Brockenmauerwerk spätmittelalterlich außen bis zu 4 m, innen bis 2,50 m bei 80–90 cm Mauerstärke. Im ursprünglich vorhandenen Oberteil Schießscharten; vom Wehrgang noch einige Konsolen erhalten.

8621 *Rossach* am Westrand des Banzer Forstes. Kirchturm der Pfarrkirche mit vier Scharwachtürmchen, neues Langhaus in befestigtem Kirchhof.

8621 *Rothmannsthal.* Kath. Kuratiekirche Mariä Himmelfahrt. Chorturmkirche des 14. Jahrhunderts. Rechteckige Kirchhofmauer aus Kalkbruchsteinen, mit runder Erweiterung des 18. Jahrhunderts und rundbogiges Tor.

8631 *Scherneck.* Pfarrkirche. Turm mit vier Scharwachtürmchen in einem befestigten, ovalen Kirchhof.

8621 *Weiden.* Kath. Falialkirche St. Andreas (Pfarrei Modschiedel). Chorturmkirche 12./13. Jahrhundert. Friedhofsmauer aus roh behauenen Kalkbrocken, das rundbogige Tor des 18. Jahrhunderts überdacht.

8631 *Witzmannsberg.* Kath. Filialkirche Johann Baptist, zur Pfarrei Neundorf gehörend. Auf einer steilen, felsigen Stelle, zusätzlich von Gräben geschützt, Kirche von 1708, von Resten alter Kirchhofbefestigung umgeben.

Wehrkirchen im Raum Kronach

8541 *Burggrub.* Ev. Pfarrkirche St. Laurentius (früher Maria). Ehemalige Chorturmkirche. Turmuntergeschosse und Teile des Langhauses erste Hälfte 13. Jahrhundert. 1323 wird bereits die Befestigung des Kirchhofs erwähnt.

8641 *Burkersdorf.* Ev. Pfarrkirche St. Maria. Chorturmkirche 13. Jahrhundert in ummauertem Friedhof.

8641 *Ebersdorf.* Ev. Pfarrkirche Maria Magdalena. Kern der Kirche mittelalterlich. 1584 Bauarbeiten am Chorturm und wahrscheinlich Schießscharten für Feuerwaffen eingebaut, die das Bestreichen des Geländes vor der Kirche ermöglichten. Kirchhofmauer mit Schiefer gedeckt, ebenso das abgewalmte Tor.

8641 *Effelter.* Kath. Filialkirche Peter und Paul (Pfarrei Lahm). Chorturmkirche, im Kern spätmittelalterlich. 1809 Holzgeschoß des Turmes erneuert. Im ersten Obergeschoß Schlitzscharten. Die Lage der Kirche inmitten eines charakteristischen Angerdorfes mit Waldkiefern, wobei ein großer, freier Platz zwischen den beiden Dorfstraßen zur Verteidigung gut übersehbar blieb.

8641 *Friesen.* Kath. Pfarrkirche St. Georg. Aus dem Spätmittelalter (1413 genannt) Unterbau des Chorturms. Zweigeschossiger Treppenturm am Langhaus von 1648. Von der Befestigung des Kirchhofs Mauerteile und rundbogige Pforte mit Schießscharte erhalten.

8641 *Hirschfeld.* Kath. Filialkirche Mariä Heimsuchung (Pfarrei Windheim). Kirche (Chor 14. Jahrhundert) in der Mitte des Angerdorfes, ehemals ganz, jetzt nur noch an der Nordseite von einem Wassergraben umgeben.

8640 *Kronach.* Kath. Stadtpfarrkirche St. Johann Baptist. Die Unterstadt beherrschend, steht die Kirche mit ihrem Westbau hart an der Stadtmauer, ebenso die turmartige kath. Annakapelle, 1512 auf fast quadratischem Grundriß errichtet. Beide in das Verteidigungssystem der Stadtmauer einbezogen (östliche Stirnwand sitzt auf der Zwingmauer auf). Der Bau füllt in seiner Länge die Tiefe des Zwingers aus. Im ersten Obergeschoß zwei T-Schießscharten. (Das zweite Obergeschoß: die eigentliche Annakapelle.)

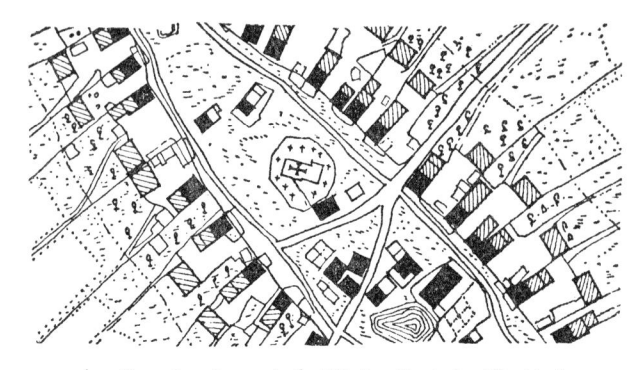

Inmitten des Angerdorfs Effelter liegt der Kirchhof.

BERG

8641 *Lauenstein.* Ev. Pfarrkirche St. Nikolaus. Chorturmkirche mit spätmittelalterlichem Kern am Aufgang zur Burg.

8641 *Schmölz.* Ev. Pfarrkirche St. Laurentius. Turm mit vier Scharwachtürmchen 17. Jahrhundert. Langhaus im Kern spätmittelalterlich. An zwei Seiten die heute verputzte Kirchhofmauer mit spitzbogiger Pforte erhalten.

8641 *Seibelsdorf.* Ev. Pfarrkirche St. Andreas. Barocke Chorturmkirche mit geringfügigen Resten des spätmittelalterlichen, befestigten Baues. Nach den Hussiteneinfällen wurde die Kirche mit hölzernem Wehrgang versehen. Nach verschiedenen Friedhofserweiterungen blieb lediglich ein Stück der bis zu 4 m hohen Wehrmauer mit einem rundbogigen Tor von 1745. Schlitzscharten, Stützbalken und Treppenstufen erhalten.

8641 *Steinbach am Wald.* Kath. Filialkirche Johann Baptist (Pfarrei Windheim). Chorturmkirche, Kern von 1500 mit Schießscharten auch in der Langhauswand. Hohe Kirchhofmauer mit Schießscharten, rundbogigem Tor und Pforte. Die Wasserburg ist heute noch von einem Graben umgeben.

8641 *Zeyern.* Kath. Pfarrkirche St. Leonhard. Kern von 1638, Rest spätmittelalterlicher Wehrmauer mit Schießscharten.

Wehrkirchen im Raum Kulmbach

8651 *Grafengehaig.* Ev. Pfarrkirche (früher U.L.F.) am Berghang in spätgotischer Wehranlage mit Torturm. Über der Sakristei ein zweiter Turm, der zu Laufgängen im Kirchenschiff führte. An der Nordseite des Langhauses ein Treppentürmchen. Die Kirchhofbefestigung ist im 15. Jahrhundert zur Zeit der Hussitenunruhen entstanden. Wuchtiges Torhaus von 1732. Von den vier weiteren Türmen nichts erhalten.

8650 *Kulmbach.* In dieser Stadt heißt eine Straße »Kirchwehr«, weil die Häuser in ihren Fundamenten auf der ehemaligen Kirchenbefestigung stehen. So zum Beispiel: Kirchwehr 1 (über Mauersockel der ehemaligen Kirchwehr, 18. Jahrhundert). Mauersockel an der südöstlichen Ecke mit Wetzrillen. Kirchwehr 8 (Schlußstein der Türe bez. 1778). Kirchwehr 10, 12, 14 und 28.

8656 *Limmersdorf.* Ev. Pfarrkirche St. Johann Baptist von 1510 bis 1542, Turm 1729 erhöht. Friedhofsmauer aus Haustein. Nördlich und südlich spitzbogiges Tor.

8581 *Marktschorgast.* Kath. Pfarrkirche St. Jakob. Chormauerwerk vermutlich aus romanischer Zeit, ebenso die Sakristei als erweitertes Untergeschoß eines ehemaligen Turmes. In spätmittelalterlicher Zeit Wehrkirche. 1702 Gewölbe nochmals umgestaltet. Langhaus in seltener Art zweischiffig. Von der spätmittelalterlichen Kirchwehr die renovierte Mauer an Nord- und Westseite erhalten. An der Nordwestecke runder Wehrturm, mit geschweifter Haube des 18. Jahrhunderts. Heute ist darin der Öltank für die Heizung untergebracht. Die ganze Anlage steht über einem Teich.

8651 *Melkendorf.* Ev. Pfarrkirche St. Ägidius. Vermutlich vorbambergische Urpfarrei. Romanischer Steinbau 1431 dem Hussitensturm zum Opfer gefallen. Langhaus der wiedererbauten Kirche im Krieg 1554 stark beschädigt. Chorturmkirche, massiver Turm mit Schießscharte. Die ehem. rechteckige Anlage der Kirchhofbefestigung mit Ecktürmen aus der ersten Hälfte 15. Jahrhundert; 1732 z. T. neu aufgeführt. Davon an der Ost- und Nordseite noch Teile; westlich hohes Reststück von erster Hälfte 15. Jahrhundert. Im Tympanonfeld des Nordosttores Tafel mit Schriftband, bez. 1732 und 1834. Im ehem. Gesindehaus 1957 Fundament eines runden Eckturmes entdeckt.

8651 *Trebgast.* Ev. Pfarrkirche St. Lorenz. Anstelle einer hochmittelalterlichen Wehrkirche Neubau von 1492 bis 1522. Über dessen Grundriß wiederum Neubau von 1742 bis 1744; Chorturm in den Grundmauern noch spätgotisch. Von der ehemaligen Kirchhofbefestigung aus der zweiten Hälfte 15. Jahrhundert hoher Mauerrest erhalten, nördlich überdachter Torbau von 1604, an der Innenseite Mauerauftritt eines Verbindungsganges.

8656 *Trumsdorf.* Ev. Pfarrkirche St. Michael. Bereits 1121/22 als Kirche der Walpoten erwähnt. Die heutige Chorturmkirche von 14./15. Jahrhundert mit barocken Änderungen von 1708 im mauerumringten Kirchhof.

8651 *Untersteinach.* Ev. Pfarrkirche St. Oswald. Chorturmkirche, 1713 neu aufgebaut und wahrscheinlich in den Hussitenunruhen Mitte 15. Jahrhundert befestigt, beim Ortsbrand 1706 aber beschädigt. Torhaus des 18. Jahrhunderts. Mauerteile noch in zweieinhalb bis vier Meter Höhe mit Hangstützmauern erhalten.

8651 *Veitslahm.* Ev. Pfarrkirche St. Veit. Chorturmkirche des 15. Jahrhunderts. Die beiden Treppentürme und Änderung am südlichen Langhaus 1597, Turmkranzgeschoß wohl 1616 aufgestockt. In den in der Nordwestecke eingebauten Treppenturm führt eine Spindeltreppe. Vom spätmittelalterlichen Befestigungsring des Kirchhofes blieb ein spitzbogiges Tor mit Fachwerkgeschoß erhalten. Daraus seitlich Rest der Wehrmauer. Vom zweiten freistehenden runden Treppenturm führt ein überdachter Holzgang zur Herrschaftsempore der Künsberg-Förtsch (Wappen).

Wehrkirchen im Raum Naila/Hof/Wunsiedel

8594 *Arzberg.* Ev. Pfarrkirche. Alte Kirche von Wallensteins Soldaten in Brand gesteckt, nur Turm und Nordwand des Altarraums aus gotischer Zeit (Anfang 14. Jahrhundert). Neben Kirche südlich Gruftkapelle = Rokokobau, daneben Teile der ehem. Friedhofsbefestigung. Die Lage auf einer steilen Bergnase mag frühzeitig zu einer Befestigung geführt haben. Die Reste der Ummauerung des Friedhofs entstammen offenbar der späten Gotik. Ein runder, ursprünglich innen offener Eckturm erhalten. Anschließend Ringmauerteile mit Schlitzscharten. Die auf den Miniaturansichten von Ullmann noch 1749 erkennbaren Rundtürme sind seit langem abgebrochen.

8671 *Berg.* Ev. Pfarrkirche St. Jakob. Liegt am ansteigenden Kirchenberg im ehemals befestigten Kirchhof. Dreigeschossiger Turm erhalten. Die Kirche vollständig erneuert, nur der Unterbau des Turmes aus dem 14. Jh.

8671 *Döbra.* Ev. Pfarrkirche Bartholomäus und U.L.F. In ummauertem Friedhof, Turm alt, Langhaus neugotisch.

8671 *Geroldsgrün.* Ev. Pfarrkirche St. Jakob mit hohem, fünf-

GEROLDSGRÜN

geschossigem Turm in bewehrtem und ummauertem Friedhof. Die aus dem 14. Jahrhundert stammende Friedhofsbefestigung wird 1440 unter Eva Maria von Waldenfels rechteckig ummauert und mit vier runden Ecktürmen ausgestattet. Mauern mußten im 19. Jahrhundert Häusern und der Friedhofserweiterung weichen. 1864 nordöstlicher Eckturm eingelegt. Von den drei erhaltenen Rundtürmen mit Schießscharten einer 1959 zur Gefallenengedächtnisstätte umgestaltet. Verschiedene Mauerstücke und das überdachte Eingangstor am Nordwestturm erhalten. Die Steinwand des Pfarrhauses geht in ehemalige Wehrmauer des Kirchhofes über. Das Mesnerhaus mit überbautem Durchgang zum Friedhof schließt an das Pfarrhaus im rechten Winkel an. Hier ist ebenfalls ein Stück der Wehrmauer einbezogen. Einige erhaltene Schuppen lassen Gaden vermuten.

- 8671 *Ködnitz.* Ev. Pfarrkirche St. Leonhard. Im 30jährigen Krieg vollständig zerstört, aber schon 1638 auf alten Mauerresten als befestigte Wehrkirche (»Kirchenwall«) wiederaufgebaut. Im Chorschluß drei Schießscharten.
- 8671 *Pilgramsreuth.* Ev. Pfarrkirche. Erhöht in ummauertem Friedhof liegend, Chor Anfang 15. Jahrhundert.
- 8671 *Regnitzlosau.* Ev. Pfarrkirche. Steht auf Plateau, dessen Kirchhof befestigt war. Kräftiger Restturm. Angebautes Treppentürmchen führt in den Dachboden des Kirchenschiffes. Das erhöhte Kirchhofgelände durch eine erneuerte Futtermauer gesichert; alte Reste westlich und südwestlich der Kirche. Friedhof 1881 aufgelassen.
- 8673 *Rehau.* Ev. Stadtpfarrkirche St. Jobst in ehemaligem Kirchhof. Ein urkundlich nachgewiesener Rundturm läßt eine Kirchhofbefestigung vermuten, von der noch Mauerteile vorhanden sind.
- 8671 *Schauenstein.* Ev. Pfarrkirche St. Bartholomäus. Die stattliche Kirche mit altem massigem Turm am südlichen Abhang des Schloßberges und als Nordabschluß des Marktplatzes wirkungsvoll, ähnlich Thiersheim in das Stadtbild gesetzt. Von der alten Befestigung nichts mehr vorhanden.
- 8672 *Selb.* Ev. Gottesackerkirche zur Hl. Dreifaltigkeit. Der Friedhofsmauer entlang führte ein Hohlweg mit Felsenkellern, davon ist nur noch ein Rest unterhalb der Kirche erhalten. Die Eingänge besitzen Granitrahmungen (mit 1778 und 1795 bez.).
- 8671 *Selbitz.* 1824 letzter Rest der Friedhofsbefestigung abgetragen.
- 8675 *Bad Steben.* Alte ev. Pfarrkirche St. Walburg besteht nur noch aus dem Chor mit Dachreiter. War schon 1019 Wallfahrtsstätte, heute beachtenswerter Rest einer echten dreistöckigen Wehrkirche. Im Erdgeschoß der gotische Chor mit freigelegten alten Fresken, darüber erhebt sich ein steinernes Verteidigungsgeschoß mit sieben Schießscharten, ihm folgt ein ebenfalls wehrhaftes Bohlengeschoß mit mehreren Beobachtungsluken. Möglicherweise war das Langhaus ähnlich ausgerüstet. Von der äußeren Befestigung mit vier Türmen, zwei Toren, dem Wehrgang usw. lediglich ein Mauerrest und ein renoviertes Durchgangstor erhalten.
- 8591 *Thiersheim.* Ev. Pfarrkirche (St. Ägidius). Romanischer Bau, an dem alle Jahrhunderte gebaut haben, in einem ehemals befestigten Friedhof. Kirche mit zwei Chören –

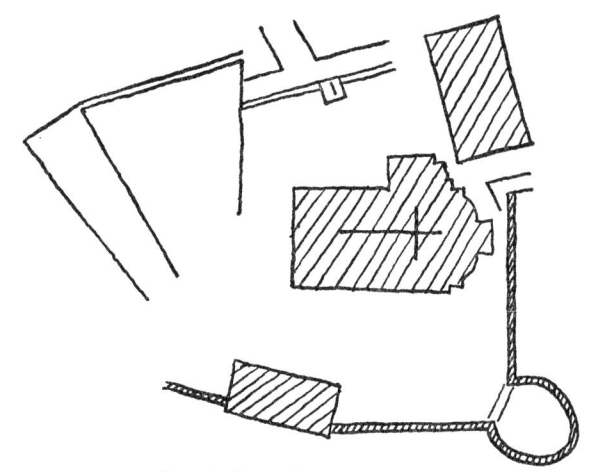

Grundriß der Anlage in Arzberg.

einem romanischen (heute Taufkapelle) und einem gotischen – und zwei Türmen. Ursprüngliche romanische Chorturmkirche (Turm mit Schießscharte), wobei dieser Turm eine Aufstockung des Chors mit einem Grundriß von einem halben Achteck ist. Der zweite Turm mit rundem Grundriß – ein Treppenturm, wurde wahrscheinlich zusammen mit dem querrechteckigen Schiff 1632 erbaut. Die »Kunstdenkmäler« sehen in der Thiersheimer Kirche einen »eigenwilligen« Bau. Über den Wehrfriedhof schreiben sie, daß er vom 17. auf den 18. Februar 1647 zum letzten Male Wehrzwecken diente. Damals wurden 400 kaiserliche Reiter abgeschlagen. Teile der alten Wehrmauer sind noch erhalten. Wie weit die früheren Häuser rings um die Kirche in diese Befestigung einbezogen waren, läßt sich nicht mehr feststellen, auch dann nicht, wenn man die alte Bebauung berücksichtigt, die die »Kunstdenkmäler« von 1954 noch zeigen. An ihre Stelle ist heute eine Treppenanlage getreten. Die Vermutung liegt aber nahe, wenn man die Lage des geschlossenen alten Häuserblocks innerhalb des Ortes berücksichtigt, wie er sich auf dem Katasterblatt zeigt. Von der Kirche aus soll ein unterirdischer Gang in den Pfarrhauskeller geführt haben und ein zweiter zum ehemaligen Burghaus.

- 8671 *Töpen.* Ev. Pfarrkirche. Spätmittelalterlich, 1712 Barockisierung, Erhöhung des Langhauses und Turmneubau. Liegt in noch z. T. ummauertem Kirchhof.

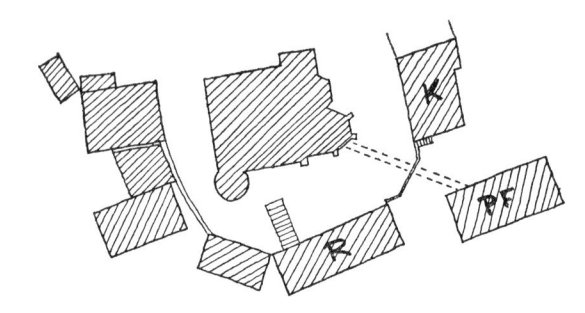

Die Anlage in Thiersheim vor 1927, als das Rathaus noch stand. K = Kantorat, PF = Pfarrhaus, R = Rathaus. Der unterirdische Gang von der Kirche zum Pfarrhaus verlief nicht so geradlinig wie auf der Zeichnung (gestrichelt).

THIERSHEIM

Literatur

Aaken/Geis/Huthöfer: St. Vitus, Wülfershausen. Neckarems 1964.
Ancien, B.: Les églises du Soissonnais et du Valois. Refuges du peuple et leurs fortifications, in: Mémoires de la Fédération des Sociétés d'Histoire et d'Archéologie de l'Aisne, Band 21, 1975.
Andersson, Aron: L'art Scandinave II, La Pierre-qui-Vire (Yonne) 1968 (Nylars, Nykirke, Olskirke vor allem: Fotos).
Azais, G.: Histoire de l'Albigeois a travers le drame cathares, Albi 1963.

Bachteler, Kurt: Geschichte der Stadt Großsachsenheim, Großsachsenheim 1962.
Bader, Karl Siegfried: Das mittelalterliche Dorf als Friedens- und Rechtsbereich, Weimar 1957.
Bahmann, Karl: Die romanische Kirchenbaukunst in Regnitzfranken (Dissertation Erlangen), Würzburg 1940.
Bandmann, G.: Vorbilder der Aachener Pfalzkapelle, in: Karl der Große, Bd. 3, S. 424–462, Düsseldorf 1965.
Barbier, P.: La France féodale, Band 1: Châteaux forts et églises fortifiés, in: Les Presses Bretonnes, Paris 1968.
Bauer, Ernst W.: Höhlen — Welt ohne Sonne, Eßlingen 1975.
Becker, H. K.: Beiträge zur Beurteilung von Wehrkirchen, Kirchenburgen und befestigten Friedhöfen, in: Anzeiger für Industrie und Technik, Verlag des Technischen Vereins, 11, 12, Seite 144 ff., 153 ff., 1932.
Becker, Wilhelm: Wehrkirchen im Gebiet der Fürstabtei Fulda, in: Schick: Das Fuldaer Land, unsere schöne Heimat, S. 280 ff.
Bergner, Heinrich: Befestigte Kirchen, Zeitschrift für christliche Kunst, Nr. 6 + 7, München 1901; Nr. 14 S. 205 ff., München 1902.
Betke, G.: Die Kirche zu Dormitz und ihre Kunstschätze, Dissertation, Erlangen 1914.
Binder, Carl.: Das ehemalige Amt Lichtenberg vor der Rhön, (Ostheim), in: Zeitschrift des Vereins für thüringische Geschichte und Altertumskunde, Neue Folge 8.–10. Band, Jena 1893/97.
Bindschedler, R. G.: Kirchliches Asylrecht, 1906.
Birkenbihl, Michael: Das wehrhafte deutsche Dorf. Eine kulturhistorische Studie, in: »Das Werk«, Mai 1937.
Birkner, Andreas: Im Schutz der Kirchenburgen, in: Merian 7. XXII: Siebenbürgen, Hamburg 1969.
Blanchet, M. A.: Les souterrains-refuges de la France (contribution à l'histoire de l'habitation humaine), Paris 1923.
(Pour les souterrains situés sous les églises ou y aboutissant, Seiten 47, 75, 93, 148, 149, 156 und 157.
Blaue Bücher: Deutsch-Südost in auserlesenen Bildern (Die Österreichischen Länder/Die Sudetendeutschen Gebiete/Siebenbürgen), Königstein/Leipzig 1940.
Boese: Die lippischen Bauernburgen im Vergleich mit anderen norddeutschen Steinwerken, in: »Der Burgwart« 23. Jg. Nr. 1 + 2, Oldenburg 1922.
Borst, A. M.: Die befestigte Stadt, in: Frankenland (Zeitschrift für das fränkische Volk und seine Freunde), 13. Jg. Heft 4, Würzburg 1961.
Braumüller: Ein Wort zur Lösung der Frage der unterirdischen Gänge, in: Verhandlungen des Historischen Verein für Oberpfalz und Regensburg, Band 33, 1878. (Braumüller sah als erster in den Erdställen Fluchtanlagen.
Braun, Georg: Weißenkirchen, o. O., o. J.
Braunschweig, M.: Kirchenburgen in Siebenbürgen, in: Der Burgwart, 2. Jg. Nr. 6 S. 45 ff; Berlin-Grunewald 1900.
Brilon, Kl.: Der befestigte Kirchhof in Großeneder bei Warburg, in: Heimatborn 6, 35, 1926.
Brunner, F. L.: Geschichte der Deutschherrenordens-Comthurei und des Marktfleckens Neubrunn, 1893.
Buchner, F.: Die befestigten Friedhöfe, in: »Die Oberpfalz« 17. Jg. Heft 8 + 9, Kallmünz/b. Regensburg, 1923.
Burger, Alfons.: Effeltrich, in: Der Königshof 4, 1931.
Busch-Zantner, Richard: Das Erdstall-Problem, in: Der Burgwart, Jg. 1922.
Büttner, Ernst: Der Krieg des Markgrafen Albrecht Alcibiades in Franken, Archiv für Geschichte und Altertumskunde von Oberfranken 23 1–164, Bayreuth 1908.

Capra, M.: Die Karner Niederösterreichs, unveröffentlichte Dissertation, Wien 1927.
Cassanges, P.: Les souterrains-refuges en Rouergue, 1902.
Clapham, A. W.: Englich romanesque architecture before the Conquest, London 1930.
Clasen, Karl Heinz: Wehrbau und Kirchenbau, Dissertation, Kiel 1922.
—: Mittelalterliche Kunst im Gebiet des Deutschordensstaates Preußen, 1. Die Burgbauten, Königsberg 1927.
Cohausen, August von: Die Befestigungsweisen der Vorzeit und des Mittelalters, Wiesbaden 1898.
—: Die Wehrbauten zwischen Rhein, Main und Lahn von den Troglodyten bis zur Renaissance. Ergänzungsheft der Zeitschrift für Baukunde, Wiesbaden 1880.
—: Befestigte Dörfer zwischen Rhein und Nahe, in: Westermanns Jahrbuch der Illustrierten Deutschen Monatshefte, Band 6 (S. 389, Umwallung von Wörrstadt), Braunschweig 1859.
Christ: Romanische Kirchen in Franken und Schwaben, Stuttgart 1925.
Christl. Kunstblatt: Kapelle in Krailshausen, S. 180, 1860.
Crevaux, E.: Les églises fortifiées de la Thiérache, Vervins 1939.

Dachler, A.: Dorf- und Kirchenbefestigung in Niederösterreich, Berichte des Altertumsvereins, Band 41, Wien 1908.
Dammann, W. H.: Die deutsche Dorfkirche (Kunst und Kultur), Stuttgart 1910.
Dannheimer, Wilhelm: Einige archivalische Nachrichten über die Burgbernheimer Kirchenburg, in: »Die Linde«, Beilage zum »Fränkischen Anzeiger« Nr. 43, S. 91, Nürnberg 1961.
Dehio Georg: Handbuch der Deutschen Kunstdenkmäler, III. Süddeutschland, München 1940. Baden-Württemberg (bearbeitet von Friedrich Riel), München 1964.
Derwein, Herbert: Geschichte des christlichen Friedhofes in Deutschland, Frankfurt 1931.

Deuerlein, Ernst: Effeltrich und andere befestigte Dorfkirchen, in: Erlanger Heimatblätter (Beilage zum Erlanger Tagblatt) Nr. 33, Erlangen 1919.

Diehl, Charles: Manuel d'art Byzantin Seite 182—185 (Beschreibung des byzantinischen Verteidigungssystems, für das Antiochia Vorbild für alle übrigen wurde), Paris 1910.

Dobson, Edward: Über den Symbolismus der Kirchen auf Bornholm, in: The Builder, London 1881.

Duhamel, L.: Une visite au palais des papes d'Avignon, Montpellier 1904.

Dürrwächter, Anton: Effeltrich und die befestigten Friedhöfe, Bamberg 1910.

Duval, R.: Les églises fortifiées de la Thiérache, in: Almanach Matot Braine, Reims 1935.

Dyggve, E.: Der slawische Viermastenbau auf Rügen, in: Germania, Jg. 37, S. 193—205, 1959. (Vorbild für Bornholm (?)

Eberle, Wilhelm: Die Friedhofsburg von Langensendelbach, in: Fränkisches Land in Kunst, Geschichte und Volkstum (Beilage zum Neuen Volksblatt) 4, Nr. 10, Bamberg 1957.

Ebhardt, Bodo: Der Wehrbau Europas im Mittelalter, 3 Bände, Berlin 1939, Oldenburg 1959.

Ebner, Herwig: Die Burgenpolitik und ihre Bedeutung für die Geschichte des Mittelalters, in: Carinthia I, 164 Jg., Klagenfurt 1974.

Egger, Rudolf: Vom Ursprung der romanischen Chorturmkirche, in: Wiener Jahreshefte Jg. 32, S. 85—125, Baden bei Wien 1940.

Eimer, M.: Der romanische Chorturm in Süd- und Mitteldeutschland, Tübinger Chronik 1935, Tübingen 1936.

Engelmann, A.: Die Vertheidigungsbauten der siebenbürgischen Sachsen, in: »Der Burgwart«, 2. Jg. Nr. 13/14, Berlin-Grunewald 1900/01.

Erffa, Wolfram von: Die Dorfkirche als Wehrbau (mit Beispielen aus Württemberg), Stuttgart 1937.

—: Wehrkirchen in Oberfranken, Kulmbach 1956.

F. A.: Fränkische Kirchenburgen, in: Würzburger Generalanzeiger Nr. 287 vom 15. 12., Seite 15 und Nr. 297 vom 29. 12., S. 11 und IX Mönchsondheim Nr. 281 vom 7. 12., Würzburg 1934.

Fage, M. R.: Les clochers — murs de la France, in: Bulletin monastère, Band 80 und 81, 1921/1922.

Finger, Alfons: Wehrkirche in Untersteinach, in: Aus der fränkischen Heimat, Beilage der Bayerischen Rundschau, Kulmbach 5, 1957.

Förtsch, W.: Bilder aus der Vergangenheit und Gegenwart der Stadt Ostheim/Rh., Ostheim (Rhön) 1909.

Friedrich: Befestigte Kirchhöfe in der Umgebung von Hersfeld, in: Mein Heimatland 67, 1910.

Fries, Lorenz: Die Geschichte des Bauernkrieges in Ostfranken, Würzburg 1883.

Fritze, H.: Die Kirchenburg Ostheim/Rhön, in: Der Burgwart 11. Jg. Nr. 4/5, S. 76 ff, Berlin-Grunewald 1909/10.

Frölén, H. F.: Nordens befästa Rundkyrkor.

Fuchs, Heinrich: Die Pfarrkirche St. Jakob zu Marktschorgast, in: 850 Jahre Marktschorgast 1109—1959, Marktschorgast 1959.

Funk, Wilhelm: Befestigte Kirchen um Fürth und die Kirchenburg Hannburg, in: Fürther Heimatblätter, N. F. Jg. 12, Nr.6, Fürth 1962.

—: Die Kirche von Roßtal und ihre Krypta »Heimatkurier« v. 6. 8. 1932 (Beilage zum »Fränkischen Kurier«), Nürnberg 1932 und in: »Heimat« Nr. 25 vom 11. 6. 1932 (Beilage zum »Neustädter Anzeigeblatt«) Neustadt/Aisch 1932.

—: Wehrbauten einer fränkischen Kirchenburg, in: Heimatkurier Nr. 22 (Beilage zum Fränkischen Kurier), Nürnberg 1931 und in: Heimat Nr. 17 Neustadt/Aisch 1933 und in: Am fränkischen Herd 9. Jg. Nr. 42 (Beilage zur »Kitzinger Zeitung«), Kitzingen 1932.

—: Fränkische Kirchenburgen in den Fehden des Mittelalters, Heimatkurier Nr. 20, Beilage zum Fränkischen Kurier, Nürnberg 1931 und in: Am fränkischen Herd 9. Jg. Nr. 40, Kitzingen 1932.

—: Spätgotische Kirchenburgen, Heimatkurier Nr. 24, 1931.

—: Alte deutsche Rechtsmale, Bremen/Berlin 1939.

—: Fränkische Kirchgaden, in: Heimatkurier 26, Nürnberg 1931 und in: Heimat Nr. 18, Neustadt/Aisch 1933.

—: Fränkische Torhäuser, in: Heimat Nr. 16, Neustadt/Aisch 1931.

—: Von Seelenkerkern, Seelenhäusern und Karnern, in: Heimat Nr. 19, Neustadt/Aisch 1933 und in: Heimatkurier Nr. 16, Nürnberg 1933.

—: Karner auf fränkischen Landfriedhöfen, in: Heimat Nr. 22, Neustadt/Aisch 1933.

—: Romanische Karner in der Oberpfalz und in Franken, in: Heimat Nr. 23, Neustadt/Aisch 1933 und in: Heimatkurier Nr. 16, Nürnberg 1933.

—: Spätgotische Karnerkapellen in fränkischen Städten, in: Heimatkurier Nr. 17, Nürnberg 1933.

—: Asylrecht, Freistätten und Muntat, in: Heimatkurier Nr. 18, Nürnberg 1935.

—: Altstraßen um Herzogenaurach, in: Fröhlich, V.: Herzogenaurach — ein Heimatbuch, Herzogenaurach 1949.

Gantner, J.: Grundformen der europäischen Stadt, Wien 1928.

Gareis, K.: Befestigte Dorfkirchen in der Gegend von Eichstätt, in: Bayerischer Heimatschutz 12, 1914.

Garel, J.: Eglises fortifiées de la Thiérache. Préface de Marc Blancpain-Elta, Paris 1970.

Gerbing, Luise: Thüringer Dorfbefestigung und Zufluchtstätte im Kriege, in: Korrespondenzblatt des Gesamtvereins der deutschen Geschichts- und Altertumsvereine 63/64, Darmstadt 1915/16.

Gerheiser, Karl: Ausgrabungen an der Jakobuskirche in Niederstetten, in: Fränkische Nachrichten, Pfingsten, Tauberbischofsheim 1975.

Glawan, Alois: Wolfsberg, Kirchliche Kunstdenkmäler, Klagenfurt 1962.

Graf, H.: Der mittelalterliche Dorfkirchhof als Ort der Wehr und des Gerichts (in der Saarpfalz), in: Abhandlungen zur saarpfälzischen Landes- und Volksforschung, Band I, S. 44 ff, 1937.

Gout, Paul: L'histoire et l'architecture française au Mont Saint-Michel, Paris 1899.

Griesebach, August: Die alte deutsche Stadt, Berlin 1936.

Gröll, Josef: Die Elemente des Kirchlichen Freiungsrechtes. Kirchenrechtliche Abhandlungen, Stuttgart 1911.

H. J.: Protestantische Wallfahrtskirchen in Dombühl und Wildenholz, in: Rothenburger Land I. S. 12 ff., 1924.

Haack, Friedrich: Funde und Vermutungen zu Dürer und zur Plastik seiner Zeit, Erlangen 1916. (Figuren vom Kirchhofseingang und der Kirche von Effeltrich mit Abbildungen.)

Hack-Petersberg, Johannes: Befestigungen im Fuldaer Land, in: Buchenblätter (Heimatblätter der Fuldaer Zeitung), S. 32, 35, Fulda 1928.

Hager, G.: Mittelalterliche Kirchhofkapellen in Altbayern, in: Zeitschrift für christliche Kunst, Jg. 11, Sp. 161—170, München 1899.

Hartmann: Unterirdische Gänge, in: Beiträge zur Anthropologie und Urgeschichte Bayerns, S. 93 ff., 1887.

Hasak, Max: Der Kirchenbau des Mittelalters („Handbuch der Architektur", 2. Teil, 4. Bd. Heft 3), Leipzig 1913.

Hauer, Rupert: Neue Beiträge zur Kenntnis der Erdställe in Niederösterreich, in: Monatsblatt des Vereins für Landeskunde von Niederösterreich, 1909.

—: Sind die Erdställe aus der prähistorischen Archäologie zu streichen? in: Wiener Prähistorische Zeitschrift, S. 95 ff., 1916.

Haupt, D.: Eine dänische Burgkirche auf deutschem Boden, in: Der Väter Erbe (Beiträge zur Burgen- und Denkmalpflege), Berlin 1909.

Haupt, R.: Wehrkirchen in den Elbherzogtümern, in: Zeitschrift der Gesellschaft für Schleswig-Holsteinische Geschichte, Bd. 32, S. 223 ff., 1902.

Hefele, F.: Vom Pranger und verwandten Strafarten in Freiburg, in: »Schau-ins-Land«, S. 73, Freiburg 1935.

Hefele, Karl Josef: Conciliengeschichte, 9 Bände, Freiburg 1869—1890, (Teil V, S. 755 Bulle Nikolaus II. über Asylrecht auf dem Kirchhof und Zuflucht in Kriegszeiten), Freiburg 1912.

Hefner, Leo: Obernburg am Main, KufU Nr. 913, München 1974.

Heimberger, Heiner: Das gefeite Dorf, in: Mainfränkisches Jahrbuch 4, Würzburg 1952.

Hering, Elisabeth: Befestigte Dörfer in südwestdeutschen Landschaften (unter besonderer Berücksichtigung des Rhein-Main-Gebiets), Dissertation, Frankfurt 1934.

Herrmann, Erwin: Die Karner der Oberpfalz, in: Oberpfälzer Heimat, 12. Bd., Weiden 1968.

Hessler, A.: 296 Burgen und Schlösser in Unterfranken, Würzburg 1909.

Heyne, Moritz: Das deutsche Wohnungswesen bis zum 16. Jahrhundert, Leipzig 1899.

Hirsch, Heinrich: Wehrkirchen im Landkreis Rhön-Grabfeld, in: Heimatblätter Rhön-Grabfeld Nr. 17, September/Oktober 1975.

—: Die Laurentiuskirche in Brendlorenzen, in: Heimatblätter Rhön-Grabfeld Nr. 8, August 1974.

—: Eine feste Burg ist unser Gott, in: Heimatblätter Rhön-Grabfeld Nr. 2/1976.

Hochtanner: Die ehemalige befestigte Dorfkirche in Mosbach, in: Heimat-Kunde, Beilage zum »Bayerischen Grenzboten«, 1926/2.

Hock, Georg: Erdställe in Mainfranken, in: Bayerische Vorgeschichtsblätter, S. 42 ff., 1934.

Hoffmann, Friedrich: Die ältesten Kirchen im Hochstift Fulda, in: Hessenland (Zeitschrift für hessische Geschichte und Literatur), IV, S. 294, Kassel 1890.

Höhne, Karl: Schöllkrippen, in: Spessart, Heft 3, Aschaffenburg 1968.

Horwarth, W.: Siebenbürgisch-Sächsische Kirchenburgen, 1934.

Hotz, Joachim: St. Georg, Effeltrich, KufU Nr. 1018, München 1974.

—: Veitsbronn — Obermichelbach, KufU Nr. 1049, München 1975.

Huber, Walther: 500 Jahre Markt Eberstein, Eberstein 1975.

Hülle, Werner: Westausbreitung und Wehranlagen der Slaven in Mitteldeutschland, Leipzig 1940.

Hupfer, Peter: Burgbernheim, ein Heimatbuch von der Frankenhöhe, Neustadt/Aisch 1932.

Illgner, P.: Kirchhoffesten im Kreise Hünfeld, in: »Fuldaer Geschichsblätter«, 11. Jg., Nr. 3, Fulda 1912.

—: Über Burgen und sonstiges ehemaliges Befestigungswesen im Kreise Hünfeld, in: Fuldaer Geschichtsblätter, 11. Jg., Nr. 10, Fulda 1912.

Jessen: Höhlenwohnungen in den Mittelmeerländern, in: Petermanns Mitteilungen, 1930.

Kamphausen, Alfred: Kirchen zur Wehr, in: Merian 3/XXII: Bornholm, Hamburg 1969.

Karl, H.: Geschichte der Pfarrei Hirschaid im Dekanat Amlingstadt, Hirschaid 1902.

Karlinger, Hans: Befestigte Friedhöfe in Franken, in: »Der Burgwart« 17. Jg., Berlin-Grunewald 1916.

Karner, Lambert: Künstliche Höhlen aus alter Zeit, Wien 1903.

—: Neue Beiträge zur Kenntnis der Erdställe in Niederösterreich, in: Monatsblätter des Vereins für Landeskunde in Niederösterreich, S. 32, Wien 1909.

Kärtner Landesarchiv: Gemeinde Diex, Klagenfurt.

Kielmeyer, O. A.: Die Dorfbefreiung auf deutschem Sprachgebiet, Dissertation, Bonn 1931. Rheinisches Vierteljahresblatt 2., 1932, S. 195—206.

Klenzel, A.: Die sächsische Wehrkirche, in: »Der Burgwart« 20. Jg., Nr. 7, Berlin-Grunewald 1919.

Klocke, Fr. von: Kirchhofsburgen im Osnabrücker Lande, in: Mitteilungen des Vereins für Geschichte und Landeskunde von Osnabrück, Nr. 59, S. 130 ff., Osnabrück 1939/40.

Kobalt, Maximilian: Die Pfarrkirche St. Martin zu Obervellach, Obervellach 1963.

Koch, Eernst: Die einstige Umfriedung von Walldorf, in: Thüringische Monatsschrift für alte und neue Kultur, 2. Jg., 1926/27.

Kohla, Franz Xaver: Über befestigte Kirchen in Kärnten, in: Carinthia I, 131. Jg., Heft 1, S. 166 ff., Klagenfurt 1941.

—: Zu den Grundrissen der erforschten spätantiken »Burgen« in Kärnten (u. a. spätantike Kirchenkastelle auf dem Hennaberg, Hoischhügel und in Duel bei Feistritz a. d. Drau, in: Carinthia I, 132 Jg., Heft 1 + 2, S. 67, Klagenfurt 1942.

Kolb, Karl: Heiliges Franken, Würzburg 1973.

—: Mariahilf, Würzburg 1974 (Les Saintes Maries de la Mer).

—: Mariengnadenbilder, Würzburg 1976 (Les Saintes Maries de la Mer).

Kramer, Karl-Sigismund: Volksleben in Fürstentum Ansbach und seine Nachbargebiete (1500—1800), Würzburg 1961.

Krauß, Adolf: Die Gottesackerkirche in Selb, Selb 1924.

Kreutzer, Hans/Schwemmer, Gottlieb: Tausend Jahre Roßtal, Roßtal 1955.

Kreutzer, Hans: Roßtal, Heimatbuch, Roßtal 1977.

Kunisch, J.: Konrad III., Arnold von Wied und der Kapellenbau von Schwarzrheindorf, Düsseldorf 1966.

Lacger, Louis de: Histoire religieuse de l'Albigeois, Albi 1952.

Langeois: Collection des historiens d'Arménie, S. 163 + 166.

Laran, Jean: La Cathédrale d'Albi, Paris (Laurens).

Laske, Friedrich: Die vier Rundkirchen auf Bornholm und ihr mittelalterlicher Bilderschmuck (mit Bibliographie), Berlin 1902.

Lasteyrie, R. de: Architecture religieuse en France à l'époque romane, Paris 1912.

Latschka, A.: Geschichte des niederösterreichischen Marktes Perchtoldsdorf (S. 126 ff.,), Wien 1884.

Lauter, Karl Theodor: Die Entstehung der Enklave Ostheim v. d. Rhön, in: Zeitschrift des Vereins für thüringische Geschichte und Altertumskunde. Neue Folge, 35. Band, Jena 1941.

Liebrich: Wehrhafte Kirchen in Sachsen (Dissertation).

Lippert, Th.: Evangelische Kirchen im Coburger Land, Detmold 1954.

Loof, Fritz: Kirchenburgen in Siebenbürgen, Rhein-Westfälische Zeitung, 17. März 1936.

Lorenz, Walter: Campus solis. Geschichte und Besitz der ehemaligen Zisterzienserinnenabtei Sennefeld bei Coburg/Kallmünz/Opf. 1955.

Lupu, N./Nägler, Th: Bauernburgen und Kirchenburgen in Siebenbürgen, in: Wehrhafte Kirchen des mittleren Werragebietes, Meiningen 1967.

Lutz, Anton: Brendlorenzen, KufU Nr. 766, München 1962 und 1974.

Le Maitre, M.: Le palais des papes d'Avignon, Paris 1912.

Marryat: One year in Sweden, including a visit to the Isle of Götland, London 1862.

Martin, G. A.: Essai Historique sur Rozoy-sur-Serre et ses environs, 2 Bände, 1863.

Martiny, Günter (Hrsg.): Architectura, Jahrbuch für Geschichte der Baukunst, Berlin 1933. Bericht über Ausgrabungen in Rom (Festungsartige Mauern als Schutz der Konstantinischen Kirche unter San Sebastian).

Matton, A.: Histoire de la ville et des environs de Guise, 2 Bände, 1898.

Mayer, Heinrich: Die Kunst im alten Hochstift Bamberg, Band 2: Die Kunst des Bamberger Umlandes, Bamberg 1952.

Mehl, Heinrich: Reise zu Kirchen und Kapellen, in: Heft: Rhön-Grabfeld der Zeitschrift »Bayerland«, München 1974.

Menghin, Oswald: Über das Alter der Erdställe und Hausberge, in: Wiener Prähistorische Zeitschrift, S. 101 ff., 1916 und in: Monatsblätter des Vereins für Landeskunde in Niederösterreich, S. 202, 1915.

Meuret, Jean-Paul: Les églises fortifiées de la Thiérarche, Vervins 1976.

Meyer, Elard Hugo: Deutsche Volkskunde, Straßburg 1898.
Meyer, Reinhard: Heimatkunde und Geschichte von Hallau, Bern (1938) o. J.
Meisel, Georg: Kirchenburgen in der Bayerischen Ostmark, in: Bayrische Ostmark vom 10. Oktober, Bayreuth 1937.
Mielke, Robert: Die kirchlichen Wehrtürme im nordwestlichen Brandenburg, in: Der Burgwart, III. Jg., S. 21 ff., Berlin-Grunewald 1901.
Mölter, Max: Führer durch Nordheim v. d. Rhön und Umgebung, Mellrichstadt, o. J. (1972).
Moro, Oswin: Beinbrecher (Freithof = Gatter, Gegatter), in: Carinthia I, 129 Jg., Heft 2, S. 323, Klagenfurt 1939.
Mucher, Wilhelm: Maria Saal, Klagenfurt 1976.
Müller, Fr.: Die Vertheidigungskirchen in Siebenbürgen, in: Mitteilungen d. K. K. Central-Comm. zur Erforschung und Erhaltung der Baudenkmäler 2, S. 211 ff., Wien 1857.
Müller, Helmut/Gräfe (Reißland), nlgrid: Wehrhafte Kirchen des mittleren Werragebiets, Meiningen 1967.

Nelli, René: La vie quotidienne des cathares, Paris (Hachette).
Neuner, Georg: Evangelische Wallfahrtskirche im Rothenburgerland (Dombühl), in: Der Bergfried Nr. 10, 17. Jg., Rothenburg 1965.
Neuwirth, J.: Geschichte der christlichen Kunst in Böhmen, S. 219 ff., 229 ff. (Wehr- + Herrschaftskirchen), Prag 1888.
Nörr, Paul Kanuth: Chronik des Marktfleckens Burgbernheim, Würzburg 1844.

Oprescu, Georg/Daniel, E.: Die Wehrkirchen in Siebenbürgen, Dresden 1961.
Oswald, Friedrich: Würzburger Kirchenbauten des XI. und XII. Jahrhunderts, Würzburg 1966.
Otte, Karl Heinz/Mayer, Richard: Evangelische Wallfahrtskirchen im Rothenburger Land (Dombühl und Wildenholz), in: Bergfried 17, 1965, S. 73 ff.

Pampuch, A., Schmidt, H. und Trost, Georg: Ostheim vor der Rhön und seine Burgen, Ostheim 1961.
Panzer: Bayerische Sagen und Bräuche, Band 1: Beitrag zur deutschen Mythologie, 1848 (zu: Erdställen).
Pestalozzi-Kutter, Th.: Kulturgeschichte des Kantons Schaffhausen, Aarau/Leipzig 1928.
Pfeiffer, Gerhard (Hrsg.): Fränkische Bibliographie (bis 1945), 5 Bände, Würzburg 1965—1975.
Piette, A.: Histoire de l'Abbaye de Foigny, 1847.
Pilz, Kurt: Kirchenburg St. Michael Ostheim, Kunstführer Nr. 841, München 1966.
Plesser, A.: Beiträge zur Baugeschichte der Pfarrkirche zu Weißenkirchen, in: Monatsblatt des Altertumsvereins zu Wien Nr. 11, S. 193, Wien 1915.
Posch, Waldemar: Dom zu Gurk, Gurk 1971.
Pottler, Peter: Heimatbuch der Gemeinde Oberstreu, Ostheim 1972.
Poujol, R.: Les églises fortifiées de la Thiérache. Memoire dactylographié, Vervins 1959. Der Text wurde von Abbé Pol Vershaeren in seiner hektographierten Broschüre »Cloches et donjons de Thiérache« wiedergegeben und illustriert.
Probst, Hermann: Die Fürther Altstadt-Pfarrkirche St. Michael, Fürther Heimatblätter III. (S. 6 ff.), Fürth 1953 (und Dissertation, Erlangen 1922).

Quast, F. v.: Über Schloßkapellen als den Ausdruck des Einflusses der weltlichen Macht auf die geistliche, Berlin 1852.

Ranke-Thiersch-Hartmann-Sepp: Künstliche Höhlen in Bayern. Beiträge zur Anthropologie und Urgeschichte Bayerns, S. 147 ff. und 175 ff., 1879.

Rappaport, Ph. A.: Befestigte Dorfkirchen, in: Denkmalpflege 14, 10.
Regensburg, H.: Das deutsche Dorf, Süddeutschland, München.
Reinecke: Zur Zeitstellung der Erdställe, in: Wiener Prähistorische Zeitschrift, S. 92 ff., 1917.
Rey, Raymond: Les vieilles églises fortifiées du midi de la France (mit ausführlicher Bibliographic), Paris (H. Laurens) 1925.
Ringelmann, C.: Geschichte des Marktfleckens Eggolsheim in Oberfranken, Forchheim 1876.
Ritz, Joseph Maria: Das unterfränkische Dorf, in: Alte Kunst in Bayern, Hrsg.: Landesamt für Denkmalpflege, Augsburg 1924.
—: Franken, Deutsche Volkskunst, Bd. 6, Weimar 1926.
—: Befestigte Kirchen Unterfrankens, Fränkischer Bund 1525, Heft I.
Rodiere, R.: Notes Archeologiques sur les églises fortifiées de la Thiérache, in: Bulletins de la Société des Antiquaires de Picardie, 1952 — 1953 — 1954.
Rohn, Adolf: Heimatbuch von Roßtal und Umgebung, Roßtal 1928.
Rollberg, Fritz: Wehrkirchen und Kirchenburgen in der Rhön und im westlichen Thüringen, in: Thüringer Fähnlein, 2. Jg., Februar 1933.
Rostocker Anzeiger: Deutsche Kirchenburgen in Siebenbürgen. Bildbericht von den Kirchenburgen in Siebenbürgen vom 21. August, Rostock 1937.
Roth, K.: Geschichte der deutschen Baukunst in Siebenbürgen, Straßburg 1905.
Rothert, Hermann: Burgmann zu Neuenkirchen, in: Mitteilungen des Vereins für Geschichte und Landeskunde von Osnabrück, Osnabrück 1939/40. Ergänzung zu: Klocke: Kirchhofsburgen im Osnabrücker Lande.
Rottler, K.: Der befestigte Friedhof und die 1000jährige Linde in Effeltrich, Bayerischer Heimatschutz 11, S. 23—26, München 1913.
Rühl, E.: Kulturdenkmale des Regnitztales, 1932.
—: Kulturdenkmale des Pegnitztales, 1961.

Sacken, E. Frhr. von: Die Rundbauten von Zellerndorf, Pulkau und Scheiblingkirchen, in: Mitteilungen der Central-Commission, Wien 1860.
Salm-Reifferscheidt, Christian: Die romanischen Rundkirchen Mährens mit besonderer Berücksichtigung ihrer Beziehungen zum Wehrbau, in: »Der Burgwart« 37. Jg., Oldenburg 1936.
Sartori, Paul: Das Buch der deutschen Glocken, Berlin-Leipzig 1932 (mit ausführlicher Bibliographie).
Sauer, J.: Symbolik des Kirchengebäudes, 1924.
Schannat: Historia Fuldaensis, 1729, nennt über 30 befestigte Kirchhöfe.
Schätzlein, Gerhard: Der »Mauerschedel« bei Filke, in: Heimatblätter Rhön-Grabfeld Nr. 2/1976.
Schell, O.: Die frühere Befestigung der bergischen Höfe und Dörfer, in: Zeitschrift des Bergischen Geschichtsvereins 40/43, S. 1 ff., 1907/09.
Scheven, Friedrich: Die mittelalterliche Befestigung der Dorfkirchen im Regnitzgau, Dissertation, Erlangen 1944.
Schlag, G.: Der zentrale Mehrzweckbau in der Baukunst der deutschen Kaiserzeit, in: Elsaß-Lothringisches Jahrbuch, Jg. 21, 1943.
Schlegel, Friedrich von: Grundzüge der gothischen Baukunst auf einer Reise durch die Rheingegenden, 1804/5.
Schlegler, Franz: Geschichte der Pfarrei Oberhaid. Handschrift im Archiv des Historischen Vereins Bamberg.
Schmidt, Hugo: Die Kriegsjahre 1634 und 1635 (Aus der Geschichte der Stadt Ostheim v. d. Rhön), in: Heimatblätter Rhön-Grabfeld Nr. 11, November 1974.
Schmitt, Ernst: Hirschaid, Kufü Nr. 956, München 1970.
Schneider, Josef / Zell, C.: Der Fall der roten Festung, Wien 1934.
Schnelbögel, F.: Die Ottensooser Friedhofbefestigung, in: Fundgrube Nr. 12, 1927 und Fundgrube S. 31, 1936.
Schnell, Hugo: Großcomburg, Kufü 356, München 1939 und 1971.

Schnell, Hugo/Wiebel, Richard: St. Blasius/Kaufbeuren, Kufü Nr. 76, München 1935/1953/1976.
Schöner, E.: Die Befestigungsanlage der Wehrkirche von St. Michael in der Wachau, in: Das Waldviertel, Zeitschrift für Heimatkunde Nr. 1, S. 44 ff., Krems 1952.
Schultes, Johann Adolph von: Diplomatische Geschichte des Gräflichen Hauses Henneberg, 2 Teile, Leipzig-Hildburghausen, I: 1788, II: 1791.
Schulz, Fritz Traugott: Die St. Georgkirche in Krafthof, Straßburg 1909.
—: Die Rundkapelle zu Altenfurt bei Nürnberg, Straßburg 1908, in: Studien zur deutschen Kunstgeschichte, Straßburg, 1907 ff.
Schumacher, Karl: Standorf mit dem Ulrichskirchlein, in: Württemberg, S. 305, Stuttgart 1932.
Schürer, O.: Romanische Doppelkapellen. Eine typengeschichtliche Untersuchung, in: Marburger Jahrbuch für Kunstwissenschaft Bd. 5, S. 99—192, Marburg 1929.
Schwarzfischer, K.: Eine vorromanische Taufkapelle in Reding, in: Oberpfälzer Heimat, Bd. 6, S. 39—48, Weiden 1961.
Schweiger, J.: Kirchhof und Friedhof, Linz/Donau 1956.
Schweikhart, Gunter: Zwei alte Dorfkirchen im badischen Frankenland, in: Rhein-Neckar-Zeitung vom 20. 11., Heidelberg 1952.
—: Oberschüpfer Wehrkirche beherbergt wertvolle Fresken, in: Rhein-Neckar-Zeitung vom 20. 11., Heidelberg 1952.
Sesselberg, Friedrich: Die frühmittelalterliche Kunst der germanischen Völker, Berlin 1897.
Siebenbürgen-Sächsische Kirchenburgen »Das Bild«, Heft 1, Karlsruhe 1936.
Siebert, Anneliese: Der Stein als Gestalter der Kulturlandschaft im Maindreieck, Hannover 1953.
Sigerus, Emil: Siebenbürgisch-Sächsische Kirchenburgen, Hermannstadt 1909.
Sitzmann, Karl: Pfarrkirche St. Nikolaus zu Pinzberg, in: Der Fränkische Schatzgräber (Beilage zum Forchheimer Tagblatt) 1., 1923.
Sommerfeld, E. v.: Der Westbau der Palastkapelle Karls des Großen zu Aachen und seine Einwirkung auf den romanischen Turmbau in Deutschland. Nebst einigen Bemerkungen zur Entstehungsgeschichte der Kirchtürme. Rep. der Kunstwissenschaft 29, S. 195 ff., 1906.
Spiegel, Karl: Die Hohlräume im Veitenstein beim Dorfe Lußberg (B. A. Ebern), in: Blätter zur bayerischen Volkskunde 8, S. 7 ff., 1920 und in: Bayerland 24, Heft 39/40, 1913 und 25 Heft 39—41, 1914.
Steghardt, A.: Nürnberger Umland I, Nürnberg 1956.
Stewart, Aubrey: De aedificiis, S. 157. Übersetzung aus Procop von Caesarea (byzantinischer Geschichtsschreiber um 490—562): Schrift über die Bautätigkeit des Kaisers Justinian.
Strohbach, W. Kurt: Die obererzgebirgischen Wehrgangskirchen, in: Natur und Heimat Heft 12, 1957.
Sturm, Erwin: Rasdorf — Geschichte und Kunst, Fulda 1971.

Tenhagen: Geschichtliches über den Kirchhof in Werne, 1921.
Teufel, Richard: Bau- und Kunstdenkmäler im Landkreis Coburg, Coburg 1956.
Tillmann, Kurt: Lexikon der deutschen Burgen und Schlösser (3 Bände und 1 Atlas), Stuttgart 1958—1961.
Timler, C.: Eine befestigte Kirche (Reinstädt), in: Zeitschrift des Vereins für Thüringische Geschichte, Neue Folge 11, S. 110 ff.
Trost, Georg: Fladungen, die mittelalterliche Stadt und das Rhönmuseum, Fulda o. J.
Truttmann, R.: Eglises fortifiées de l'Est de la France, in: Le pays lorrain. Journal de la Société Archéologique Lorraine et du Musée Historique Lorrain, Nr. 1, 1959.
—: Quelques églises fortifiées de l'Est de la France, in: La pays lorrain Nr. 4, 1964.

Ullmann, Arno: Alte Wehrkirchen in Sachsen, in: »Der Freiheitskampf«, Dresden 1935.

Ungers, Oswald Matthias: Die Wiener Superblocks (in einer TU-Reihe), Berlin 1969.

Verbeek, A.: Die architektonische Nachfolge der Aachener Pfalzkapelle, in: Karl d. Große, Lebenswerk und Nachleben, Bd. 4, S. 82—117, Düsseldorf 1966.
—: Zentralbauten in der Nachfolge der Aachener Pfalzkapelle, in: Das erste Jahrtausend, Bd. 2, S. 898—947, Düsseldorf 1964.
Viollet-le-Duc: L'Architecture militaire au Moyen âge, Paris 1870.
—: Dictionnaire raisonné de l'architecture française du XI° au XVI° siècle (10 Bände), Paris (Bance) 1854 ff.
Vogl, J.: Neumarkter Heimatbuch, Neumarkt/Salzburg 1930.
Völker, Christoph: Befestigte Kirchhöfe im mittelalterlichen Bistum Paderborn, in: Westfälische Zeitschrift Nr. 93/2, S. 27 ff., Paderborn 1937.
—: Über den Kirchhof in Pömbsen, in: Warte 3, S. 39 ff., 1935.
Vonau, G. M.: Das Wunder an der Kocher, Schwäbisch Hall und die Komburg, Kasseler Neueste Nachrichten, Kassel 1938.
Voss, Georg: Verwaltungsbezirk Dermbach, 4. Band der Bau- und Kunstdenkmäler Thüringens. Großherzogtum Sachsen — Weimar — Eisenach, Jena 1911.

Weber, Friedrich: Die Geschichte der fränkischen Reichsdörfer Gochsheim und Sennfeld, Schweinfurt 1913/Gochsheim 1976.
Weber, Martin: Wehrhafte Kirchen in Thüringen (Dissertation Dresden TH. 1932), in: Beiträge zur Thüringischen Kirchengeschichte, Band 3, Heft 5—7, Jena 1934/35 (und auch Sonderdruck).
Weinelt, Herbert: Das deutsche Oppaland und das angrenzende deutsche Nordmähren als Wehrbaulandschaft (Kirchenburg Altstadt), in: Der Burgwart, 1938.
—: Der Wall um die Kirche in Altstadt, in: Freudenthaler Ländchen, 17. S. 92 ff., Freudenthal 1937.
Weingärtner, Wilhelm: System des christlichen Turmbaues, Göttingen 1860.
Weinhold, K.: Über die deutschen Fried- und Freistätten, Erkundigungsbuch der Geistlichen des Herzogtums Berg de anno 1550, Art. 27.
Welters, Hans: Befestigte Dörfer am Nordostrand der Eifel, in: Rheinische Vierteljahresblätter, Jg. 15/16, S. 267—292, 1950.
Wenzel, E.: Der wehrhafte Kirchturm zu Niederzwern bei Cassel und Geschichte des Ortes, in: Der Burgwart, 6. Jg., S. 97 ff., Berlin-Grunewald 1904.
—: Die Wehranlagen des Dorfes Balhorn, in: Der Burgwart, 7. Jg. S. 74 ff., Berlin-Grunewald 1905.
—: Befestigte Kirchhöfe in Hessen, in: Zeitschrift des Vereins für hessische Geschichte und Landeskunde, Band 42, S. 12 ff., Kassel 1908.
Werner, A.: Die Kirchenburg Oberstreu und ihre Geschichte mit besonderer Berücksichtigung moderner Denmalpflege. Zulassungsarbeit an der PH Würzburg, 1969.
Wörner und Heckmann: Mittelalterliche Ortsbefestigungen, in: Correspondenzblatt des Geschichtsvereins, S. 37 ff., Darmstadt 1880.
—: Orts- und Landesbefestigungen des Mittelalters, Mainz 1884.

Zehetner, Hans: Führer durch die alten Wachauorte St. Michael — Wösendorf — Joching — Weißenkirchen, Krems 1972.
Zeißner, Sebastian: Geschichte von Geldersheim, Würzburg 1929.
Zepp, P.: Ehemals befestigte Dörfer im unteren Ahrgebiet, in: Jahrbuch des Kreises Ahrweiler, Ahrweiler 1939.
Zillich, Heinrich / Phleps, Hermann: Siebenbürgen und seine Wehrbauten, Königstein 1941.
Zimmermann: Oberschüpfs Wehrkirche, in: Fränkische Nachrichten v. 8. 12., Tauberbischofsheim 1962.

Karl Kafka schrieb in: Carinthia I. (Geschichte und volkskundliche Beiträge zur Heimatkunde Kärntens), Klagenfurt, über Kärntner Wehrkirchen:
—: Grafenbach, 122 Jg., Heft 1, S. 61 ff., 1932.
—: Griffen, 134/5 Jg., S. 102 ff., 1947.
—: Theissenegg, 124 Jg., Heft 2, S. 126 ff., 1934.
—: Weitensfeld, 123 Jg., Heft 2, S. 191 ff., 1933.
—: Kraig, 126 Jg., Heft 1, S. 61 ff., 1936.
—: Berg, 128. Jg., Heft 1, S. 69 ff., 1938.
—: Waggendorf, 131. Jg., Heft 1, S. 157 ff., 1941.
—: Köstenberg, 139. Jg., S. 295 ff., 1949.
—: St. Stephan unter Feuersberg, 139. Jg., S. 295 f., 1949.
—: St. Wolfgang bei Grades, 145. Jg., S. 160 f., 1955.
—: Diex, 147. Jg., S. 390 f., 1957.
—: Stein im Jauntal, St. Kanzian i. J., 148. Jg., S. 322 f., 1958.
—: St. Margarethen im Rosental, Hohenthurn, Feistritz a. d. Gail, 149. Jg., S. 262 f., 1959.
—: Maria Waitschach, 150. Jg., S. 182, 1960.
—: Greutschach, 155. Jg., S. 701 f., 1965.
—: Altenmarkt, 151. Jg., S. 616 f., 1961.
—: Tigring, St. Gandolf a. d. Glan, Maria Feicht, 153. Jg., S. 410 f., 1963.

in: »Unsere Heimat« (Zeitschrift des Vereines für Landeskunde von Niederösterreich und Wien)
—: Die Wehrkirche von St. Peter in der Au, Jg. 8, Heft 4, S. 94 ff., 1935.
—: Die Wehrkirche von Hochneukirchen, NF., Jg. 4, S. 168, 1931.
—: Die Würflacher Wehrkirche, Jg. 9, S. 280, 1936.
—: Die Wehrkirche von Lengenfeld, Jg. 13, H. 12, S. 226, 1940.
—: Ein ostmärkischer Bergungsturm (Bromberg), Jg. 13, S. 126 f., 1940.
—: Der wehrhafte Kirchturm von St. Michael i. d. W., Jg. 18, S. 51, 1947.
—: Wehrkirche und Pilgerherberge (Michelstetten), S. 146 ff.
—: Die Wehrkirche von Feistritz am Wechsel, Jg. 27, S. 110 ff., 1956.
—: Deutsch Wagram. Kirchturm und Kirchhofbastionen, Jg. 40, S. 30 ff., 1959.
—: Die Bastionsbefestigung an Kirchhöfen, Jg. 31, S. 141 ff., 1960.

in: »Mitteilungen des Steirischen Burgenvereines«
—: Die Nischenmauern an Kirchhöfen, 10. Jg., S. 57 ff., 1961.
—: Kirchtürme mit wehrhaften Glockenstuben, 11. Jg., S. 87 ff., 1962.

in: »Burgen und Schlösser in Österreich«. (Zeitschrift des Österreichischen Burgenvereines)
—: Kirchliche Wehrbauten in Wien und Umgebung, 6. Jg., S. 15—20, 1970.

in: »Burgen und Schlösser« (Zeitschrift der Deutschen Burgenvereinigung für Burgenkunde und Denkmalpflege)
—: Die Wehrkirche Cruas im Rhônetal, 4. Jg., Heft 1937/2, S. 78 ff.
—: Ospo und Podjamo Tabor, zwei Höhlenburgen in Slowenien, 17. Jg., 1976/2, S. 112.

in: »Jahrbuch des Vereines für Geschichte der Stadt Wien«
—: Wehrkirchen im Bereiche der Stadt Wien, Bd. 21/22, S. 101—119, 1965/66.

in: »Blätter für Heimatkunde« (Hrsg. v. Hist. Verein f. Steiermark)
—: Die Wehrkirche St. Georgen am Schwarzenbach, 32. Jg., Heft 1, S. 21 f., 1958.

in: »Die Quelle« (Sonntags-Beiblatt der »Reichspost« für Literatur, Heimatkunde und Kultur)
—: Die österreichischen Wehrkirchen, 28. Aug. 1935.
—: Kärntner Friedhöfe als Zufluchtsstätten, 21. März 1936.
—: Schloß und Wehrkirche von St. Peter in der Au. Zur 600-Jahr-Feier des Marktes, 4. Okt. 1936.

in: »Kulturberichte aus Niederösterreich« (Beilage der Amtlichen Nachrichten der niederösterr. Landesregierung)
—: Die Wehrkirchen Niederösterreichs, Jg. 1953, Folge 6 u. 7.

in: »Kulturberichte der Marktgemeinde Deutsch-Wagram« (Mitteilungsblatt der Deutsch-Wagramer Museumsfreunde).
—: Zur Baugeschichte des Kirchturms von Deutsch-Wagram, 1. Jg., Heft Nr. 5, 1960.
—: Der befestigte Friedhof von Deutsch-Wagram in der Entwicklungsgeschichte der Wehrkirchhöfe, 3. Jg., Heft 5, 1962.

in: »Beiträge zur Heimatkunde von Gerasdorf«
—: Die Pfarrkirche von Gerasdorf als Wehrkirche, 2. Jg., 1964.

in: »Unser schönes Floridsdorf« (Blätter des Floridsdorfer Heimatmuseums)
—: Die Stammersdorfer Pfarrkirche — eine Wehrkirche, 4. Jg., S. 84 f., 1970.

Ferner:
—: Wehrkirchen Niederösterreichs, 2 Bände, Wien 1969/70.
—: Wehrkirchen Kärntens, 2 Bände, Wien 1970/72.
—: Wehrkirchen Steiermarks, Wien 1974.

in: Deutsche Gauen (Zeitschrift des Verlages »Deutsche Gaue«), Kaufbeuren.
—: Blocktreppen, Bd. 39, S. 119—121, 1938.
—: Wehrhafte Dachböden von Kirchen in Österreich, Bd. 47, 1955.
—: Die Schildwand, Bd. 49, S. 86—89, 1957.
—: Die zwei noch erhaltenen Kirchhofwehrgänge Bayerns, Bd. 50, S. 77—79, 1958.
—: Schulhaus und Wehrkirchhof, Bd. 51, Heft 2, S. 17—20, 1959.
—: Zwei Ellenstäbe an der Gadenmauer von Willanzheim (Kitzingen/Ufr.), Bd. 51, S. 70—71, 1959.
—: Pranger auf Kirchhöfen, Bd. 51, S. 72—75, 1959.
—: Der Kirchhofwehrgang von Seißen, Bd. 52, S. 76—77, 1960.
—: Gerichtsstätten vor dem Kirchhoftore, Bd. 53, S. 64, 1961.
—: Fränkische Kirchhofmauern, Bd. 53, S. 85 ff., 1961.
—: Schießlöcher in Türflügeln, Bd. 53, S. 19, 1934.
—: Die Wehrmauer um den Friedhof, Bd. 35, S. 98 ff., 1934.
—: Die Schildwand und der Holzwehrgang bei Burgen und Wehrkirchen, Bd. 35, S. 84 ff., 1934.
—: Befestigte Friedhofskapellen in Österreich, Bd. 32, S. 97, 1936.
—: Scheiblingkirchen, Bd. 37, S. 173, 1936.
—: Lichtnischen in Gadenkellern, Bd. 38, S. 155, 1937.
—: Schartenverschlüsse, Spähröhren, Bd. 39, S. 45 f., 1938.
—: Trambalkenlöcher, Laufsteg der Schützen, Bd. 38, S. 58 f., 1938.
—: Kirchen mit wehrhaften Obergeschoßen, Bd. 40, S. 9 f., 1939.
—: Die Pilgerherberge von Alt-Weitra, Bd. 42, S. 67, 1950.
—: Burgabann und Burgwerk bei Wehrkirchen, Bd. 43, S. 46, 1952.
—: Bayerische Gadenkirchhöfe, Bd. 54, S. 25—48, 1962.
—: Verborgene Räume und Verstecke in Kirchen und Kirchtürmen, Bd. 55/56, S. 108—116, 1963/64.
—: Das Ausräuchern von Kirchtürmen, Bd. 57/58, S. 120 f., 1970.

Ferner erschienen in: »Deutsche Gaue«
Kinding, Probeheft, S. 235 ff.
Befestigte Kirchhöfe, Band VII, S. 253 ff., 1906 und Band XII, 1911.
Wehrkirchen, Band VIII, S. 57 ff., 1907 und Band IX, S. 49 ff., 1908.
Studien an Befestigungen, Band XII, S. 129, 1911.
Friedhofsbefestigungen, Band XXVI, 1925.
Auf der Fahrt nach Friedhofsbefestigungen und Forschungen an alten Torbauten, Band 35, 1934.
Die Wehrmauer um den Friedhof, Band 35, S. 98—120, 1934.
Kirchennischengruppen, Band 45, 1953.
Kleinere Mauernischen, Band 45, 1953.
Kranbalkenlöcher, Band 45, 1953.
Weikmann, Meinrad: Befestigte Dörfer, Band 52, S. 6—13, 1960.

Bau- und Kunstdenkmäler (einschließlich der Kurzinventare)

Bickell, L.: Regierungsbezirk Cassel, Band: Kreis Gelnhausen (mit Atlas), Marburg 1901.
Breuer, Tilmann: Stadt und Landkreis Forchheim (Kurzinventar, Bd. 12), München 1961.
—: Landkreis Lichtenfels (Kurzinventar, Bd. 16), München 1962.
—: Landkreis Kronach (Kurzinventar, Bd. 19), München 1964.
—: Landkreis Münchberg (Kurzinventar, Bd. 13), München 1961.
Brix, Michael/Lippert, Karl-Ludwig: Ehemaliger Landkreis Rehau und Stadt Selb (Kurzinventar, Bd. 34), München 1974.
Fehring, Günter: Landkreis Ansbach (Kurzinventar, Bd. 2), München 1958.
—: Die Stadt Nürnberg (Kurzinventar, Bd. 10), München 1961.
Feulner, Adolf: Bezirksamt Gemünden (Unterfranken, Bd. 20), München 1920.
—: Bezirksamt Hammelburg (Unterfranken, Bd. 14), München 1915.
—: Bezirksamt Karlstadt (Unterfranken, Bd. 6), München 1912.
—: Bezirksamt Lohr (Unterfranken, Bd. 9), München 1914.
—: Bezirksamt Marktheidenfeld (Unterfranken, Bd. 7), München 1913.
Feulner, Adolf/Röttger, Bernhard Hermann: Bezirksamt Obernburg (Unterfranken, Bd. 23), München 1925.
—: Bezirksamt Aschaffenburg (Unterfranken, Bd. 24), München 1927.
Gebeßler, August: Stadt und Landkreis Bayreuth (Kurzinventar, Bd. 3), München 1959.
—: Stadt und Landkreis Erlangen (Kurzinventar, Bd. 14), München 1962.
—: Stadt und Landkreis Fürth (Kurzinventar, Bd. 18), München 1963.
—: Stadt und Landkreis Hof (Kurzinventar, Bd. 7), München 1960.
—: Stadt und Landkreis Kulmbach (Kurzinventar, Bd. 3), München 1958.
—: Landkreis Nürnberg (Kurzinventar, Bd. 11), München 1961.
Gröber, Karl: Bezirksamt Brückenau (Unterfranken, Bd. 11), München 1914.
—: Stadt Bad Kissingen und Bezirksamt Kissingen (Unterfranken, Bd. 10), München 1914.
—: Bezirksamt Mellrichstadt (Unterfranken, Bd. 21), München 1921.
—: Bezirksamt Neustadt/Saale (Unterfranken, Bd. 22), München 1922.
Gradmann, Eugen: Königreich Württemberg, Jagstkreis, 1. Hälfte Oberämter Aalen, Crailsheim, Ellwangen, Gaildorf, Gerabronn, Gmünd, Hall, Eßlingen 1907.
Gröber, Karl/Karlinger, Hans: Bezirksamt Alzenau (Unterfranken, Bd. 16), München 1916.
Herschenröder, Max: Landkreis Dieburg, Darmstadt.
Hessen: Die Kunstdenkmäler im (Freistaat) Großherzogtum Hessen, Kreis Büdingen, Darmstadt 1890.
Hoffmann, Richard/Hager, Gg: Bezirksamt Cham (Oberpfalz, Bd. 6), München 1906.
Hofmann, Friedrich Hermann/Mader, Felix: Amtsgericht Beilngries I. u. II. (Oberpfalz, Bd. 12 und 13), München 1908.
—: Stadt und Bezirksamt Neumarkt (Oberpfalz, Bd. 17), München 1909.
Hojer, Gerhard: Ehemaliger Landkreis Scheinfeld (Kurzinventar, Bd. 35), München 1976.

Karlinger, Hans: Bezirksamt Ebern (Bd. 15), München 1916.
—: Bezirksamt Gerolzhofen (Bd. 8), München 1913.
—: Bezirksamt Haßfurt (Bd. 4), München 1912.
—: Bezirksamt Königshofen (Bd. 13), München 1913.
—: Bezirksamt Ochsenfurt (Unterfranken, Bd. 1), München 1911.
—: Bezirksamt Würzburg (Unterfranken, Bd. 3), München 1911.
Lehfeld, P./Voss, G.: Die Bau- und Kunstdenkmäler Thüringens, 4. Landratsamt Coburg, Heft 28 Amtsgerichtsbezirk Neustadt, Rodach, Sonnefeld und Königsberg in Franken, Jena 1902.
—: Heft 32, Stadt Coburg und Landorte des Amtsgerichtsbezirks Coburg, Jena 1906.
Lill, Georg/Mader, Felix: Bezirksamt Hofheim (Bd. 5), München 1912.
—: Stadt u. Bezirksamt Schweinfurt (Bd. 17), München 1917.
Lill, Georg/Weyssen, Friedrich Karl: Stadt und Bezirksamt Kitzingen (Unterfranken, Bd. 2), München 1911.
Lippert, Karl-Ludwig: Landkreis Naila (Kurzinventar, Bd. 17), München 1963.
—: Landkreis Stadtsteinach (Kurzinventar, Bd. 20), München 1964.
—: Landkreis Staffelstein (Kurzinventar, Bd. 28), München 1968.
Mader, Felix: Bezirksamt Amberg (Oberpfalz, Bd. 15), München 1908.
—: Stadt Aschaffenburg (Unterfranken, Bd. 19), München 1918.
—: Bezirksamt Eichstätt (Mittelfranken, Bd. 2), München 1928.
—: Stadt Eichstätt (Mittelfranken, Bd. 1), München 1924.
—: Bezirksamt Hilpoltstein (Mittelfranken, Bd. 3), München 1929.
—: Bezirksamt Neustadt am Wald (Oberpfalz, Bd. 9), München 1906.
—: Bezirksamt Tirschenreuth (Oberpfalz, Bd. 14), München 1908.
—: Bezirksamt Würzburg (Unterfranken, Bd. 3), München 1915.
—: Stadt Würzburg (Unterfranken, Bd. 12), München 1915.
Mader, Felix/Karlinger, Hans: Bezirksamt Miltenberg (Unterfranken, Bd. 18), München 1917.
Meyer, Werner: Bezirksamt Lauf (Kurzinventar, Bd. 11), München 1966.
Oechelhäuser, Adolf von: Amtsbezirk Buchen und Adelsheim, Karlsruhe 1901.
—: Amtsbezirk Tauberbischofsheim, Freiburg 1898.
—: Amtsbezirk Wertheim, Freiburg 1896.
Ramisch, Hans Karlmann: Landkreis Feuchtwangen (Kurzinventar, Bd. 1), München 1964.
—: Landkreis Uffenheim (Kurzinventar, Bd. 22), München 1966.
—: Landkreis Rothenburg (Kurzinventar, Bd. 25), München 1967.
Rees, Anton: Stadt Rothenburg (Kurzinventar, Bd. 8), München 1959.
Röttger, Bernhard Hermann: Landkreis Wunsiedel und Stadtkreis Marktredwitz (Oberfranken, Bd. 1), München 1954.
Schädler, Alfred: Landkreis Pegnitz (Oberfranken, Bd. 2), München 1961.
Strobel, Richard: Ehemaliger Landkreis Neustadt/Aisch (Kurzinventar, Bd. 32), München 1972.
Sturm, Erwin: Landkreis Fulda, Veröffentlichungen des Fuldaer Geschichtsvereins Nr. 38, Fulda 1962.
—: Kreis Hünfeld, Veröffentlichungen des Fuldaer Geschichtsvereins Nr. 48, Fulda 1971.

Ortsregister

(Ab Seite 23 bedeuten alle ungeraden Zahlen: Abbildung)

Aa 16
Aachen 28
Acholshausen 128
Adelshofen 140
Agde 12, 30
Ahorn 156
Aidhausen 118
Ailersbach 158
Albertshofen 134
Alcaniz 18
Allersberg 40, 41, 146
Almering 72
Alprechtig 13
Alquézar 16
Alsleben 118
Altafulla 16
Altenbernheim 140
Altenkunstadt 156
Althausen 116
Altheim 48, 150, 152
Althofen 16
Alzenau 90
Alzey 22
Amberg 86
Ampferbach 154
Ancy 18
Andernach 9
Angela 9
Angelthürn 126
Angers 56
Ankum 14
Ansbach 11, 66, 144
Antiochia 30
Archshofen 126
Arnstadt 13
Arry 18
Arzell 46
Arzberg 59, 62, 157, 160
Aschaffenburg 20, 72, 120, 122
Aubstadt 59, 61, 62, 92, 93, 118
Auerbach 142
Augsburg 72
Avignon 12
Avolsheim 18

Bacharach 9, 14
Baiersdorf 148
Bamberg 7, 11, 44, 74, 86, 154
Baumgarten 72
Basel 16, 18, 82
Baudenbach 152
Beilngries 64
Belgrad 74
Bellershausen 140

Belrieth 13
Bensberg 14
Berg 62, 159, 160
Bergen 13
Bergtheim 66, 128
Bersenbruck 14
Bettenfeld 140
Bettenhausen 13
Betzendorf 144
Bibra 30
Bieberhausen 106
Bildhausen 116
Billingshausen 128
Birkenfeld 40, 41, 128
Bischberg 108, 154
Bischofs 108
Bodes 13
Bogen 72
Bolzhausen 128
Bonn 9
Boppard 36
Borchen 64
Bordeaux 56
Bornholm 10, 16, 28, 32, 34, 36, 58, 76
Bourges 56
Brancion 40, 90, 91
Brand 74
Braunschweig 14
Breitengüßbach 154
Breitensee 118
Brendlorenzen 31, 58, 62, 108
Brétigny 68
Brieg 14
Bruchköbel 14
Bruensen 14
Brunst 142
Buchenau 13
Büchenbach 56, 148
Büdingen 56
Bühl 148
Bullenheim 59, 60, 62, 64, 85, 128
Burgbernheim 34, 46, 62, 74, 115, 140
Burgebrach 154
Burgerroth 130
Burggrub 158
Bürgstadt 62, 75, 78, 122
Burhaun 13
Burk 28, 152
Burkersdorf 158
Buttenheim 46, 82, 154
Byzanz 9

Cadolzhofen 140
Cahors 56, 64

Calafell 16
Camberg 21, 22
Cambert 9
Cannes 10
Cardona 16
Cham 40, 41
Chazelles 18
Chrudim 16
Colmar 18
Comburg 11, 52, 156
Comrich 9
Creglingen 19, 88, 128

Dachau 13, 72
Dalsheim 22
Damersbach 13
Darmstadt 28, 130
Deintingen 8
Demerthin 14
Dertingen 42, 43, 56, 60, 74, 77, 90, 91, 94, 95, 105, 122, 124
Dettwang 20, 62, 94, 95, 100, 101, 117, 140
Diebach 53, 60, 116
Dienstädt 13
Dientenhofen 142
Diespeck 152
Dietenhofen 152
Dietersdorf 32, 88, 89, 156
Dietershausen 106
Diex 16, 86
Dijon 56
Dirlingsdorf 18
Döbra 160
Dombühl 58, 86, 121, 140
Domfessel 18
Domgolsheim 18
Döringstadt 156
Dormitz 50, 56, 148
Dörnigheim 14
Dörnthal 14

Ebensfeld 156
Ebern 76
Ebersdorf 14, 156, 158
Ebing 154
Effelter 158
Effeltrich 52, 56, 58, 60, 96, 97, 100, 101, 141, 146, 148
Eggolsheim 152
Eibelstadt 130
Eichel 32, 42, 43, 58, 90, 91, 105, 124, 126
Eichelsee 32, 88, 89, 154

Eichfeld 60, 134, 136
Eichstätt 7, 11, 13, 58, 74, 144, 146
Markt Einersheim 136
Eiterfeld 13
Elberfeld 14
Elpersdorf 142
Elsa 156
Engelshelms 106
Engerla 13
Entenberg 146
Erdmannrode 13
Erkrath 14
Erlangen 56, 90, 148
Erlingshofen 144
Ernstkirchen 122
Erzberg 140
Eschau 122
Ettenhausen 13
Euerdorf 116
Euerhausen 32, 56, 62, 130
Eysölden 144

Failly 18
Faulenberg 140
Fechheim 156
Feldbach 16
Filke 26, 58, 64, 88, 89, 108
Finsterlohr 126
Fischbach 13
Flachslanden 102, 103, 142
Flatnitz 16
Flittard 14
Flöha 14
Florenberg 88, 89, 106
Forchheim 148, 150
Frankfurt 14, 84
Freienfels 154
Frensdorf 154
Freudenberg 66, 70
Freising 72
Friesach 86
Friesen 158
Fuchsstadt 116
Fulda 7, 11, 13, 14, 106
Fürth 48, 86, 146, 148

Gagern 72
Garizim 9
Gärtenroth 156
Gattenhofen 140
Gaubitsch 72
Gaukönigshofen 72
Gebenbach 86
Gebsattel 140
Geisfeld 154
Geithayn 14
Geldersheim 60, 74, 87, 98, 99, 132
Gelnhausen 14, 90
Gemeinfeld 118
Gera 13
Gerach 32, 36, 66, 74, 154
Gerbersweier 18
Geroldsgrün 60, 105, 160—162
Gerona 16
Gertewitz 13
Geslau 140

Gestungshausen 32, 56, 62, 78, 92, 93, 151, 156, 158
Geutenreuth 158
Giersdorf 14
Gleichamberg 13
Gnötzheim 130
Gochsheim 26, 59, 60, 64, 98, 99, 107, 132
Göreme 68
Gösing 72
Goßmannsdorf 66, 70, 74, 118
Göttelsdorf 142
Gotthards 13
Grades 16
Grafenbach 16
Gräfenbuch 46
Grafengehaig 94, 95, 160
Grafenrheinfeld 132, 134
Gräfrath 14
Greding 76, 100, 101, 105, 125, 144, 146
Gremsdorf 152
Griffen 16
Großbardorf 118
Großbarheim 74
Großbirkach 158
Großenbach 13
Großendorf 56
Großenlüder 32, 34, 36, 88, 89, 106, 126
Großentaft 13
Großgründlach 56
Großhabersdorf 146, 148
Großhaslach 142
Großheirath 158
Großinzemoos 13, 72
Großkrotzenburg 14
Großostheim 72
Großrückerswalde 14
Großsachsenheim 13
Großwallstadt 59, 62, 67, 94, 95, 105, 120
Grünsfeld 20
Grünsfeld-Hausen 128
Gülchsheim 130
Gumperda 13
Gundersheim 14
Güntersleben 130
Günzburg 13
Gutenstetten 152

Haasgang 142
Habel 106
Habelsee 140
Hagenbüchach 146, 152
Haimbach 106
Hallstadt 86
Hammelburg 116
Hanau 14
Hannberg 60, 90, 91, 96, 97, 143, 152
Hansen 13
Hartmannsweiler 18, 50
Haselstein 13
Hausen 14, 152
Heckenranspach 18
Heidingsfeld 130
Heiligen 13, 14
Heiligenstadt 46
Heilsberg 86
Heilsbronn 148
Hellmitzheim 134
Helmershausen 13

Hemsbach 14
Heppdiel 124
Herbsthausen 126
Herchsheim 72
Herkenrath 14
Heroldsberg 146
Herpf 13
Herrenbrechtheim 130
Herrnsheim 60, 109, 134, 136
Herzogenaurach 76
Hessenthal 69, 120
Hestrem 14
Hetzles 34, 50, 148, 150
Heustreu 22, 28, 33, 35, 58, 59, 60, 96, 97, 108, 110, 116, 140
Heymfurte 13
Hildburghausen 13
Hirschaid 44, 52, 74, 154
Hirschfeld 158
Hitzkirchen 36
Hochstadt 14
Hohenauen 14
Hoheneiche 14
Hof 66, 160
Hofaschenbach 13
Hofbieber 106
Hofstetten 94, 95, 122
Hohenpölz 156
Hollfeld 34, 156
Hollstadt 37, 56, 60, 92, 93, 100, 101, 110
Homberg 14
Hopferstadt 130
Horka 14
Hörstein 36, 38, 40, 90, 91, 120, 122
Huesca 16
Huhsdorf 14
Hunawihr 18
Hundsfeld 116
Hünfeld 13, 46, 106
Hünfelden 14
Hünhan 14
Hüttenbach 148
Hüttenheim 60, 98, 99, 136

Ibsken 16
Ingelheim 14
Insingen 46, 140, 142, 150
Iphofen 26, 76, 105, 134, 136
Irfersdorf 64, 144
Jena 13
Julbach 72
Junkersdorf 90, 91, 118
La Junquera 16

Kälberau 20, 73, 122
Kalkreuth 146
Kaltensundheim 13
Kämmerzell 14, 106
Karbach 40, 41, 60, 62, 79, 124
Karnberg 16
Kastl 13
Keilberg 122
Kersbach 152
Keßlar 13
Kinding 20, 54, 60, 92, 93, 96, 97, 100, 101, 129, 144

172

Kirchaich 156
Kirchberg 14
Kirchborchen 64
Kirchenbirkig 142
Kirchehrenbach 152
Kirchfembach 146
Kirchhasel 13, 14, 48, 50, 88, 89, 106
Kirchröttenbach 150
Kirchrüsselbach 152
Kirchschletten 156
Kissing 72
Kitzingen 72, 86, 134
Kleinhaslach 142
Kleinlangheim 60, 86, 98, 99, 136
Kleinochsenfurt 130
Kleinwallstadt 122
Kleinzwettel 72
Koblenz 9, 14
Koci 16
Ködnitz 162
Kolitzheim 132
Köln 9, 13, 56, 82
Königsfeld 62, 147, 156
Königshofen 118
Kößlarn 8
Kraftshof 56, 58—60, 78, 100—103, 138, 139, 146, 148
Kraig 16, 21, 32
Krailshausen 32, 34, 126
Kranichfeld 13
Kreuzwertheim 36, 88, 89, 124
Kriegenbrunn 56, 150
Kronach 158
Kulmbach 160
St. Kunigund 105, 130, 132
Künzell 106
Kyritz 14

Lahm 158
Lahnstein 36
Lahrbach 106
Landerzhofen 100—103, 131, 146
Langendorf 116
Langenschwarz 14
Langensendelbach 150
Langensteinach 140
Lauenstein 160
Lauf 74, 148, 150
Lauterbach 14
Lauterburg 18
Lebane 74
Lehrberg 142
Leimbach 14
Leinburg 60, 137, 146
Lèrins 10
Lesay 18
Leutersdorf 13
Leuzenbronn 140
Lichtenfels 156, 158
Lichtenhaun 13
Liebhards 14
Lillebonne 12
Limburg 9
Lindlar 14
Linnersdorf 160
Lippe 42
Lipperts 66
Loare 16

Lonnerstadt 152
Lorry-Mardigny 18
Löschenrod 106
Ludwag 156
Lugau 14
Lülsfeld 134
Lüneburg 30
Lütter 23, 58, 88, 89, 106

Maberzell 27, 58, 106
Mackenrode 14
Mackenzell 14
Magelone 12
Maillezais 10
Mainsondheim 136
Mainz 9, 13
Le Mans 56
Mantes 38, 68
Manzanares el Real 16
Marbach 106
Margretenhaun 29, 46, 48, 58, 106
Maria Saal 16
Marienhave 14
Marköbel 14
Markt Einersheim 136
Marktoffingen 8
Marktschorgast 160
Marktsteft 136
Markt Triebendorf 144
Marseille 10
Matera 70
Mattmann 28
Mauerschedel 26, 58, 60, 64, 88, 89, 108
Mechenried 118
Meckenhausen 40, 41
Meeder 158
Meiningen 13, 66
Melkendorf 160
Mellrichstadt 86
Melpers 14
Merklingen 13
Metnitz 16, 82
Metschenbach 158
Metz 18
Mey 18
Michelstrombach 14
Milda 13
Miltenberg 122
Mistendorf 156
Mitteldachstetten 142
Mittelsaida 14
Mittelstreu 58, 110
Mitwitz 158
Möbisburg 13
Modschiedel 88, 89, 158
Mögeldorf 146
Moggast 152
Möhrendorf 56, 150
Molzbach 14
Mönchsaurach 62
Mönchsondheim 26, 60, 105, 111, 136
Monheim 14
Monpazier 74
Montecassino 42
Montefiascone 10
Moosburg 48
Moratneustetten 142
Moringen 14

Mosbach 122, 140
Mühldorf 72
Mülhausen 18
Mülheim 14
Müllenbach 14
München 72
Münnerstadt 116
Münstermaifeld 14
Mürsbach 66, 74, 156
Muttenz 16
Mutterbach 18

Nabburg 76
Naila 160
Nankendorf 152
Nantes 56
Narbonne 12
Neckerode 13
Neidhardswinden 152
Nennersdorf 78
Nenzenheim 60, 64, 136
Neudorf 158
Neukirchen 14
Neundorf 158
Neunhof 150
Neunhofen 13
Neunkirchen 126, 142, 150
Neunstetten 140, 142
Neustadt 14, 72, 76, 108, 118, 150
Niederbarkhausen 42
Niederbieber 106
Niederlahnstein 14
Niederpöllnitz 34
Niederstetten 32, 56, 62, 126, 128
Niederwerrn 72
Niederzünddorf 14
Nierstein 14, 74
Niesig 106
Nordborchen 64
Nordheim 13, 39, 62, 96, 97, 110, 114
Norroy-le-Veneur 18
Noyen 56
Nüdlingen 55, 62, 116
Nürnberg 11, 13, 40—42, 66, 78, 84, 146, 148

Oberbimbach 74, 106
Obereisenheim 136
Oberelsbach 118
Oberferrieden 148
Oberfilke 58
Oberfladungen 13, 114
Oberhaid 156
Obermaßfeld 13, 66
Obermichelbach 146
Obermüst 14
Obernbreit 136
Oberriet 72
Oberröslau 74
Oberschüpf 32, 42, 43, 126, 128
Oberstreu 45, 60, 94, 95, 98, 99, 110, 114
Obersulzbach 62, 123, 142
Obervellach 16
Oberwittighausen 128
Oberzünddorf 14
Obirn Lurungen 13
Ochsenfurt 72, 76
Odensachsen 14

Odental 14
Ofen 13
Offenhausen 66
Ohrenbach 140
Olbersdorf 72
Oldenrode 14
Orléans 44
Ortenberg 20
Osnabrück 62
Ospo 72
Österlars 16
Ostheim 47, 56, 59, 60, 62, 66, 78, 92, 93, 96, 97, 110, 114, 140
Ottenhofen 140
Ottensoos 150

Paderborn 64, 82
Paffrath 14
Pahres 72
Panrod 14
Paris 56, 82
Pautzfeld 56, 152
Perschen 76
Petersaurach 142
Petersberg 106
Pfahldorf 146
Pfalzpaint 146
Pfarrweisach 78, 90, 118, 156
Pfersdorf 13
Pfraundorf 146
Pilgramsreuth 162
Pinzberg 32, 56, 59, 62, 126, 145, 152
Pittriching 8, 13
Podjamo 72
Poppenreuth 148
Pößneck 13
Prag 13
Preith 16, 54, 58, 133, 146
Preppach 72, 118
Preuntsfelden 140
Pritzwalk 14
Prosselsheim 72

Queienfels 13
Quetz 86

Rambach 72
Randersacker 72, 132
Rasdorf 11, 14, 106
Rasch 148
Rathenow 14
Ratingen 14
Rattelsdorf 66, 74
Ravenna 13
Refrath 14
Regensburg 9, 13
Regnitzlosau 162
Rehau 162
Rehlingen 146
Reichardsroth 140
Reinhardshausen 36
Reinhardshofen 152
Reinstädt 13, 48, 50, 56
Remlingen 40, 41
Remlingrode 14
Requesens 16

Reuthes 86
Reyersbach 88, 89, 114
Rheindorf 14
Rhina 14
Ried 108, 154
Rieden 8
Rixheim 18
Röckershofen 94, 95, 135, 146
Rodach 156
Rodes 66
Rodez 56, 64
Roggenstein 72
Rohr 13
Rom 9
Röschitz 72
Rossach 158
Roßbach 14
Roßtal 84, 94, 95, 148
Rothenburg 44, 46, 140
Rothmannsthal 158
Rottendorf 76
Rottenmünster 38
Röttingen 62
Rückers 14, 108
Rudelle 42
Rudolstadt 13

Saal 116
Sachsen 144
Bad Salzschlirf 14, 108
San Sebastiano 9
Santiago de Compostela 10
St. Gallen 72
St. Kunigund 58, 105, 130, 137
St. Michael 16
St. Pölten 13
Saint-Brieuc 18
Saint-Emilian 68
Saint-Gilles 12
Saint-Honoret 10
Saint-Lizier 56
Les-Saintes-Maries-de-la-Mer 10, 16, 26 32, 42, 50
Mont-Saint-Michel 10, 42
Schaala 13
Schauenstein 162
Schauerheim 152
Scheinfeld 105, 134
Scherneck 158
Schlamersdorf 14
Schleithal 18, 102, 103
Schleswig 14
Schlettstadt 18
Schlotzau 14
Schmalnau 108
Schmölz 160
Schnaid 152
Schnaittach 150
Schöller 14
Schöllkrippen 36, 38, 40, 90, 91, 122
Schönberg 14, 54, 60
Schrozberg 126
Schwabach 144
Schwarzach 72
Schwarzbach 14, 108
Schwarzenberg 14
Schwarzrheindorf 9
Schweinfurt 26, 72, 132

Schweinrich 14
Seebarn 8
Segnitz 56, 136
Segovia 16, 18
Seibelsdorf 160
Seinsheim 136
Seißen 13
Selb 74, 162
Selbitz 162
Senlis 56
Sentein 16, 26, 52
Serrfeld 32, 34, 62, 63, 88, 89, 118
Serviopolis 9
Seubersdorf 148
Seukendorf 148
Seußling 156
Simbach 72
Simmershausen 108
Sinzig 9
Sitten 16
Soisdorf 14, 106
Solsona 16
Sommerhausen 132
Sommersfeld 140
Sondheim 13, 20, 90, 91, 116
Sonnborn 14
Sonnefeld 92
Speyer 9
Standorf 88, 89, 128
Staufenbach 46
Bad Steben 38, 48, 162
Stefling 13
Steinach 142
Steinbach 14, 46, 58, 88, 89, 153, 160
Stepfershausen 13
Stettberg 142
Stetten 100, 101, 116
Straubing 19
Streufdorf 13
Strullendorf 56, 156
Suhl 13
Sulzdorf 50
Sulzfeld 32, 56, 62, 65, 78, 108, 116, 118, 120, 126, 154
Swarte 13

Tamsberg 16
Tarasp 16
Tauberbischofsheim 44, 76
Tauberscheckenbach 142
Teutenwinkel 14
Theilheim 132
Theymar 13
Thierbach 14
Thiersheim 32, 62, 74, 162, 163
Töpen 162
Toulouse 12, 56
Tours 56
Traisbach 108
Trappstadt 102, 103, 120
Trautskirchen 152
Trebgast 160
Markt Triebendorf 144
Trier 9
Trunsdorf 160
Truttenhausen 18
Turegano 16
Uffheim 18

Ühlfeld 152
Ulldecona 16
Unsleben 51, 60, 78, 116
Unteraltenbernheim 132
Unterebersbach 74, 88, 89, 118
Unterelsbach 116
Untereschenbach 118
Untermerzbach 156
Unternesselbach 152
Unterschlaubach 148
Unterschüpf 126
Untersteinach 160
Untertrubach 150
Unterwörnitz 142
Uttenreuth 150
Urphar 32, 42, 43, 58, 81, 100, 101, 105, 124, 126
Urspringen 13

Vachdorf 13
Valeria 16
Valladolid 13
Vaux 18
Veitsaurach 144
Veitsbronn 40, 41, 48, 56, 148
Veitslahm 34, 62, 74, 155, 160
Venèrque 10, 26
Vincenzenbronn 148

Virnsberg 142
Völkermarkt 80
Vols 68
Volsbach 48
Vorbachzimmern 128

Waiblingen 13
Wachbach 74, 128, 142
Wächtersbach 14, 30, 36, 48, 78, 90, 91, 122
Waldenhausen 32, 42, 43, 105, 126
Walldorf 13
Walting 146
Wattendorf 156
Wattersbach 54, 126
Wehrda 14
Weickersgrüben 118
Weiden 158
Weigenheim 132
Weihenzell 94, 95, 142, 144
Weisbach 116
Weisenborn 14
Weißenburg 18, 66
Weissenkirchberg 142
Weißenstadt 74
Weißkirchen 16
Weißmain 158
Weitensfeld 16
Wernsbach 144

Wertheim 42, 76, 90, 105, 122, 124, 126
Wettringen 30, 46, 48, 142, 150
Wien 10, 86
Wiesbaden 14
Wildenholz 142
Wildentierbach 74, 83, 92, 93, 100, 101, 128
Willanzheim 86, 136
Willersdorf 152
Windheim 158, 160
Windsheim 144
Winterhausen 42, 56, 70, 72, 102, 103, 132
Wittenberg 82
Wittlaer 14
Wittstock 14
Witzmannsberg 158
Wölf 14
Wolkertshofen 146
Worms 14, 22, 84
Wülfershausen 116
Wunsiedel 74, 76, 160
Würzburg 7, 11, 13, 66, 128, 132, 136

Zeilitzheim 74, 98, 99, 134
Zennern 14
Zernitz 14
Zetting 18
Zeuzleben 134
Zeyern 160

Weitere Bücher von Karl Kolb im Echter Verlag:

Frankenmadonnen im Wandel der Jahrhunderte
106 Seiten, davon 36 Seiten Bilder, Milskineinband

Franken, ein ausgesprochenes Madonnenland, hat Maria immer tief verehrt. Und Künstler haben sich zu allen Zeiten mit der Patronin Frankens beschäftigt. Angefangen von der Romanik bis in unsere Tage spiegeln die Madonnen ihre Zeit und ihre Landschaft wider. – Dieses Buch zeigt in Wort und Bild Madonnen, die typisch für ihre Epoche und für Franken sind.

Heiliges Franken
192 Seiten Text, 32 Seiten Bilder, viele Zeichnungen, Milskin mit Schutzumschlag

Ausführlich schildert Kolb die wichtigsten Werke der kirchlichen Kunst, das Schaffen der christlichen Dichter und Denker, die Tätigkeit der Ordensleute und Laien auf dem Feld der Caritas und der Schule; die Gnadenorte, Wallfahrten beschließen das informative, reich bebilderte Buch: es ist eine Huldigung an das bei allem Wandel gleichbleibende Franken.

Käppele — Rokoko-Kleinod in Würzburg
78 Seiten, mit 24 ganzseitigen Bildern, davon 6 farbig. Einführung von Josef Dünninger, farbiger Einband

Das marianische Heiligtum Mainfrankens wird in diesem Bildband mit großer Kenntnis und Darstellungskraft beschrieben. In Wort und Bild wird die Entstehung des Käppele in seiner heutigen Gestalt geschildert.

Mariengnadenbilder
124 Seiten, davon 40 Seiten Bilder, Milskin-Pappband mit farbigem Schutzumschlag

Dieser repräsentative Bildband macht sich zum Anliegen, dem Leser und Betrachter Mariengnadenbilder aus dem gesamten europäischen Raum zu erschließen. Der Autor versteht es, Zusammenhänge und Hintergründe aufzudecken, die zum Verständnis der Gnadenbilder wesentlich sind. Hier wird ein abwechslungsreich gestaltetes Buch geboten, das eingehend über Sinn und Bedeutung der Mariengnadenbilder informiert.

Große Wallfahrten in Europa
108 Seiten, davon 36 Seiten Bilder, Milskin-Pappband mit farbigem Schutzumschlag

In Wort und Bild will dieser großformatige Band Geschichte, Entstehung und Bedeutung wichtiger europäischer Wallfahrtsorte vorstellen. Zahlreiche ganzseitige Fotos, genaue Wegbeschreibungen und eine große Übersichtskarte tragen zur Vielfalt bei. Mit diesem Werk entstand eine eindrucksvolle Darstellung großer Wallfahrten heute im europäischen Raum.

Die Geheimnisse des Rosenkranzes
64 Seiten, davon 16 Seiten Bilder, Pappband 6.–10. Tausend. Edition Kolb im Echter Verlag

Schon seit Jahrhunderten dienen die einzelnen Geheimnisse des Rosenkranzes der Kunst immer wieder als Motiv. Die Besonderheit dieses Buches besteht darin, eine Auswahl ausdrucksstarker Bilder mit Texten zusammenzubringen, die meditativ in die Geheimnisse einführen. Kunst und Meditation ergänzen sich dabei in idealer Weise und schaffen neue Akzente im Verständnis des Rosenkranzes.